国宝　久能寺経の歳月

―駿州秘抄―

良知文苑　著

和泉書院

田中親美複本『久能寺経』―「薬草喩品」

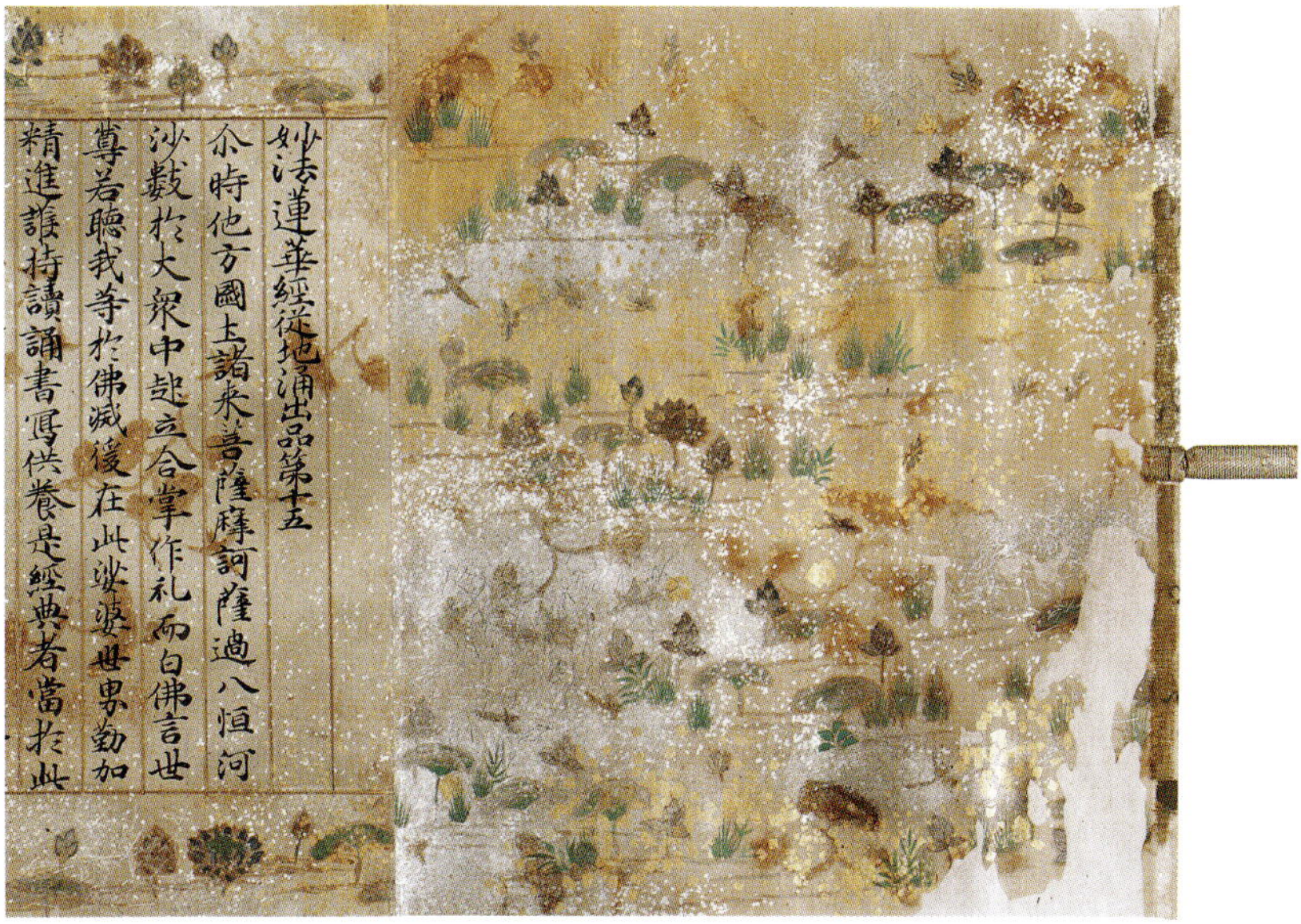

田中親美複本『久能寺経』―「湧出品」

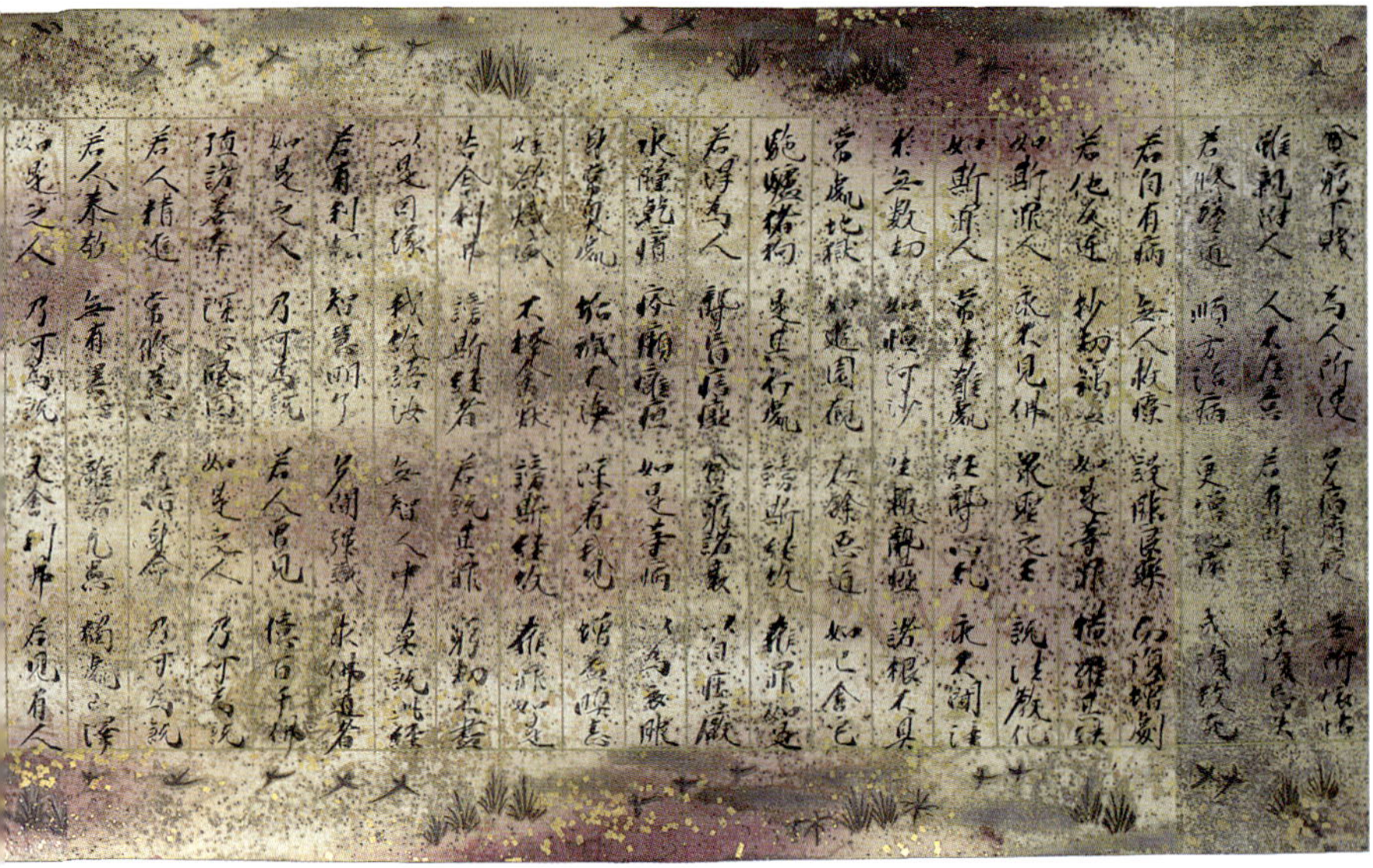

貧窮下賤　為人所使　多病痟痩　無所依怙
雖親附人　人不在意　若有所得　尋復忘失
若修醫道　順方治病　更增他疾　或復致死
若自有病　無人救療　設服良藥　而復增劇
若他反逆　抄劫竊盜　如是等罪　橫羅其殃
如斯罪人　永不見佛　衆聖之王　說法教化
如斯罪人　常生難處　狂聾心亂　永不聞法
於無數劫　如恒河沙　生輒聾瘂　諸根不具
常處地獄　如遊園觀　在餘惡道　如己舍宅
駝驢猪狗　是其行處　謗斯經故　獲罪如是
若得為人　聾盲瘖瘂　貧窮諸衰　以自莊嚴
水腫乾痟　疥癩癰疽　如是等病　以為衣服
身常臭處　垢穢不淨　深著我見　增益瞋恚
婬欲熾盛　不擇禽獸　謗斯經故　獲罪如是
告舍利弗　謗斯經者　若說其罪　窮劫不盡
以是因緣　我故語汝　無智人中　莫說此經
若有利根　智慧明了　多聞強識　求佛道者
如是之人　乃可為說　若人曾見　億百千佛
殖諸善本　深心堅固　如是之人　乃可為說
若人精進　常修慈心　不惜身命　乃可為說
若人恭敬　無有異心　離諸凡愚　獨處山澤
如是之人　乃可為說　又舍利弗　若見有人

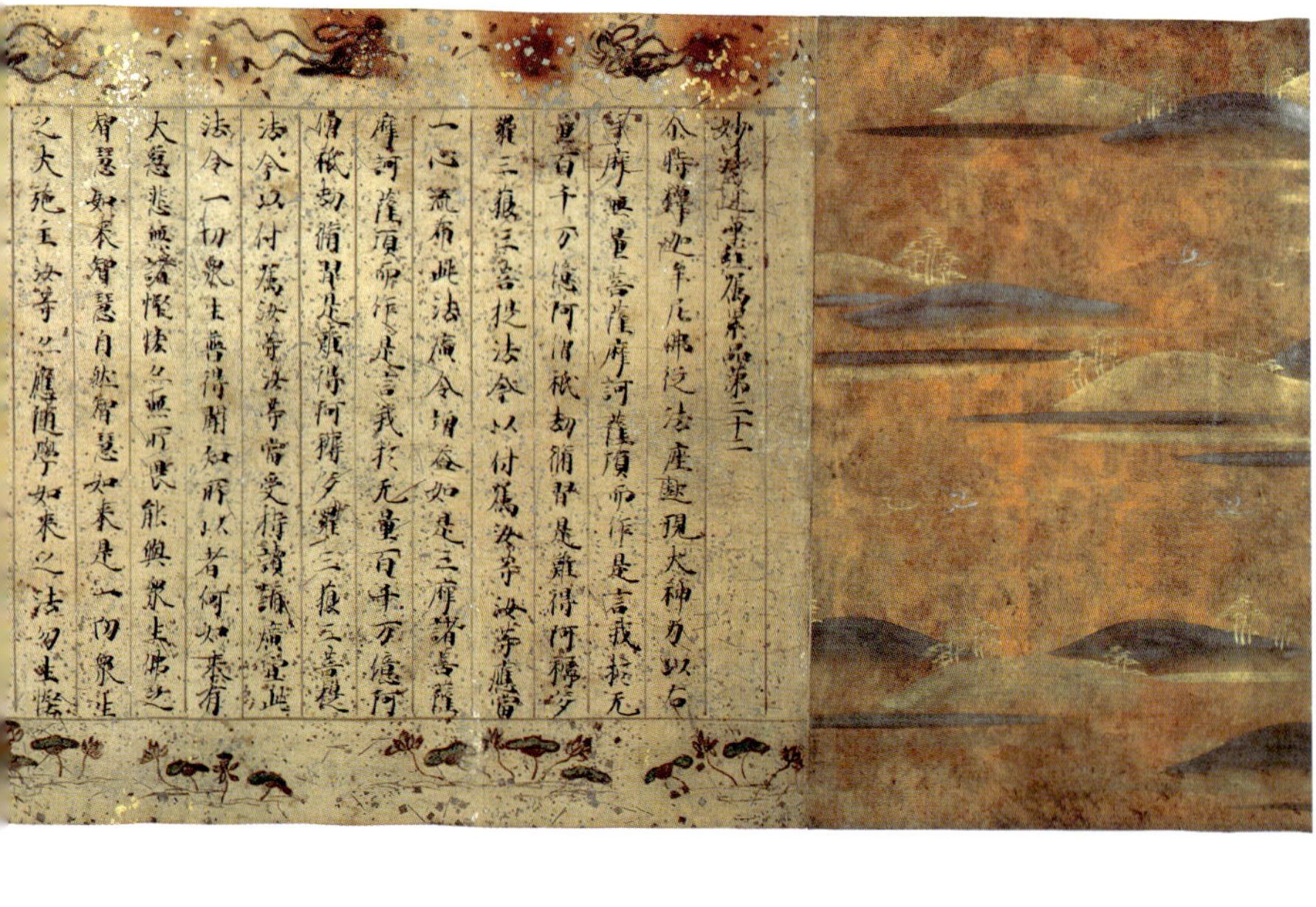

妙法蓮華經嘱累品第二十二
爾時釋迦牟尼佛從法座起現大神力以右
手摩無量菩薩摩訶薩頂而作是言我於無
量百千万億阿僧祇劫修習是難得阿耨多
羅三藐三菩提法今以付囑汝等汝等應當
一心流布此法廣令增益如是三摩諸菩薩
摩訶薩頂而作是言我於無量百千万億阿
僧祇劫修習是難得阿耨多羅三藐三菩提
法今以付囑汝等汝等當受持讀誦廣宣此
法令一切衆生普得聞知所以者何如來有
大慈悲無諸慳悋亦無所畏能與衆生佛之
智慧如來智慧自然智慧如來是一切衆生
之大施主汝等亦應隨學如來之法勿生慳

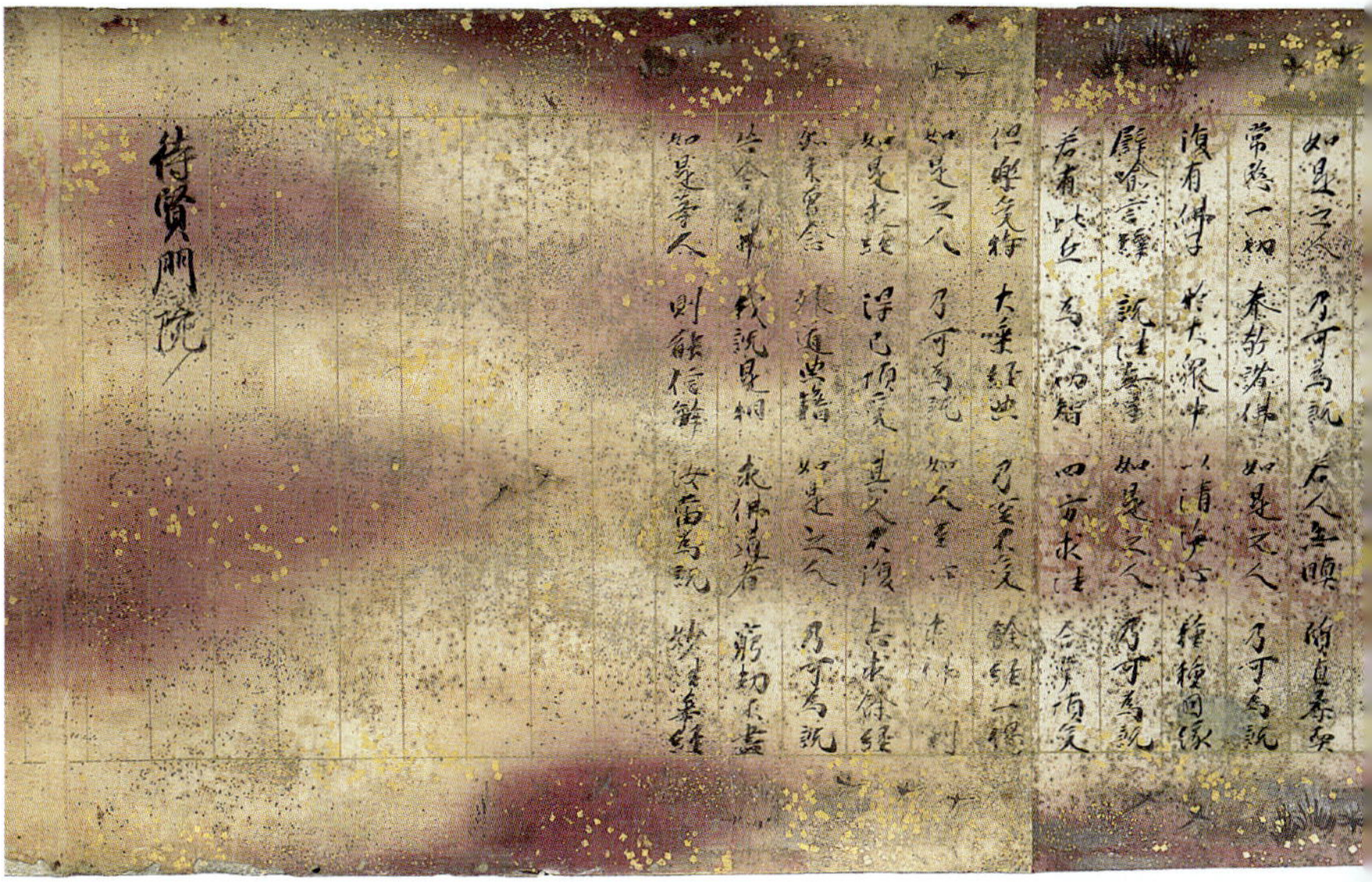

国宝『久能寺経』―「譬喩品」

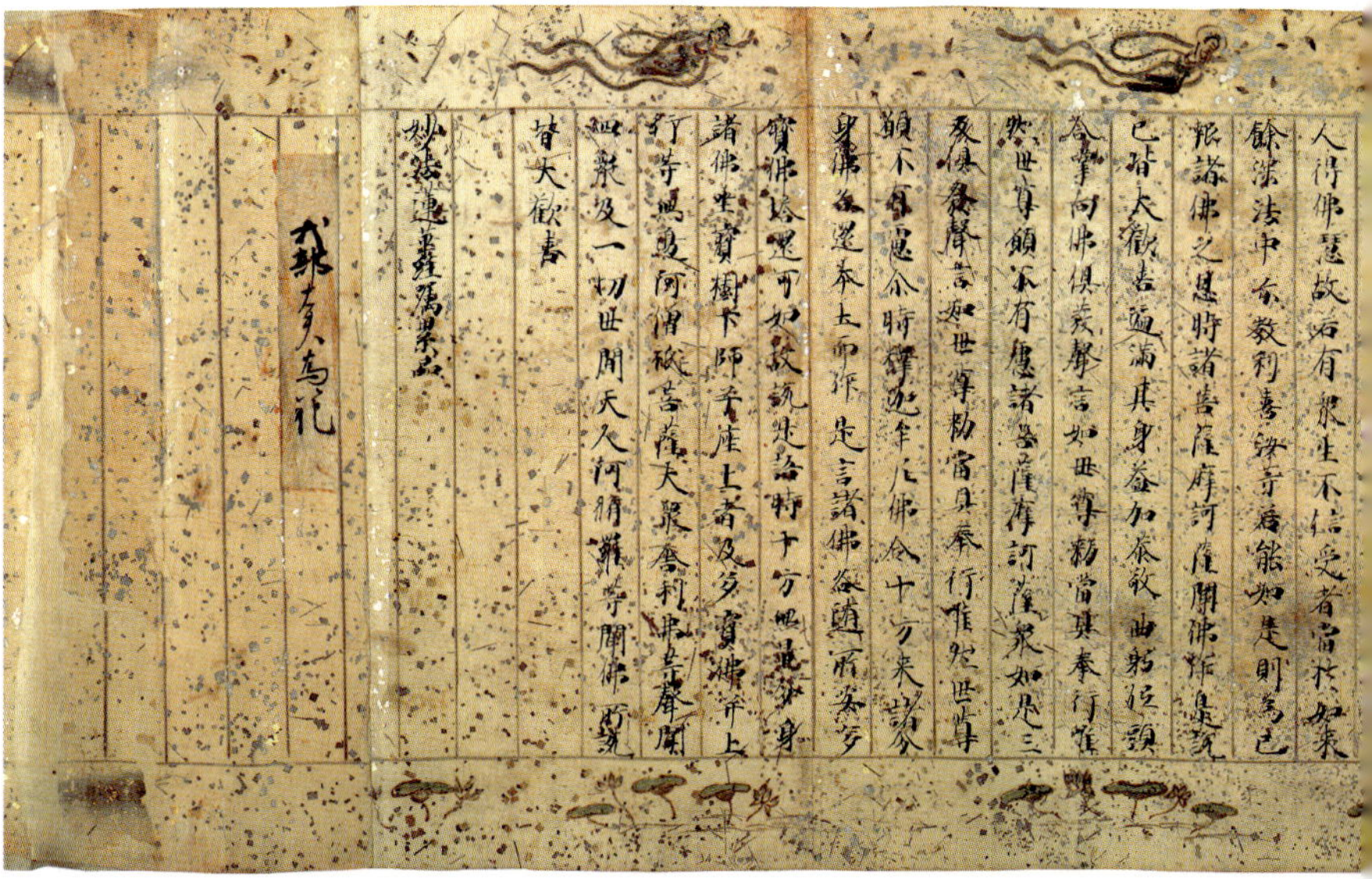

国宝『久能寺経』―「囑累品」

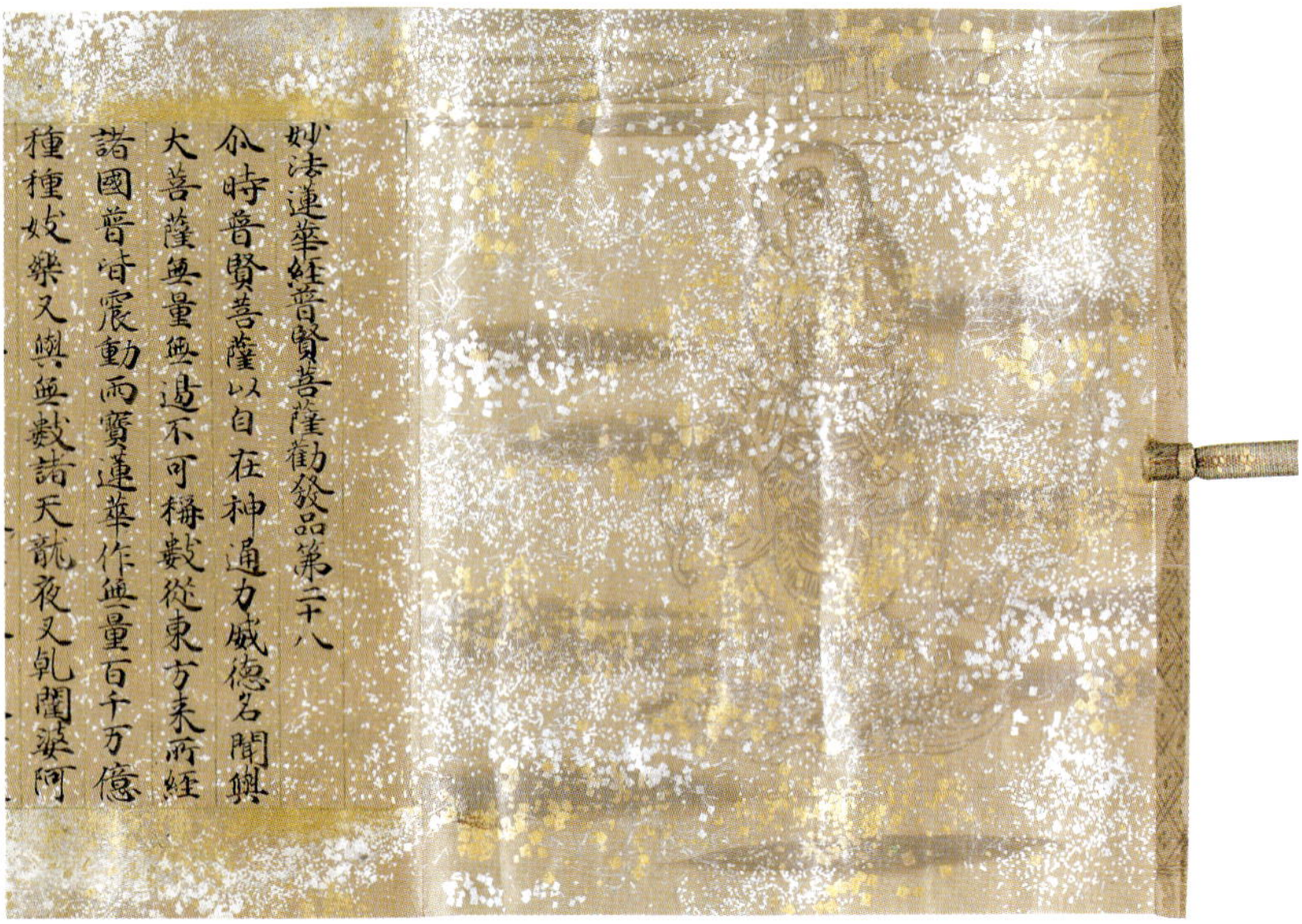

妙法蓮華経普賢菩薩勸發品第二十八
尒時普賢菩薩以自在神通力威徳名聞與
大菩薩無量無邊不可稱數從東方来所経
諸國普皆震動雨寶蓮華作無量百千万億
種種伎樂又與無數諸天龍夜叉乾闥婆阿

田中親美複本『久能寺経』―「勧発品」

妙法蓮華経随喜功徳品第十八
尒時弥勒菩薩摩訶薩白佛言世尊若有善
男子善女人聞是法華経随喜者得幾所福
而説偈言

田中親美複本『久能寺経』―「随喜功徳品」

序

京《みやこ》から遠く離れた駿州、即ち、駿河の国に類《たぐ》いまれな文化財二点が現存している。一は、天平感宝元年（七四九）の聖武天皇の『勅書』であり、いま一は、康治元年（一一四二）に書写された鉄舟禅寺の紙本墨書法華経『久能寺経』である。両者共、つとに明治年間に国宝指定され学界周知の文献である。にもかかわらず、それらについて徹底的な研究は、未《いま》だ、成されていない。第一に両者が何故、駿河国に巡り来たったのか、始めは、何処に所蔵されていたのか詳《つまび》らかになっていない。

良知文苑女史は、平成二年、ゆくりなくも『久能寺経』に出会い衝撃を受け、ひそかに『久能寺経』にまつわる諸々の謎を解明しようと決意された。爾来、起居十余年、初志を貫き研鑽を続け、現段階で許す限りの考察を試みられた。おそらく現在では、これ以上の成果は望み難いと思われる。依って、ここに序文を草し、学界並びに読書界に本書を推薦する所以である。

平成十八年弥生の佳日

角田文衞

目次

めぐりあわせ

人は、時に運命的ともいえる出会いを経験することがある。また、由緒ある地に生えている一木一草に、ふとした感慨をもつことがあるが、それらは偶然ではなく、必然的に彼方から訪れてくるもののように思われる。出会いは、やがて一つの縁となって繋がっていく。それは、また一念に出会うことともいえる。百年、いや千年も昔の人や、ものであったとしても、その一念は永遠に消えることはないのではないか。まさに私にとって、平安時代の『久能寺経《くのうじきょう》』との出会いがそうであった。出会いから十数年の間、ずっと私の脳裡に刻み込まれて離れることはなかった。

国宝『久能寺経』は、『平家納経』や『慈光寺経』と共に「日本三大装飾経」と呼ばれ、現存する日本最古の装飾経である。今から八百六十有余年前に、鳥羽院中宮の待賢門院藤原璋子《たいけんもんいんふじわらのたまこ》を中心にして、鳥羽院や女御など宮廷の人びとが共に、仏と縁を結び成仏することを願って書写された法華経である。駿河の久能寺（もとは久能山にあったが、現在は、静岡市清水区村松に、補陀落山鉄舟禅寺として再興されている。通称は、鉄舟寺）に伝わっていたので、この名で呼ばれている。何故、このように荘厳《しょうごん》された御経が、京のみやこから程遠い駿河の久能寺に納められたのであろうか。

平成二年（一九九〇）、私は静岡市書道会の会報編集に携わり、「率意の書」と題して、さまざまな方の書翰文を扱っていた。その時に運命的な出会いとなる一通の書翰を手にする。その封書の宛名は、葵文庫館長の加藤忠雄氏で、差出し人は田中親美《しんび》とある。日付は昭和二十六年（一九五一）一月三十一日。葵文庫というのは、昭和五十九年（一九八四）まで駿府城趾内にあった、静岡県立図書館のことである。田中親美氏は古筆研究の権威であり、美術模写や書の世界で第一人者として知られていた方である。巻紙にしたためられた手紙は、古雅に溢れ見事な筆跡で書かれていた。私は、それが『久能寺経』に関わるものであることを直感した。紙本経《しほんぎょう》としての宿命、やがては滅びゆく国宝『久能寺経』を後世に遺《のこ》すために、複本《ふくほん》を製作するという大事業に関わることであった。まだ日本が第二次世界大戦の傷跡から立ち直れず、経済的にも困窮していた中で、それは始められたのである。私は、そのままにしておけない、やむにやまれぬ思いに駆られて加藤氏の御遺族を訪ねあて、田中親美翁から送られた残る十四通の書翰も拝読させていただいた。

少し黄ばみをもつ手紙の筆の跡を追うにつれて、『久能寺経』の永久保存を希求する加藤氏と親美翁お二人のひたむきな情熱が、重なり合って伝わってくる。たまたま手紙を拝しているにすぎない私の心にもいつしか、芯から熱いものが湧き立つのを覚えた。

平成三年（一九九一）一月三十日、私は国宝『久能寺経』（東京国立博物館寄託）を所蔵している鉄舟寺を、その複本を拝観させていただくために訪れた。本堂奥の客間に通される。香村俊明《こうむらしゅんめい》住職は古びた木箱を取り出し、おもむろに紫紺の組紐を解かれた。経品は一巻ずつ、白絹の袋に包まれていた。開かれた経品は、さまざまに彩られて、金銀の切箔《きりはく》、砂子《すなご》、野毛《のげ》が散り、蓮花、鳥、草木などが描かれている。あでやかで妙なる調べを奏でるようであった。広間一面に展《ひろ》げられた経品のすがたは、虹彩とでも表現したらよいのであろうか、複本とは思われない精緻さで燦然と輝いていた。胸元までこみ上げてくるものを感じ、夢の中に身を置くような不思議な自分がそこにあった。私は『久能寺経』のことをもっと深く識《し》らねばならない、識る義務があるように思われた。『久能寺経』への切なる想い、私の心を捉えてはなさない強烈な念《おも》いは、親美翁の手紙を手にし、複本を拝したその時から始まった。それはまた、私に王朝貴族の欣求《ごんぐ》浄土への扉を開かせてくれたのでもあった。

第一章　田中親美芸術

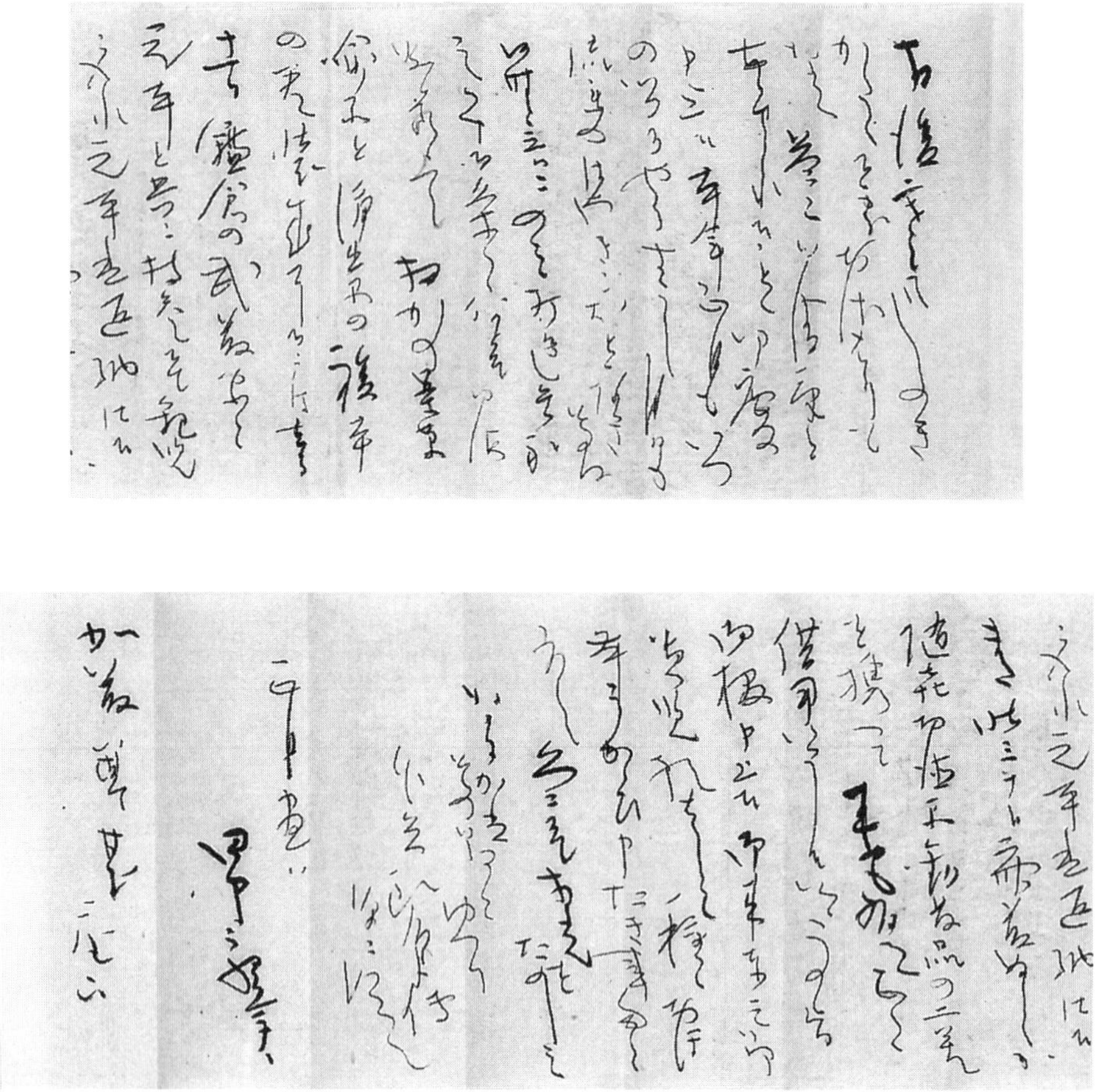

田中親美翁書翰

遺《のこ》されていた手紙

昭和二十年代、戦後の混乱した社会状勢の中で、静岡県の数少ない国宝である『久能寺経』（鉄舟寺蔵）の複本が製作された。主として静岡・清水両市民の協力のもとに行われたことは、大変意義深いものと思われるが、それは葵文庫館長・加藤忠雄氏と美術模写の第一人者、田中親美翁《しんびおう》とが、国民的遺産である国宝『久能寺経』を二十一世紀へ渡すために一念を燃やしたことに始まる。

昭和二十三年（一九四八）、加藤忠雄館長は田中親美翁に『久能寺経』複本製作を依頼している。前述の私が偶然手にしたという書翰は、現在、武藤家所蔵となっている重要文化財『久能寺経』四品の複本製作に関わるものであった。

拝復　寒風しのぎがたく候処　おさはりもなく、益々、御清康にあらせられ候ことと御慶申上候
本年正月もいつの間にやらすごし、月日の流れのはやきにおどろき　その後　御無音にのみ打過
失礼の□る条々何とぞ御海容願上候　扨《さて》　かの「薬草喩品《やくそうゆほん》」と「湧出品《ゆじゅっぽん》」の複本の巻装成了るに
付　去る十一日鎌倉の武藤家に元本と共に持参候て　観覧に入れ元本は返納仕候　また昨三十日
斎藤ぬしが「随喜功徳品《ずいきくどくほん》」「勧発品《かんぼっぽん》」の二巻を携へて来宅有之　正に借用いたし候所この旨御報
申上候　御来東の節貴覧願はしく種々おほ本《もと》（本）うかがひ申たき事多々有候
久々にて拝芝《はいし》をたのしみに　なにかはその節にゆつり御無礼仕りて　草々　頓首
正月尽日　田中親美
加藤尊台　座下

私には、お二人の手紙を拝するまでは『久能寺経』についての知識がほとんどなかった。ましてや、その複本製作が昭和の時代に行われたということは、尚更の驚きであった。コンピューター・グラフィックスなども皆無の時代にこの大事業がどのような経緯をもって遂行されたのか、知りたいと思った。

田中親美翁も加藤忠雄氏もすでに亡くなられていたが、幸い加藤氏の次女宇草《うぐさ》多紀子氏にお目にかかる機会を得た。加藤氏の美代夫人が大切に保存されていた親美翁の手紙をはじめ、複本製作に関わった方がたの手紙を拝読させていただくことができた。

親美翁の手紙には、加藤氏への感謝の思いが綴られていた。日本最古の装飾経である『久能寺経』との出会いは、何ものにも代え難い嬉しさであると述べられ、複本製作進捗の喜びと、意気込みに溢れていた。特に武藤家所蔵の四品《ほん》の見返し絵については、平安時代に描かれた、そのままのすがたを残しているので、それを複本製作することは大きな喜びとされていることが躍動するような筆致からうかがわれた。親美翁は、手習いの反古《ほご》一枚も他人の手に渡ることのないように慎重にされていたという。翁の手紙はほとんど弟子の代筆によるものといわれているが、これらの書翰は自らしたためられているところをみると、加藤氏が親美翁にとっていかに重要な方であったかが察せられる。巻紙に草書まじりの「候文《そうろうぶん》」で綴られた手紙は、平安時代の古筆（昔の人の筆跡）を思わせる連綿体《れんめんたい》で、行筆の流れと墨色の変化が美しく調和し、自在で格調高い書翰の美をかもし出している。

〈田中親美《しんび》（一八七五〜一九七五）〉

親美翁は、明治八年（一八七五）四月九日に京都で宮廷画家である田中有美《ゆうび》（一八三九〜一九三三）の子息として誕生し、茂太郎と命名された。父君は大和絵や有職故実《ゆうそくこじつ》の第一人者で、冷泉為恭《れいぜいためたか》の従弟にあたり、祖父は、本姓菅原良保《よしやす》。よって、親美翁は古筆模写には菅原親美と署名されている。明治十六年（一八八三）、九歳の時、東京遷都に伴い一家をあげて上京。十二歳で仮名書道界で最も権威のあった多田親愛《ただしんあい》（一八四〇〜一九〇五）の門に入り、上代様《じょうだいよう》（平安時代に確立されたわが国独自の和様の書）を学ばれた。十八歳から『秋元本紫式部日記絵巻』の模写を手掛け、二十五歳の時に『益田本源氏物語絵巻』を、二十七歳から五年の歳月を費やして『本願寺本三十六人家集』三十五帖の模写を完成。三十一歳の時に『元永本古今和歌集』上・下二冊、四十五歳から五年間で『平家納経』三十三巻を完成された。五十一歳から六年間は尾張徳川家の『源氏物語絵巻』三巻の模写され、その他多くの国宝や重要文化財の名品を手掛けられている。このように貴重な文化財を後世に伝えるため、精巧無比な模写の仕事に生涯を捧げられた。昭和三十年（八十歳）に紫綬褒章を、三十五年（八十五歳）に芸術院恩賜賞を、三十九年（八十九歳）には勲四等旭日小綬章を受章された。昭和五十年（一九七五）十一月二十四日に百歳の長寿をもって永眠された。

模写の仕事は、まず絵や書を写す「料紙」を製作することから始めなければならない。親美翁は伝承されてきた技術を駆使し、すべて御自身でなされた。いにしえの人びとが工夫を重ね創作してきたおびただしい美術品、それらと全く違わぬように製作されるのである。それは人間業とは思えないほどの素晴らしい能力である。

親美翁については、春名好重博士が「*古筆の父・田中親美翁」と題してよく語られているので、抜粋、要約して紹介する。

古筆についての研究の大部分は田中親美先生おひとりの手によって為されていることを知った。しかも、明治、大正の頃に、すでに一通りの研究をされているのである。（中略）もちろん、すべての調査と研究とが田中先生お一人によってなされたのではなく他の人にもよる。しかし、それはすべて先生の調査研究が基礎になっているのである。古筆を世にひろめることについて、功績のあった人は、田中親美先生たゞお一人とはいえないが、先生の功績が最も大きい。集めたり、作ったりした古筆研究の貴重な資料を先生は研究者には快く見せて下さった。

『三十六人集』の貫之集《つらゆきしゅう》・上と、『元永本古今集』が同筆であり藤原定実の筆によるものではないか。また、『金沢本万葉集』、『三十六人集』の貫之集・下、順集《したごうしゅう》、中務集《なかつかさしゅう》が、藤原定信の筆であることを明らかにし、『三十六人集』の書写年代を明確にせられた。『藍紙本万葉集』の筆者が伊房《これふさ》であることを明らかにせられた。先生は、実に名聞、私欲に恬淡《てんたん》とした方である。名利によって決して動かされない信念の人である。名利のためには、自己の信念を、心ならずも捨てる人さえも少なくない。しかし、先生は信念の人である。このことは、実に偉いといわなければならない。

また萩谷朴氏は、「（親美翁は）何かを研究する時には、必ず元本に直接当たって正確を期すべきである。夢にも孫引きですませてはならぬという学問する者の基本姿勢を厳しく教訓された」というようなことを述べられている。そして、「惜しみなく愛を頒ち得る至高の精神の持主」、「汲めども尽きせぬ愛情に満ちた教訓が常に感得されるのであった」（*「田中親美・人と芸術」）と翁を讃美している。翁の発見や調査研究は現代に尚活《い》きていて、芸術の分野ばかりでなく国文学界や国史学界等の分野にも引き継がれている。今は科学技術の発展により原本に肉迫する影印本にも接することができるが、当時の複本は模写に頼ることしかなかったから、親美翁は大変貴重なお仕事をされたわけである。

親美翁の『久能寺経』複本製作は、昭和二十三年から約八年間にわたった。鉄舟寺蔵のうち四巻、武藤家蔵四巻、次いで東京国立博物館蔵三巻、五島美術館蔵二巻の合わせて十三巻を手掛けられ、七十三歳から始められたこの事業が完了した時には、八十歳になられていた。複本製作へ向けられた親美翁の情熱と加藤氏の熱い想いは、その詳細を知るに従って私の心に更なる畏敬の念を生んでいった。

〈**加藤忠雄**（一八九六〜一九八二）〉

加藤氏は、明治二十九年（一八九六）に岐阜県で誕生。秋田県での図書館職を経て、大正十三年（一九二四）に静岡県立葵文庫図書館（静岡県立中央図書館）へ就任された。第二次世界大戦の戦火は静岡市へも及び、葵文庫の重要な書籍を身をもって守られたという。やがて敗戦を迎える。氏は静岡市登呂遺跡発掘や、静岡県史編纂委員・静岡県文化財保護審議会会長など文化団体の要職を務められ、その功績は尽大であった。

昭和二十年（一九四五）、ＧＨＱの命令により静岡県文化財の調査にあたられた氏が、まず驚かれたのは日本最古の装飾経、国宝『久能寺経』の存在であった。このように貴重な文化財が静岡県に伝えられているにもかかわらず、一般市民には全く知られていないという現実を眼前《まのあたり》にして、いかにしたらこれを周知させ、次の世代へ引き継ぐことができるのかと思案された。それは難問であったが、やがて「複本製作による永久保存」という方法に気付かれたのである。

そして昭和二十三年（一九四八）夏に、鉄舟寺住職の三島良純師同行で田中親美翁を訪ねて、複本製作を依頼された。当時の模様を田中春子夫人は、平成三年（一九九一）二月二十三日付の著者（文苑）宛の手紙で次のように述べておられる。

戦後の一時期、『久能寺経』製作に精根を傾けた主人を一所懸命手伝った想い出、加藤先生が私共の座敷で無雑作に開かれた経巻二巻を拝見した時の親美の驚きとよろこびを今もはっきり覚えております。本当に御縁とは不思議でございます。『久能寺経』は、鉄舟寺蔵の方は傷みがひどく、明治の頃、外に出てしまった八巻が原型を残しております。武藤家のもその分です。

いずれまた田中家をお訪ねし、複本製作にまつわるお話を改めて受け賜るとの約束も空しく、春子夫人は平成五年（一九九三）に不帰の客となられた。

加藤氏の御遺族から拝借した『久能寺経』に関する記録は、茶色に変色した原稿用紙で五十枚以上に及ぶ。『久能寺経』一品一品の見返し絵や料紙《りょうし》についてまた、装飾の状態、経文の行数から墨継ぎにいたるまで克明に調べられている。そのペンの震えには加藤氏の『久能寺経』へかけた思いの深さが感じられ、拝読している私の手もまた感動に震えてくるのであった。

複本《ふくほん》製作

昭和二十三年（一九四八）夏頃から複本製作の話が始まると、まずは料紙製作のための下準備が着々と進められていった。本格的な作業に入ったのは翌年からである。

昭和二十四年（一九四九）二月、加藤氏へ宛てた親美翁の手紙には、「貴墨の御礼」と「顕彰会《けんしょうかい》より写料として過剰なる御送金にあずかり恐縮に候」とある。顕彰会というのは「国宝久能寺経保存顕彰会」のことである。同年一月、法隆寺に火災があり国宝の壁画などが炭化したため、全国的に国宝に対する関心が高まり、静岡でも国宝『久能寺経』を保存し守ろうということで、急遽有志が集まり会が設立された。メンバーの記録は残っていないが、親美翁の手紙には、顕彰会会長植田様という名が見られる。植田朋八氏（当時、日本缶詰協会会長）のことであろうか。

昭和二十四年五月、親美翁の手紙には、

当方の準備をのぞき、おもきものは三ヶ月、かろきは一ヶ月位、全部なれば二ヶ年位と予定候はば、よろしかるべしと存じ候　費用その他種々御都合もあらせらるべくは候へども全部を複製する方こそ意義あるものなるべし……（中略）……

とあり、親美翁はでき得《う》れば『久能寺経』全巻の複本製作を望まれている様子がわかる。しかし、実際に複本製作された鉄舟寺所蔵の経巻は、十七巻の内、「譬喩品《ひゆほん》」「提婆品《だいばほん》」「勧持品《かんじほん》」「厳王品《ごんのうほん》」の四巻であった。

この頃は、門人助手なども離散いたし居候ため、その都合ききあはせなどにて御返事の延引あしからず

複本製作の事業は、このような戦後まもなくの人出不足にもかかわらず、春子夫人や御子息・重《しげる》氏に支えられて、準備が進められていったのである。

昭和二十四年五月、大塚巧芸社（東京日本橋）の田中菊三氏から加藤氏宛の書翰に、『久能寺経』複製の印刷・加工の取り組みについて綴られているものがある。文面には、画家川面義雄《かわもよしお》氏と種々の研究を重ね、料紙の地色や文様《もんよう》のさま、金銀の切箔《きりはく》、野毛《のげ》、砂子《すなご》の撒《ま》き方について、更に、鳥《とり》ノ子紙《こがみ》を用いて原本に近い経品を作ることの苦労などが語られている。また、『久能寺経』は国宝であることから経品を手元に置くこともできず、遠方ゆえ一思案であるとも書かれている。そして、

適確なことは価格を現すことは出来難く只、想像的源氏物語なぞのことを考えて検討致して仕様

に依っては如何様にも仕上得ること相成、最低七、八百円より上は、壹千弐三百円までとも相成候。勿論見返し一枚の単価に御座候。これが三百枚四百枚と数量の多きことになれば単価は低く相成候。また本紙第一紙の印刷は過日の概算一枚金三百円位と申上候ことこれは最も最低価に有之勿論裏面の加工等はなく表面のことに御座候。表面の文字以外サビ模様の秋草も色々仕様有之また、ノゲという仰せ有之候へ共、表面にノゲ有之候や私は今どうであったかと考へ居り候。

云々……

とあり、とりあえず印刷による複本の限定本を作製しようとしたことがわかる。

現在、東京―静岡間は新幹線「ひかり」で一時間という速さであるが、当時の交通機関では日帰りもむずかしく、費用その他並々ならない苦労がついてまわったのである。ちなみに昭和二十四年の労働対価は、小学校教員の初任給で三千九百九十一円、日雇労働者の賃金で一日二百四十二円というものであった（『値段の風俗史』上　週間朝日編）。

同じ年の五月、加藤氏は京都市中京区の便利堂中村竹四郎氏に二百部調製の見積りをとらせている。

『久能寺経』二百部調製として二十万円也（一巻　全部コロタイプ刷ボール箱入りの場合）、十万円也（見返し、原色版、経文の一紙コロタイプ刷の場合）とし、右は、何れも解説を含まず見積候也

とあるが、この「複製本」は発行されたのであろうか、定かではない。昭和二十八年九月一日、便利

堂発行の京都国立博物館編集による『三十六人家集と久能寺経』があるが、これとは別本であろう。同二十四年九月には、大塚巧芸社の田中菊三氏から「キテイ台風を気遣いつつ、工作が目下進行中」とあり、限定の複本製作が進められている。

加藤忠雄氏が昭和二十五年（一九五〇）にＮＨＫ静岡放送局で語られた原稿が残っており、複本製作の真の目的について、「研究家や観光客のため、『久能寺経複本』を常時陳列する設備を創設すること、また、解説の印刷物を作り一部分を複製して鑑賞用として頒《わ》けること、趣旨の普及を図ること」とある。いうまでもなく日本の多くの人たちに現存する最古の装飾法華経『久能寺経』を周知させ、理解してもらおうとされたのであった。

ところで、親美翁と加藤氏は複本製作にあたり、どのような気持ちで日々を過ごされていたのか。私は往還の書翰があればと望んだが、すでに五十年余りの歳月が流れており、田中家に遺されていたのは残念なことに数通にすぎなかった。その大事な加藤氏の手紙には、親美翁への心からの謝意と労りが溢れていた。その中の昭和二十五年三月の手紙には、『久能寺経』の複本製作を完了した段階で、鉄舟寺において披露供養を行うとある。準備万端怠りなく、親美翁に御光来を賜るため「東京までお出迎えもし御送りも致しましょう」と、切々とした思いを述べておられ、その後に加藤氏は上京されて、四月に行う披露供養の打合わせをされている。また、

小生、字が書けず先生へお手紙を差上げるのが実に苦労です。然し、お返事は有難く頂戴し貼り

交ぜにしようと思って今までのものは大切に保存しております。

とも述べておられる。親美翁の風雅な手紙を貼り交ぜの屛風にして記念に残したいとあり、深い敬愛の念がうかがわれる。

久能寺経鉄舟寺所蔵十九巻、内《うち》、二巻怪しいと申上げましたが、国宝全集を見たところ果たして鉄舟寺で国宝となっている普賢勧発品《ふげんかんぼっぽん》廿八は、武藤金太氏（山治氏の後継）のところに所蔵され、外の三《（ママ）》巻（薬草喩品、湧出品、随喜功徳品、勧発品）と共に昭和九年一月三十日に国宝（著者注・重要文化財の誤認）になっております。もう鉄舟寺のものが後世の補写たること間違いありません。それを国宝にした文部省もいいかげんなものと思ってなさけなく思いました。それが（後世の補写）久能寺経鉄舟寺所蔵十九巻中、二巻あります。

これは、現在もなお国宝に指定されているが、後世に補入された二巻（陀羅尼品《だらにほん》、勧発品《かんぼっぽん》）のことをいっておられるのである。後述するが、平安時代に書写され鉄舟寺が所蔵している国宝『久能寺経』は、正確にいうと十七巻である。

こんな問題もあるので小生は先生をお迎えすることがとても嬉しいのです。色々、御指導を仰ぐために。然し、そう申しては変ですが、他の連中はそこまで判ってくれないのです。文化的なことに理解のない連中を相手にする仕事は骨が折れます。八百年の歳月を幸に仏の加護によって（でしょう）、兵火にも天災にも逢はず、今日この静岡県に伝えて来たことは、全く有難いことです。十五（ママ・五）世紀以前を知らないアメリカの人達には、全く想像も出来ないでしょう。この文化遺産を承け継いだ私共は、これを完全に保護して後世へ伝える責任と義務があると思うのです。そうなると他へ散っている十巻も何とかしたいと念願しています。

便箋六枚にびっしり綴られたインクの跡は、五十年余りも経ているのに、つい昨日書かれたもののように息づいていた。文面にこの文化遺産を「仏の加護によって…（中略）…後世へ伝える責任と義務があると思う」とある。加藤氏には到底及ばないものの、私も同じ思いを強く抱かずにはいられなかった。

ようやく昭和二十五年（一九五〇）四月八日に、鉄舟寺において各界多数の方の出席を得て「慶讃《けいさん》式《しき》」が厳かに営まれ、翌日には『久能寺経』複本も展覧された。親美翁は晴れやかに参列し講演をされている。翁の手紙には「おもてなしにあずかりうれしさの極み」「貴下の御力をもて式典の盛大なるを得」とある。また、「心ばかりあせりながら」と、他の経巻の模写を案じておられる様子もうかがわれる。加藤氏は、この「慶讃式」について「田中親美氏の犠牲的な協力を得ることが出来て、当初の計画も一段落を告げましたので「慶讃式」を行い、四月九日に一般に公開する」と、*『静岡の歴史と人物』の中で述べられている。

この「当初の計画」とはどのようなものであったのか、定かではないが、おそらく鉄舟寺所蔵の経巻十七巻の内、まずは四巻を複本製作しようということであり、その事業が完了したことに対して安堵され、披露供養の日を迎えられたのであろう。

同年七月十日、斉藤利助氏（東京都音羽護国寺大師会理事）の仲立で武藤家へ話が持ち込まれ、八月三日に「薬草喩品《やくそうゆほん》」、「湧出品《ゆじゅつぽん》」二巻の借り入れが行われた。翌二十六年（一九五一）、元旦の親美翁の書面には、「申上候もおろかながら久能寺経は荘厳経の最古なるものに候、特にこのたびの分は見返しも完備せるものにて実にうれしきこの元本の写し」と述べられ、一月三十一日付には、「かの薬草喩品、湧出品の複本の巻装成了、元本を武藤氏へ返納、後二巻借用」とある。また別の日付の書面には「実に貴下の御芳志のいたすところ、わすれがたきよろこび」と、常に加藤氏に対して感謝の思いを述べられ「拝談拝芝たのしみに」と、お人柄の優しさがただよっている。

昭和二十六年（一九五一）四月、東京国立博物館において『久能寺経』展覧が名筆鑑賞会によって行われた。鉄舟寺所蔵品は、三島良純師が加藤忠雄氏と共に持参され、他の所蔵者の協力を得てはじめて現存する『久能寺経』全巻の出陳となった。この時、高柳光壽氏（東京大学史料編纂所）の久能寺経成立に関する講演と田中親美翁との対談もあわせて行われた（『久能寺経』*）。

なお、昭和四十九年（一九七四）五月、静岡郷土史会主催の「駿河における古写経について」と題した加藤忠雄氏の講演記録によると、加藤氏と親美翁が相談され「久能寺経顕彰会」の会員に、謝礼として「譬喩品《ひゆほん》複本の断簡」を差し上げることになったという興味深い話がある。「その頃の親美翁の制作費が一行二百円位になるかと思い、二万円の人には八行の経文、千六百円分のお返しをした。私の残りは五行だけになってしまった」と記されており、これについて田中重氏にお聞きしたところ「譬喩品《ひゆほん》二枚分、計五十六行を一人八行、または、五行ずつという形でお返ししたように思う」とのお話であった。顕彰会のメンバーの一人であった静岡市在住の鈴木与平氏宅で、私はこの譬喩品八行の茶掛を拝している。「千円から二千円を寄附下さった方には大塚巧芸社の複製の提婆品《だいばほん》（五枚つぎ百二行）を八行ずつ配った」そうである。このように多くの一般市民の協力があって、国宝『久能寺経』の複本製作が成っていったのである。

模写の世界

私は模写について教えを乞うために、東京渋谷の田中重氏宅をたびたび訪問している。田中家は平成になって九階建のビルに建て変えられ、その一階に親美翁の落ち着いた雰囲気のお仕事場が復元されている。親美翁は、美術品の複本製作を依頼されると必ず二品《にほん》ずつ作られ、その内の一品《いっぽん》は手元に置かれていたので、『久能寺経』複本を時間の許す限り拝観させていただくことができた。複本成ってすでに数十年以上の歳月が過ぎているにもかかわらず、虫喰いの痕や墨のかすれまで微細に模写されていて、原本と見まごうばかりの精緻さである。「自己を滅し、先人の偉業の中に浸る」といわれた翁のひたむきな御心は、確かにこの経巻の中に蘇《い》きておられる。

複本製作の作業に共にあたられていた重氏は、「模写を始める前の段階として、まず紙を漉《す》きます。料紙は、原本の厚みによって二度漉きとか三度漉きにする場合もあります。次に染めに入るのですが、漉いた紙に脂《やに》が入っていると染まらないから、紙の脂を取ることから始めます。そして何度も繰り返し彩染《いろぞ》めをするが、料紙の地色に彩《いろ》の隈《くま》のあるものがあればそれを完全に模さなければなりません。染め上がると彩止《いろど》めが必要となってきます。その手間暇のかかることは大変なものでした」と話された。「次には、原本の装飾を写すことです。写しには、硫酸紙《りゅうさんし》、または薄い美濃紙《みのがみ》を使います。まず装飾の分類をします。例えば、文様《もんよう》は文様だけを写し、金のところは朱筆で写し、銀は墨で写すというように、切箔《きりはく》、野毛《のげ》、砂子《すなご》、地紋《じもん》の部分と、それぞれ分類して一枚ずつ写しをとるのです。透けていてもよく見えない部分もあるわけで、その時は、紙を上げ下げしてその場所を確認しながら写すのです」。従って、この分類した写しは一巻について二十五枚以上にもなるといわれる。手数のかかることはもちろん、そこに費やされる時間も並大抵ではない。

さて、文様を写した紙を下敷きにして、染めた料紙を上にのせ、礬水《どうさ》をひくと料紙は透明になる。そこで下敷きの写し通りに金銀切箔の大小、野毛、砂子、と置いていくのである。このような作業を何度もくり返すことによって原本と違わぬ装飾料紙に到達するわけであるから、いかに緻密で膨大な労力を要することか。こうして装飾料紙がようやく仕上がると、そこで初めて経文の模写にかかるわけである。

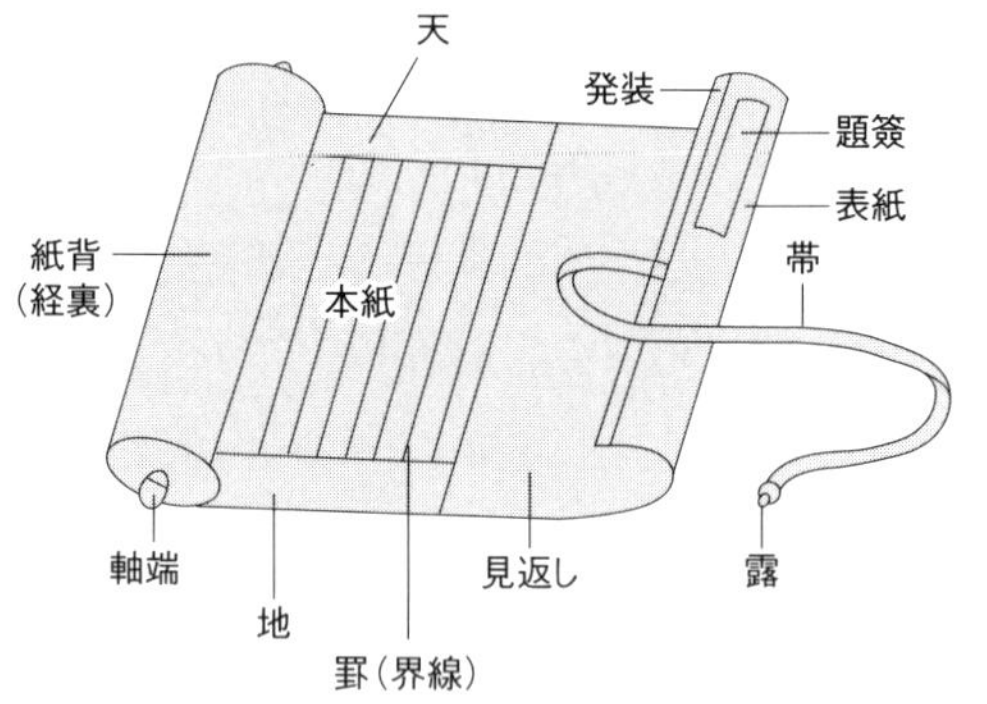

経巻の部分名称

経文の模写は、まず、「罫《けい》（界線《かいせん》）」を引くことに始まる。金泥《きんでい》や銀泥、截金《きりがね》（金箔を細く線条に切って貼り付けたもの）などを使って引く。一見すると、ただ線が引かれているように見えるが、それには大変な技術を要するのである。写経の文字についても、できる限り原本に忠実に模写をされる。親美翁の経文の墨跡は積み重ねて来られた技によるのか、光彩を放っているかのように見えた。

最後に経品の装幀《そうてい》が行われる。装幀には、巻子本《かんすぼん》・冊子本《さっしぼん》・折本などの種類があるが、『久能寺経』は巻子本である。巻子の右端には別に堅い紙をつける。それが「表紙」である。時には、羅《ら》や絹、錦などの織物が用いられ、これに金具などの「発装《はっそう》」がつく。その中央端《はし》に一本の紐をつける。紐は「帯《たい》」といい、巻子を巻くためのものであり組紐や綺《き》の織物が使われた。その先には、止めのために「露《ろ》」をつける。軸先のことを「軸端《じくばな》」というが、木に漆や胡粉《ごふん》を塗ったものに螺鈿《らでん》を入れ込んだり、水晶に手のこんだ金具細工を施したり、玉をつけたりする。例えば、『栄花物語』*（巻十六　もとのしづく）には美の限りを尽くした装幀の様が次のように描かれている。

玉の軸をし、おほかた七宝をもて飾り、またかくめでたき事見えず。経函《きやうばこ》は紫檀《したん》の函に、

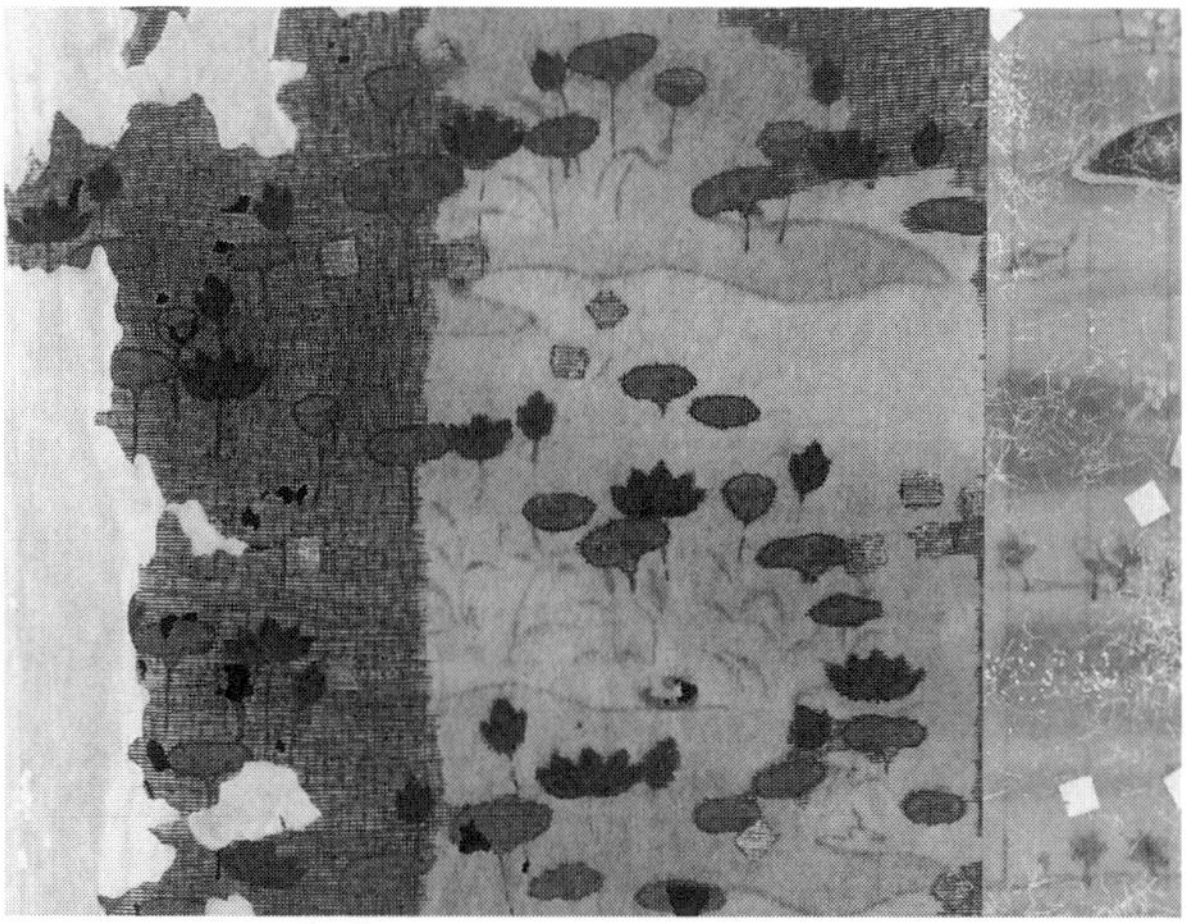

田中親美複本「随喜功徳品」表紙（左側が羅の部分）

色〳〵の玉を綾《あや》の文《もん》に入れて、黄金の筋《すぢ》を置口《をきくち》にせさせ給へり。唐《から》の紺地の錦の小文《こもん》なるを折立《をたて》にせさせ給へり。あなめでた。

さて、『久能寺経』の装幀についてみると、明治三十四年（一九〇二）、日本美術院により修理された鉄舟寺の『久能寺経』の軸端は、宝相華文《ほっそうげもん》（蓮華や牡丹などを図案化している）を細かく彫って鍍金《ときん》し、全体に地味な加工が施されている。昭和になり親美翁によって複本製作されたものの軸端には、『平家納経』の複本に使われた水晶の残りが用いられたという。武藤家が所蔵する四巻は、平安時代末のままとされているが、軸については、『久能寺経』としていかにもお粗末である。それに料紙の虫喰が、表から芯へ通っていない。もっと太い軸でなければならない、とのことである（『田中親美』*）。ということは、軸のみをいつの頃か替えていたことになる。

「薬草喩品《やくそうゆほん》については、罫《けい》（界線《かいせん》）が鍮入《ちゅうい》りの金泥《きんでい》で引いてあるために紙が傷み、一行一行が、ばらばらになってわずかに上下だけついている危険状態にあるのではないか」と、重氏は推測されている。鍮泥《ちゅうでい》というのは、真鍮《しんちゅう》を入れた金泥のことで、時が経つと腐蝕して罫がばらばらになってしまうのである。親美翁は「かかる危険状態に陥っている名品から、いち早く手をつけて着々と修理を行い、安全度を保たねば相なるまい」と述べておられる（『田中親美』*）が、それから更に月日を重ねた現在は、どのような状態であろうかと危ぶまれる。

「随喜功徳品《ずいきくどくほん》」には、「截金《きりがね》」という罫《けい》（界線）が使われている。この「截金」にしても年を経ると質や彩が変化して経品の裏へにじみ出たり断片となってしまうが、経巻の裏側には彩色された絵文様や、金銀切箔、砂子、野毛などの装飾があるために手の施しようがないという。この表紙は実に凝った見事なもので、下の地が透けてみえるようなうすものの羅《ら》に文様《もんよう》を描いている。重氏は、羅のような布がないためにさまざまな工夫をして、膠《にかわ》を濃くした絵の具で一筋ずつ糸のように描くことによって、透ける羅を表現するという方法を見出された。膠の羅は今にも滅びゆくうすもののようにみえた。

「薬草喩品《やくそうゆほん》」の見返し絵には、雨の中に傘をさした二人の貴公子が描かれている。経文の料紙の天地には秋草などが細やかに描かれ、群青《ぐんじょう》の竜胆《りんどう》の花が置かれている。重氏は『久能寺経』の文様についていて、「経文の料紙や経裏に共通していえることは、経の最初の部分は文様を沢山散らし、終わり頃になると少なくなるのがわかる。経裏《きょうり》に描かれている秋草、特に竜胆《りんどう》の花は『三十六人家集《にんかしゅう》』や『元永本古今集《げんえいぼんこきんしゅう》』とよく似ている」といわれる。従って、『久能寺経』の複本製作には、『三十六人家集』の模写に用いた版木をそのまま使用することができたそうである。例えば、『久能寺経』「薬草喩品」の表紙の七宝《しっぽう》の空摺《からず》りは、『三十六人家集』の「貫之集《つらゆきしゅう》・下」「斎宮女御《さいぐうにょうご》集」「能宣《よしのぶ》集・下」などにみられ、また、『元永本古今集』にも使われており、『平家納経』の「観普賢経《かんふげんきょう》」の表紙にもみられる。親美翁は「薬草喩品《やくそうゆほん》」の見返し絵に描かれている二人の人物について、「『源氏物語絵巻』「蓬生《よもぎう》」と酷似している」と言われている。

『久能寺経』のほとんどの経品は、経裏に描かれた文様が表《おもて》の紙に影のように浮き出ているので、もともと経品の表に描かれた文様かと見誤ってしまうほどである。例えば、「安楽行品《あんらくぎょうほん》」の表は、料紙全体に濃茶の大輪の宝相華《ほっそうげ》を散らしたような文様にみえる。私は個性ある意匠と思って拝したが、実は、経裏の絵文様が八百五十年以上の歳月を経て表に浮き出たものという。更に、このことについて重氏から貴重なお話をうかがうことができた。変色して浮き出た文様を模写する際には、煤《すす》を水に溶かして使われたという。料紙の罫の部分もこの煤で線を引き、にじみ出たように見せて、その上に金泥で線を引いたという。『久能寺経』の歳月を煤で表したのである。また、金には銀を混ぜ、銀には金を混ぜたりして鍮入りの金に見せるための工夫をされている。

当時、朝日新聞の美術記者であった竹田道太郎氏（美術評論家）が親美翁にインタビューした記事が『芸術新潮』（昭和三十五年九月号）に「戦後に写した久能寺経――田中親美翁聞書(9)」として掲載されている。

私はこうした思いがけない縁で、昭和二十三年から待賢門院の奥書のある譬喩品《ひゆほん》、美福門院女御殿の奥書のある提婆品をはじめ勧持品、厳王品など寺に伝わる経巻中の主たる巻を写すことができた。そして武藤家に伝わる薬草喩品、随喜功徳品、湧出品、勧発品の四巻も、それにひきつづいて静岡県庁から武藤家へ正式に紹介手続をとってもらい、鎌倉の武藤家へ行って借用を得て写した。私の戦後の模写事業の大きな仕事といえば、まずこの久能寺経複模が第一であろう。老齢になりながら思わぬ功徳に預ったと思って喜んでいる。

また、翁は「いかに欠本があるからといって、色彩の美しい装飾経中で現存する最古のものは久能寺経であることにまちがいはない。そこにこの経巻の無比の価値がある」と述べている（『田中親美』*）。『久能寺経』複本製作は、親美翁が生涯、最後のお仕事として手掛けられたものであり、工夫を重ねられた末に精巧無比なものが作り上げられた、まさに親美芸術の極みであろう。「お年を召されて視力の点で、繊細な部分をどのようにして原本に迫られたのでしょうか」という私の問いに、重氏は事もなげにいわれたのである。

「やはり、視《み》えなくなっていましたね。しかし、心眼ですね」。

第二章　補陀落の山

富士山と駿河湾の景（有度山より望む）

駿河《するが》の久能寺《くのうじ》

　ＪＲ・静岡駅から東南へ四㎞ほど進むと、駿河湾の久能海岸へ出る。大谷《おおや》から久能、不二見《ふじみ》まで東西にのびる長い浜である。更に三保までを、昔は有度浜《うどはま》と呼んだ。海岸沿いにはテトラポットが二重、三重に置かれ、道路も拡張されて変貌はなはだしく、昔日の面影はない。その駿河湾に面して、久能山は小高くそびえている。山の斜面には苺ハウスが並ぶ。栽培に適した地形や土質、気候を備えていて、石垣苺発祥の地である。海抜二一九ｍ、太古、海底が隆起してできたと言われる久能山は、古代にはもっと高く後ろの有度山（三〇八ｍ）へと続いていたが、地震や大雨、津波などで軟らかい土が流れ去り、孤立した山となった。そのため高さ十数ｍの切り立った崖がみられる。

　有度山は日本平《にほんだいら》という愛称で呼ばれ、久能山とはロープウェイで結ばれている。昭和二十五年（一九五〇）には、景勝地として日本観光地百選「平原の部」で一位に推されたこともある。山頂に立って眺めると、雄壮にそびえる富士山の裾が果てしなく広がる太平洋の海原にとけ込み、実に美しい景をなしている。このあたりは静岡県立公園に指定され、山腹にはシイ、タブノキ、コナラなどの巨樹が繁り、コジュケイ、三光鳥《さんこうちょう》の囀りも聞こえる学術上も貴重な天然自然樹林帯となっている。

　浜から久能山山上までゆるやかに続く一、一五九の石段を上ると、山上に「久能山東照宮」（静岡市駿河区根古屋《ねごや》）が建てられている。その昔、ここに由緒ある寺院が存在していたことを知る人はほとんどいない。

だが早くも平安時代には、駿河の「有度《うど》の浜」は遠く京のみやこにまで知られていたのである。清少納言は『枕草子』*（二〇五段）で「浜は　有度浜。長浜。吹上の浜。打出《うちいで》の浜。もろよせの浜。千里《ちさと》の浜、広う思ひやらる」といっている。有度浜の名が一番先にあげられていることからも、その景の美しさがうかがわれよう。また、浜で禊《みそぎ》する女人たちの姿はさながら天女のように美しく「有度浜天人伝説」が生まれた。静岡市駿河区中平松にある「天人社」の辺りを、いにしえの人びとは霊地とし楽土《らくど》とみていたのである。

時代が下り承久の乱（一二二一）の後、貞応二年（一二二三）の春に京を旅立った男が、鎌倉まで十五日間の旅をした紀行文『海道記』*がある。東海道を克明に描きながら駿河の国の有度浜まで来た男は、久能寺周辺の有り様に心躍らせ筆を進めている。

宇度《うど》の浜を過ぐれば、波の音、風の声、心澄む処《ところ》になん。浜の東南に霊地の山寺あり。四方《しはう》高く晴れて、四明天台《しめいてんだい》の末寺《まつじ》なり。堂閣繁昌《だうかくはんじやう》して、本山中堂《ほんざんちゆうだう》の儀式《ぎしき》をはる。一乗読誦《いちじようどくじゆ》の声は、十二廻《くわい》の中《うち》に聞えて絶ゆる事なし。

安居一夏《あんごいちげ》の行《ぎやう》は、採花汲水《さいくわきふすい》の勤《つとめ》、験《げん》を争《きそ》ふ。修《しゆ》するところは、中道《ちゆうだう》の教法《けうほふ》、論談《ろんだん》を空仮《くうげ》の頤《おとがひ》に決し、利《り》するところは下界衆生《げかいしゆじやう》、帰依《きえ》を遠近《ゑんきん》の境《さかひ》に致《いた》す。

伽藍《がらん》の名を聞けば、久能寺《くのうじ》と云ふ。行基菩薩《ぎやうきぼさつ》の建立《こんりふ》、土木《とぼく》、風きよし。本尊《ほんぞん》の実《じつ》を尋ぬれば観世《くわんぜ》音《おん》と申す。補陀落山《ふだらくせん》の聖容《しやうよう》、出現月《つき》明らかなり。大方、仏法興隆《ぶつぽふこうりゆう》の砌《みぎり》、数百箇歳《すはくかせい》の星漢《せいかん》、霜旧《ふ》りたり。僧侶《そうりよ》止住《しぢう》の峰、三百余宇《よう》の僧房《そうばう》、霞《かすみ》ゆたかなり。

（『海道記』*）

「有度浜を過ぎると、寄せる波や吹く風の音が聞こえ、すべての雑念も消えて清々しい気分になる。浜の東南に尊く厳かな山寺が見える。天台宗比叡山延暦寺の末寺で堂閣は立派で賑々しく、本山にならって儀式が盛大に行われている。法華経を読みあげる声は、一年中絶えることなく、夏には僧侶たちの修行が競って行われる。何という寺であろうかと人に尋ねたところ、「久能寺」といい、僧行基が建立した寺で本尊は観世音菩薩という。月が明るく照らすように仏法は盛んであり、長い歴史をもつ寺である」と、人びとが仏を信じ寺に心を寄せて生活している様子を描写している。

久能山・有度山周辺

今でも旧道の「くのうみち」には、「古宿《ふるやど》」とか「安居《あご》」（僧侶の籠居修行の地）などの古い地名が残っている。また、「三百余宇の僧房、霞ゆたかなり」とあることから、有度山一帯には、あちらこちらに塔頭《たっちゅう》（支院）が建立されていたことがわかる。

現代の人びとの感覚では、平安時代の駿河の久能寺といえば、京のみやこから程遠い田舎の寺にすぎなかったと思うかもしれない。そのような寺に尊い法華経『久能寺経』が、一体どうして伝来しているのであろうかと、誰もが不審に思うことであろう。

しかし、往時の久能寺は天台宗の山岳寺院として、みやこと深い関わりをもっていたのである。「西の補陀落《ふだらく》」熊野に対して、久能山は「東の補陀落」として広く知られ、補陀落思想によって京のみやこことも繋がりをもっていた。

「補陀落」（Potalaka）とは、南インド海岸にある観音が住むという山のことで、各地の観音霊場にこの名が用いられるようになった。日本では、九世紀中頃から十八世紀初め頃まで「補陀落渡海《ふだらくとかい》」という行があった。熊野那智の海岸は、補陀落渡海の場となった。補陀落を目指す僧は、わずかな食糧と水を入れた箱舟で舟出し、漂流したまま帰ることなく死に至るという「捨身《しゃしん》の行」を行った。補陀落信仰の地といえば紀伊熊野がよく知られているが、古代から日光の男体山《なんたいさん》も、御神体とされ補陀落山に擬され山岳修行の場であった。また、出羽三山にも「東補陀落」「西補陀落」がある。

久能山が補陀落の地、観音浄土とされた理由は、有度山の山頂からその景を眺めれば、一目瞭然である。北には高い山が幾重にも連なり、清い水が流れ道が通っている。南には豊かな海が広がり船が行き交い、東には霊峰富士が望まれる。この地はまさに日本一の桃源境であると、誰もが納得する。

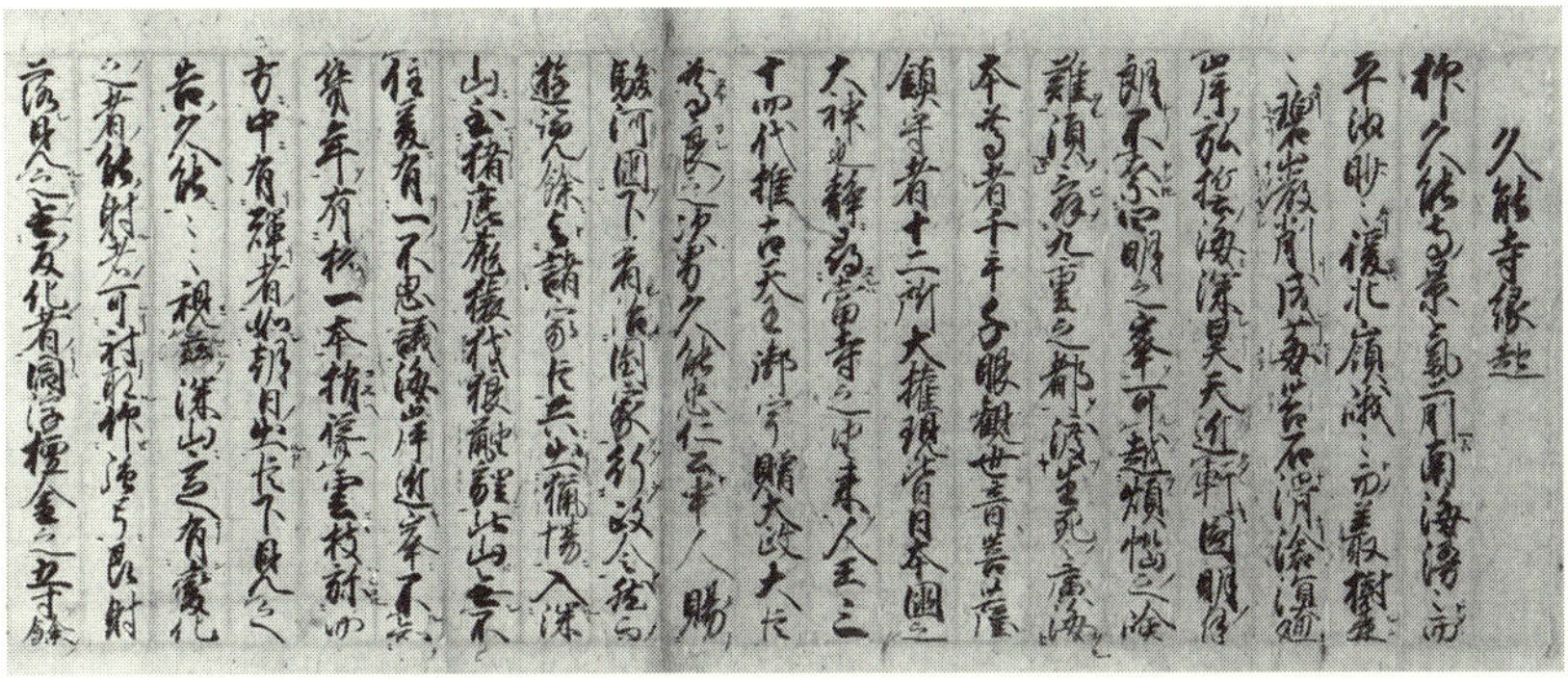

『久能寺縁起』（部分）

平安貴族たちが極楽浄土に往生することを願い、法華経を書写し、それを施入するのに最もふさわしい所として「補陀落山久能寺」を選んだことがうなずける。私は、当時の強烈な補陀落信仰こそが、この地に『久能寺経』をもたらしたのではないかと考えている。

『久能寺縁起』

久能寺の由来は、康永元年（一三四二、南朝・興国三年）南北朝の頃に、久能寺の一沙門によって語られている。

『久能寺縁起《くのうじえんぎ》』（静岡市指定文化財、鉄舟寺所蔵）は、天地三〇・八㎝、長さ五ｍに及ぶ長巻で、全体に罫《けい》（界線）が引かれた厚手の料紙（楮紙）に堂々とした書き振りで綴られている。その書風は鎌倉時代末期のものと推定される。表紙は紺錦地、見返しは金箔、軸端は水晶に金細工が施されている。

『久能寺縁起』は、まず久能寺周辺の景を語り、次に観音の由来について述べている。

抑久能寺ノ景気、前ニハ南海漫々トシ而平沙眇々、後ハ北嶺峨々ト而ソ叢樹森々タリ。碧巌削リ成シテ、莓苔石滑ナリ、滄溟廻テレ岸ヲ、弘誓ノ海深シ。昊天近クノレ軒円明ノ月朗ナリ、不レ奈モ二四明之峯ヲ一、可シレ越ツ二煩悩之嶮難ヲモ一、須ク下辞メ二九重之都ヲ一渡ツ中生死之広海ヲモ上。本尊者千手千眼観世音菩薩、鎮守者十二所大権現、皆日本国之大神也。静ニ尋ヌレバ二当寺之由来ヲ一、人王三十四代推古天皇御宇、贈太政大臣尊良之次男久能忠仁公ト申人、賜テ二駿河国ヲ一下着シ、治メ二国家ヲゾ一行フ二政令ヲ一。然而遊覧ノ余ニ、與二諸家臣一共ニ出二獵場ニ一入ル二深山ニ一、至マデ二猪鹿兎猿豺狼鼬狸ニ一、此山ニ無シレ不レ住。爰ニ有リ二一ノ不思議一、海岸近キ峯ニ不ルレ知ラ二幾年ヲ一有二杉一本一、梢ハ聳ヘレ雲ニ枝ハ施ル二四方ニ一、中ニ有リ二輝者一如シ二朝日ノ出ルガ一。臣下見レ之告グ二久能ニ一、久能視レ茲ヲ深山ニ定テ有ン二変化之者ノ一能ク射ル者ノ可シテ二射テ取ル一、仰セ二強弓ニ一即射テ落シ見ルニレ之ヲ、無ク二変化ノ者ニテハ一閻浮檀金之五寸余ノ千手観音ニテ在坐《シマス》。久能成シ二奇特ノ思ヲ一信心銘ジレ肝ニ、即時ニ尋ネ二山中ノ平地ヲ一、建テ二草堂ヲ一、深ク収メ二陰レテ宮殿ニ一、奉リ二安置シ一備ル二香花ヲ一、僧侶僅《ワツカ》ニ十余人寄下進シ仏供之料僧侶之資糧百町之所領ヲ上、信仰異ルレ他ニ。然而或夜八旬計之老僧、懸ケ二香染之袈裟ヲ一、突キ二鹿杖ヲ一、立チ寄リ二久能之枕髪ニ一、吾レ者従リ二補陀落浄土一、為ニ二衆生化度ノ一出現ス、汝ニ有リ二済度之縁一、深ク可シトレ崇ムレ我ヲ告。久能夢中ニ答テ云ク、老僧ハ往レ何クニ、崇敬可トレ申ス宣《ノヘ》玉フ。老僧ノ仰ケルハ、建テ二草堂ヲ一寄セ二供田ヲ一孚《ハグクミ》二僧侶ヲ一備ル二香花ヲ一、歓喜之余ニ告ル也リ、夢メ醒ム。仍此寺ノ山号ヲ云二補陀落山ト一。寄テ二檀那之名ニ一寺号シ名ク二久能寺ト一。……（中略）……

（『久能寺縁起』原文による）

大略を示すと以下のようになる。

漫々とした南の海は広く限りなく太平洋に望み、北には高々と叢樹がそびえている。推古《すいこ》天皇の御代（五九二〜六二八）に久能忠仁《ひさよしただひと》が駿河の国司として赴任した。久能《ひさよし》がある日、有度山に狩をして、五寸余り（一五cmほど）の黄金の千手観音像を得て、そこに草堂を建て、像を安置し香花を備え奉った。或る夜、久能の夢枕に老僧が立ち「吾レハ補陀落ノ浄土ヨリ、衆生化度ノ為メニ出現ス。汝ニ済度ノ縁有リ。深ク我ヲ崇ム可シ」と告げられた。久能《ひさよし》は歓喜し、此の寺を補陀落山久能寺《ふだらくせんくのうじ》と名付けた。

『久能寺縁起』に云う「贈太政大臣尊良《たかなが》之次男久能忠仁公」については、*『駿国雑誌』は「或云、秦川勝之二男秦尊良之弟、或尊良子」とし、久能忠仁は秦久能であるという説をとっている。*『修訂駿河国新風土記』では、新庄道雄が「秦久能尊良というべし」としている。*『久能山叢書』では、足立鍬太郎が、秦川勝尊良の弟（或は子）久能の開基とし、秦氏の繁栄と勢力を述べている。いずれにせよ久能寺は秦氏と深い関わりがあり、七世紀初頭に観音の霊場となったとされている。

現在、久能山山上に建てられている東照宮の一隅に、久能神社《くのうじんじゃ》といって秦久能を祀る小さな祠がある。もともと墳墓があったらしいが、江戸時代に霊異のことがあったので祀られるようになったという。久能《ひさよし》は聖徳太子の側近秦造《はたのみやつこ》河勝《かわかつ》の男《むすこ》であり、河勝は大生部多《おおふべのおお》（駿河国不尽川《ふじかわ》の辺《ほとり》を支配していた渡来系氏族）を倒したと『日本書紀』（皇極三年〈六四四〉七月条）に記されている。そもそも秦氏《はたのうじ》というのは『新撰姓氏録《しんせんしょうじろく》』では秦《しん》の始皇帝を祖とすると伝えるが、一般には朝鮮系の渡来氏族であると考えられている。四、五世紀初め、優秀な技術をもった秦氏が渡来し、山城国葛野郡《かどの》（現・京都市）を本拠として文化、経済、宗教、政治などに幅広く影響を及ぼすようになる。紙・綿・絹などの生産に携わる多くの部民を配下に、次第に大きな勢力を築いて、ほぼ同時期に渡来した漢氏《あやのうじ》に抗し日本各地に繁栄していった（『秦氏の研究』*）。

静岡市にも、秦氏によって伝えられたとされる養蚕《ようさん》・機織《はたおり》などに関わる地名（服織《はとり》〈羽鳥〉、賤機《しずはた》、麻機《あさばた》など）が残っており、有度浜では塩田の記録もある。景趣に富み、温暖で豊かな駿河の地を秦氏が見過ごす筈はなかったのである。霊亀元年（七一五）、秦忌寸稲粟《はたのいみきいねあわ》が駿河の掾《じょう》（判官）に任命され、時代が下っても駿河国庁に数人の秦氏が赴任している（『静岡市史　第一巻』*「日本史国郡司表」）。静岡平野の中心、賤機山《しずはたやま》の南端（葵区宮ヶ崎）に賤機山古墳（六世紀後半から七世紀前半築墳）がある。被葬者については、駿河国安倍郡を統括していた安倍氏一族か、大和朝廷から派遣された国司かなどとさまざまに論じられているが、かの秦久能が大きく関わっていたのではないかとの思いが私の脳裡をかすめる。

養老七年（七二三）、僧行基によって、駿河国の七つの寺に千手観音像が納められたと伝えられている。のちに「駿河七観音」と呼ばれるようになる次の七寺、㈠補陀落山久能寺《ふだらくせんくのうじ》㈡鷲峯山霊山寺《しゅうほうざんれいざんじ》（大内《おおうち》）㈢高福山法明寺《こうふくさんほうみょうじ》（足久保《あしくぼ》）㈣布袋山平沢寺《ほていざんへいたくじ》（池田）㈤慈悲山増善寺《しいのさんぞうぜんじ》（慈悲尾《しいのお》）㈥大窪山《だいげさん》徳願寺《とくがんじ》（向敷地《むこうしきじ》）㈦瑞祥山建穂寺《ずいしょうさんたきょうじ》（羽鳥《はとり》）である。建穂寺《たきょうじ》は、現在廃寺となっているが、奈良元興寺の僧道昭による白鳳時代草創の縁起をもち、かつては、広大な寺として栄えていた。養蚕《ようさん》の守護神の馬鳴菩薩《めみょうぼさつ》を祀り、地域の養蚕や機織《はたおり》を盛んにし、久能寺と並んで駿河を二分する勢力をもっていたという。

さて、久能《くのう》という地名の由来については、久能寺が所在したからという説や寺の草創の人物秦久《はたのひさ》能《よし》、あるいは久能忠仁《くのうただひと》の名によるとの説などがある。新庄道雄は、*『修訂駿河国新風土記』文政十二年（一八二九）の稿に「久努《くの》の努《の》は、上代の特殊な仮名遣で久努《くの》が久能《くの》と書かれた」、「久努朝臣御田次《くののあそんみたすき》大彦命《おおひこのみこと》の子孫が、阿倍氏となった」という説を述べている。事実、『続日本紀』（和銅五年十一月乙酉《きのととり》条）に従七位下久努朝臣御田次の名がみえ、『日本書紀』（天武四年四月紀、朱長元年九月丙寅《ひのえとら》条）には阿倍久努朝臣麻呂とあることから、阿倍久努という一族が有度郡久能の地に本拠を置き栄えていたことがわかる。続いて新庄は、「『日本書紀』に木祖、久久能智神《くくのち》とある。これは、久久能の意なり。久久は、茎にて草樹をいい、この地は北に山を背負い南に海をのぞみ、早く木草の発生する地であることからこの名を得たのであろう」と推測している。

次に久能寺で行われた「法会」を『久能寺縁起』より年代順に追ってみる。

㈠、康平五年（一〇六二）寿勢僧都《じゅせいそうず》始二法花八講一（朝夕一巻ずつ四日間読み上げ供養する）。

㈡、天仁二年（一一〇九）己丑《つちのとうし》四月一日実朗上人始二三十講一。

㈢、永久二年（一一一四）甲午《きのえうま》年。建二常行三昧堂《じょうぎょうざんまいどう》一（法華経などを読誦し講ずる御堂）。毎月晦日十五日の一昼夜之不断念仏之勤行。七日七夜の不断経。九月、如法経、法華経の毎日読誦、大般若経の真読。夏中は最勝王経、仁王経の真読、仁王講、舎利講、観音講、山王講など勤行する。

㈣、平治二年（一一六〇）　之正月始二仁王講一。

このように久能寺では、本山延暦寺と同じような法会が行われていたのである。みやこでは藤原道長の男《むすこ》の頼通《よりみち》（九九二〜一〇七四）が摂政関白となり、天喜元年（一〇五三）宇治の平等院に鳳凰堂を建立し、あらゆる法会を盛んに行っていた。また奥州平泉では、藤原清衡《きよひら》（一〇五六〜一一二八）が長治二年（一一〇五）に中尊寺を建立、次いで天治元年（一一二四）に金色堂を建てている。当時、権力者たちは黄金に光り輝く極楽浄土を現出させ、現世にありながらわが身を阿弥陀如来のもと安楽浄土の世界に置くことを願ったのである。

『久能寺縁起』の冒頭に「鎮守八十二所大権現デアル」とある。

鉄舟寺本堂の鴨居には『鎮守十二所権現勧請札《かんじょうさつ》』（長さ一五〇・六cm×幅二四・五cmの杉板）が掲げられているが、文字は風化してほとんど読めない。これは能快が勧請し、みやこから久能寺へ配られたもので、康平五年（一〇六二）正月の記銘がみえる。末法の世から仏法を保護するために八幡大菩薩をはじめとする十二神の神々が、それぞれ所定の十二支の日にその守護を担当することが書かれている。記述のある勧請札は、全国的にみても珍しく貴重なものであり、十一世紀中頃の久能寺で神々の勧請が行われていたことから、神仏習合であったことが証明される（『静岡県史*　通史編1』）。

応保二年（一一六二）、「勧請札」が腐蝕していたので、久能寺住職の星光坊見蓮《せいこうぼうけんれん》が駿河守藤原教長《のりなが》

（一一〇九〜？　関白藤原師実《もろざね》の孫、能書）に揮毫を依頼して、作り直している。教長は時の宰相入道であり、このことによっても朝廷と久能寺との関わりの深さがわかる。

十二世紀頃の久能寺については、「対法蔵疏鈔書一帖《たいほうぞうしょしょうしょ》」（武蔵金沢文庫・金沢文庫古文書一一識語篇二）の跋文（『平安遺文』*題跋編　治承六年五月二十四日条）に、みえる。

駿河国有（宇）都郡於久能寺下院内書了。雖悪筆、為令法久住利益有情、如形注之耳、
（駿河ノ国、有都郡ノ久能寺下院内ニ於テ書了ス。悪筆ナリトイヘドモ、法ヲシテ久シク住セシメ、有情ヲ利益セシメンガタメ、形ノ如ク之ヲ注スノミ。）

治承六年という年号は現実には存在しない。高倉天皇が治承五年（一一八一）正月十四日に崩御されたことにより七月には養和と改元されているので、翌養和二年にあたる。平氏により擁立された安徳天皇の治世下であった。この文書は「久能寺の下院内において書きおわった」と記されていることから、当時の久能寺は上院と下院からなる典型的な山岳寺院であったことを教えてくれる。例えば、京都の醍醐寺が上醍醐（上院）と下醍醐（下院）から成る山岳寺院であるのと同様である。

鎌倉時代には、駿河国藁科《わらしな》出身の円爾弁円《えんにべんえん》（一二〇二〜八〇）が五歳の時から久能寺で修行し、のち東福寺（京都）を開山した。没後、花園天皇から聖一国師の勅諡号《ちょくしごう》を贈られている。

更に、『久能寺縁起』によると、

去程代代之将軍寄附所領。諸国守護人崇之。田領莫大也。

とある。代々の将軍や守護たちが久能寺を霊験あらたかで由緒ある寺として崇め、所領や田畑を寄進して寺領は莫大であったことがわかる。源頼朝は伊豆国の内、二百町の所領を寄進したとある。これらの事柄から平安・鎌倉時代の久能寺は、由緒深い山岳寺院であったことが推量できよう。

では、当時の駿河国は、みやこからどのように位置付けされていたのであろうか。中央政府は日本各地を、大・上・中・下と四等級の国にわけている。温暖で、山の幸海の幸に恵まれた遠江国や駿河国は、大国に準ずる国とされていて、赴任した地方官の収入は多大なものであった。平兼盛《かねもり》（?〜九九〇　三十六歌仙の一人）は「駿河守として任ぜられることを請い願う奏状」をしたため、実に十六年も待ちわびてようやく任官されている。彼は「一国を拝する者その楽余《らくよ》あり、金帛蔵《きんはくくら》に満ち酒肉《しゅにく》案《つくえ》に堆《つ》む、況《いわん》や数国を転任するに於てをや」と、赤裸々にその利を述べている。駿河国は赴任地として強く願望する対象であったが、駿河守に任ぜられることは容易ではなかった。この兼盛の奏状は*『本朝文粋《もんずい》』（巻六）に採録されるほどの名文であった。後、待賢門院の甥の藤原忠能《ただよし》は大治四年（一一二九）と長承二年（一一三三）に駿河守として赴任している。白河法皇の寵臣であった平為俊《ためとし》や平宗実《むねざね》、また、後白河院庁の別当であった藤原雅教《まさのり》、権亮《ごんのすけ》三位《さんみ》中将平維盛《これもり》なども駿河の国司となっている（*『静岡県史　通史編1』）。みやこから駿河国へ地方官として任ぜられることの利は莫大であり、みやこの人びとにとって駿河国は大変魅力に溢れた国、あこがれの地であった。

『久能寺縁起』が語る『久能寺経』

『久能寺縁起』には、次記のように奇妙な一文が綴られている。

平家之一門崇レ之。収二種種之重宝一。法華経廿八品各各一品完(宛カ)心心綵二料紙一書写。注二各名字名乗一
奉二納庫蔵一。今残……(中略)……

平家の一門が久能寺を崇めて、重宝を納めたというのである。法華経二十八品をそれぞれ心のままに彩り書写し名を記して、宝蔵庫に納め奉ったものが今に残っているとある。平家一門が奉納した法華経といえば、反射的に安芸の厳島神社の『平家納経』が思い浮かぶであろう。しかし、この記述は、鉄舟寺に伝わっている『久能寺経』を指しているのである。これは確かなことであろうか。

『久能寺縁起』が書かれたのは、平家一門が厳島神社へ法華経を奉納してから二百年ほど後のことである。だが、『平家納経』については、そのあまりの華麗さゆえに途切れることなく噂されていたのであろうか。『久能寺縁起』の筆者は、寺の蔵に伝わっている豪華な法華経を見て、これも平家一門の結縁経に違いないと錯覚し、誤って記したとも解釈できよう。

『久能寺縁起』の先の記述は、平家の一門がいつの頃か入手した法華経を、さまざまな重宝と共に久能寺へ奉納したと解釈することもでき、不可解な文章ではないともいえる。しかし、久能寺経の巻末にある奥書名は、すべて平家とは何のゆかりもない方がたばかりである。

『久能寺経』伝来について、従来の説では「永治元年（一一四一）三月十日、鳥羽上皇の御出家にあたり、御逆修供養《おんげきしゅくよう》（存命中に自らの冥福を祈る）が鳥羽東殿の新御堂で営まれた。その時の結縁経が安楽寿院に置かれてあったが、いつの時代にか駿河の久能寺に移された」ということであった。また一説には、鎌倉武士の手によって略奪されたものが久能寺に納められたともいわれてきた。鳥羽上皇の御出家御逆修供養五十講の記録は確かにあるが、しかし、それを『久能寺経』と結びつける証とはならない。鳥羽上皇は、保延三年（一一三七）鳥羽東殿に本御堂を建立された。ついで、保元二年（一一五七）に美福門院得子《なりこ》のために新御堂を建てられた。しかし、ここには近衛帝の御遺骨が祀られ、慶長年間（一五九六〜一六一五）になって「安楽寿院」という寺に再興されるのである。従って、待賢門院璋子を中心とする結縁法華経が、安楽寿院に施入されたという説は考えがたい。また、鎌倉武士の手によるという説にも何ら根拠とする資料はない。

『久能寺経』は、鳥羽上皇の中宮待賢門院璋子に関わる結縁者が圧倒的に多いことから、当然その供養は待賢門院のためになされたものと考えられる。康治元年（一一四二）二月に、待賢門院は落飾し、出家されている。当時の慣《なら》いでは、その折に結縁経の供養が盛大に行われた筈である。ところが不思議なことに、その記録が見当たらず、謎に包まれたままである。

ここで注目されるのは、『久能寺経』の推定成立年と同じ年号が記銘された「金銅錫杖《しゃくじょう》頭」（重文）が鉄舟寺に伝わっていることである。これは、一体何を意味しているのであろうか。

錫杖茎部拡大図（銘）

金銅錫杖頭（重要文化財）

「錫杖」は僧侶の法具で、遊行《ゆぎょう》や乞食《こつじき》、説法の時に使う杖である。久能寺の「錫杖頭」は青銅、漆塗《うるしぬり》（後世に施された）のもので、儀式に用いられたと思われる。長さ六一・五cm、二鈎六鐶《にこうろっかん》で鈎《かぎ》に二段の屈曲を作り、その外側は半円形である。表は、薬師如来を中心にして右に聖観音左に毘沙門天の三尊仏を載せている。裏面には、阿弥陀仏を中心に右に不動尊左に地蔵菩薩を鋳出している。上部には三個の宝塔がついている。柄は蓮華形で、茎部の下方、帯状の所に次のような銘がある。

奉施入錫杖
康治元年　壬戌《みずのえいぬ》
九月八日　丁酉《ひのととり》
久能寺念空

錫杖の遺品は全国的に多くあるが、年号の銘があるものは少なく、日本最古のものである。銘は籠字《かごじ》（双鈎体《そうこうたい》）で浅く彫られている。形も珍しい上に、平安時代の錫杖としては大きい。

康治元年九月八日、この日に一体、どのような法会が久能寺で行われたのであろうか。最後に記されている念空とは、僧の名前であろうか、とすれば、どのような人物であろうか。「仏教辞典」にも念空という僧侶の出自や経歴は見当たらない。その上、錫杖に限らず仏具に僧が自ら名を刻む例は、あまりみられない。弘法大師空海が『風信帖』の終わりに書いている謹空は、「謹んで空海が書す」ということであろうか。それはともあれ、「念空」の仏教的な意を考えてみると、「念」は「誦ず、経を唱うるの意」、「空」は「宇宙の実体自性は空にして、思惟を絶つの意」ということであるから、「心を無にして、ただ、ひたすら経を唱える」ということなのかもしれない。

さて、『久能寺縁起』によると、嘉禄年間（一二二五～二七）に山麓に起きた火事は、久能山全山の御堂や珍宝を焼き尽くしてしまったという。

然而嘉禄年中麓之火事。炎火飛来附二王堂一。折節大風頻吹。堂舎悉火焼。本尊計取出。従レ其以来次第次第衰。衆僧成レ少。誠盛者必衰之道理眼前也。……（中略）……

炎の中で本尊だけを取り出し奉ったとある。寺に関する歴史的資料のほとんどは、その時焼滅してしまったと考えられるが、『久能寺経』をはじめ「本尊千手観音像や脇侍たち」「錫杖」「十二所権現勧請札」などの寺宝類は、僧侶たちの必死の働きで守られ、久能寺から鉄舟寺に伝えられている。この火災で、それまで偉容を誇っていた寺は生気を失い、のちに伊豆の北条家から寄進を受けて復興するが、もはや以前のような繁栄をみることはなかった。

猶猶従レ其以来　伽藍坊中不二昔似一衰。人信仰薄成行。国国所領成二人給一。縦雖二末代一励二信力一智行道強争劣レ昔乎。本尊豈不二垂応一乎。

康永元 壬午《みずのえうま》年六月十七日

沙門敬白

康永元年（一三四二）、朝廷は南朝と北朝にわかれ、戦乱の時代を迎えていた。「信心深く智恵と徳行の道をいけば決して昔に劣らないであろう。御本尊もそれに応えて下さるであろう」と、久能寺の一沙門は、すっかり衰えてしまった寺を憂い、世の人びとの信仰が薄くなってしまったことを嘆きつつ、筆を擱《お》いている。

現存する『久能寺経』

『久能寺経』は本来、法華経二十八品に開経と結経を合わせ三十巻より成っていたと考えられる。ところが戦乱の世を経て、江戸時代初頭には、すでに五巻の経品の行方がわからなくなり更に江戸末期には、八巻の経品が流出し、鉄舟寺の宝蔵庫には十九巻（補入品二巻含む）を残すのみとなった。

明治四十一、二（一九〇八〜九）年頃、流れた八巻が大阪の丹治竹次郎《たんじたけじろう》（もと醍醐の山伏）によって東京へもたらされた。丹治は東京帝室博物館の今泉雄作に見せ、それが国宝『久能寺経』であることを知る。そこで、八巻一万五千円という触れ込みで大茶人といわれた朝吹柴庵《あさぶきさいあん》（英二・一八四九〜一九一八）に持ち込む。しかし、あまりにも高値であったので、柴庵はそのうち四巻を撰び九千円で入手する。その四巻は柴庵没後、大正時代には十万円という価となり武藤山治《むとうさんじ》（一八六七〜一九三四）の所蔵するところとなった。丹治に残された四巻のうち一巻は、三井南家第八代当主の三井八郎次郎（高弘・一八四九〜一九一九）に所蔵され、戦後しばらく行方知れずとなったが、現在は個人所蔵となっている。残る三巻は四千五百円で三井財閥の尽力者・益田鈍翁《どんのう》（孝・一八四八〜一九三八）に求められる（*『田中親美』）。この三巻は、のちに東京国立博物館が所蔵することになる。

江戸時代初めの調査時に散佚していた五巻のうち、二巻が大正二年（一九一三）になって突如出現した。益田鈍翁がその二巻を入手するが、昭和二十年代になって五島慶太《ごとうけいた》（一八八二〜一九五九）にわたり五島美術館が所蔵するようになる。

以前から古写経に執心していた五島慶太は、「光明皇后天平十二年願経」や「長屋王願経《ながやおうがんきょう》」（和銅経）など、数百巻の古写経の蒐集《しゅうしゅう》に情熱を注ぎ、自らを「古経楼《こきょうろう》」と号するほどであったから、当然『久能寺経』にも並々ならない思いがあった。昭和十六年（一九四一）三月戦時統制下に東横電鉄（東急）社長であった五島は、静岡電鉄（静鉄）の経営強化という目的で静岡市を訪問した。静岡電鉄の幹部は、「強盗慶太」という異名をもつ中央財界の大立者の来静に、戦々兢々《せんせんきょうきょう》としてホテルでの会見に臨んだ。その時の五島の第一声は、「鈴木（与平）さん『久能寺経』というのを御存知ですか」

という発言。一瞬、あたりは狐につままれたような気配であった。早々に会見は切り上げられ、一刻も早く鉄舟寺へ赴き『久能寺経』を確かめたいという五島であった（「私と久能寺経」七代鈴木与平随筆、『すずよ』十八号、平成四年四月）。その後も五島慶太は、文化財保護のための援助を惜しまなかった。『久能寺経』を保存するため『久能寺経顕彰会』の結成にも大きな力添えをしている。

ところで問題は、この突如出現した「序品《じょほん》」と「法師功徳品《ほっしくどくほん》」であるが、これらには奥書名（経巻末尾にある名）がないのである。田中親美翁は、「他の現存する久能寺経巻には、どれにも奥書署名があるので、やかましくいえばこの二巻は果たして久能寺経といってよいかどうか疑問とされている。私は法師功徳品は料紙からいっても文様からいっても、たとえ奥書はなくともまちがいないと思うが、序品には疑問がある」と語っている。続けて「序品は、開巻最初に位する巻だけに料紙は殊に結構なのに、この序品のそれはお粗末である。そこに疑問がある。しかし書や料紙の時代は確かに当時ものので、まことに立派である」（『田中親美』*）と述べている。「お粗末」というのは、他の『久能寺経』のような装飾がみられないことをいい、『久能寺経』一具とすることに疑問を呈されている。

また、小松茂美博士は、「この序品、法師功徳品は、『久能寺経』という触れ込みでありながら一つに白河院、一つに後白河院の御手蹟写経という小紙片のメモがあること、奥書署名を二巻とも欠くことに疑念を深めながらその装飾技法は『久能寺経』に極めて似通う」とされている（「久能寺経成立の背景（上）」「書品」42）。白河院や後白河院の直筆《じきひつ》であると伝えられてきたこの経巻を、何故、当時の文化財保護委員会（現在の文化庁）は『久能寺経』と認定できたのであろうか。

　私は、これらの経品の真偽を自分の目で確かめたいと思った。経品のもつ祈りの結晶、いのちを直接心に受けとめ、自身の直感を信じようと、五島美術館に向かった。「序品《じょほん》」は、想像以上に美しく輝いていた。金銀切箔《きりはく》、砂子《すなご》、野毛《のげ》が繊細多様に撒き散らされている。むしろ華麗といわれていた「法師功徳品《ほっしくどくほん》」の装飾は、思っていたよりひかえ目に感じられた。それでも祈りが込められた経品であることは確かであった。しかし、平成六年（一九九四）『久能寺経』の「譬喩品《ひゆほん》」を拝した時（一九七頁参照）に感じとれた祈りとは異なる印象を受ける。奥書を欠いていることは考えに入れないように、心して拝したつもりであるが、「これは、久能寺経ではないのではないか。」どうも私には、ただよってくるものが違うように感じられた。『久能寺経』ではないとしても、これらの経品は平安時代、貴族たちによって盛んに行われた法華経書写のいずれかの一品には違いなかろう。料紙に『久能寺経』と同じような装飾が施されていることからすると、同じ工房で時を前後して作られたのではないかと想像される。

　『久能寺経』は寺より流出したものが所々に分蔵されているが、現在、合わせて二十七巻の所在が確認されている。以下に一覧を示しておく。

紙本墨書法華経『久能寺経』の所蔵先と所蔵経品名（平成十七年〈二〇〇五〉現在）

〈鉄舟寺国宝十九巻、内二巻後世補入品〉

方便品《ほうべんぽん》第二　譬喩品《ひゆほん》第三　信解品《しんげほん》第四　授記品《じゅきほん》第六　化城喩品《けじょうゆほん》第七

授学無学人記品《じゅがくむがくにんきほん》第九　見宝塔品《けんほうとうほん》第十一　提婆達多品《だいばだったほん》第十二　勧持品《かんじほん》第十三

常不軽菩薩品《じょうふきょうぼさつぼん》第二十　如来神力品《にょらいじんりきほん》第二十一　嘱累品《ぞくるいほん》第二十二　薬王菩薩本事品《やくおうぼさつほんじほん》第二十三

妙音菩薩品《みょうおんぼさつぼん》第二十四　観世音菩薩普門品《かんぜおんぼさつふもんぼん》第二十五　陀羅尼品《だらにほん》第二十六（後世補入品）

妙荘厳王本事品《みょうしょうごんのうほんじほん》第二十七　普賢菩薩勧発品《ふげんぼさつかんぼっぽん》第二十八（後世補入品）　観普賢菩薩行法経《かんふげんぼさつぎょうほうきょう》

〈武藤家重要文化財四巻〉

薬草喩品《やくそうゆほん》第五　従地湧出品《じゅうじゆじゅつぽん》第十五　随喜功徳品《ずいきくどくほん》第十八　普賢菩薩勧発品《ふげんぼさつかんぼっぽん》第二十八

〈東京国立博物館重要文化財三巻〉

無量義経《むりょうぎきょう》　法師品《ほっしほん》第十　安楽行品《あんらくぎょうほん》第十四

〈五島美術館重要文化財二巻〉

序品《じょほん》第一　法師功徳品《ほっしくどくほん》第十九

〈個人一巻〉

如来寿量品《にょらいじゅりょうほん》第十六

〈江戸時代初期亡失三巻〉

五百弟子受記品《ごひゃくでしじゅきほん》第八　分別功徳品《ふんべつくどくほん》第十七　陀羅尼品《だらにほん》第二十六

二つの嵐

『鉄舟寺文書』（鉄舟寺蔵）によれば、建武五年（一三三八）から駿河の守護職となった今川家代々が、久能寺を保護している。今川範国《のりくに》は、久能寺の霊験が世に知られていたので、「天下安泰の祈禱」を下命している（観応三年〈一三五二〉）。今川氏真《うじざね》は、久能寺の領浦《りょうほ》（根古屋《ねごや》）に材木の荷揚げを許可したり、製塩の権利を与えたりしている（大永六年〈一五二六〉）。他に寺領の寄進や種々の安堵状の文書もみられる（一五一五、一五二八、一五四〇、一五四九など）。永禄八年（一五六五）には、今川氏によって観音堂も再建され、山上に十八坊、山下に二十四坊を数えるようになっていた。久能寺へ参詣する道も整い、西麓の平沢寺《へいたくじ》や東麓の妙音寺などは、参道を守護する支院であったと考えられる。

永禄十一年（一五六八）、織田信長が上洛を果たし、世は武将たちが天下取りにしのぎをけずる時勢となっていた。甲斐の武田信玄も天下統一をねらい、同年十二月六日に甲府を出発し、十三日には駿河（今川氏真）を攻略した。駿府に乱入して今川館、浅間神社、臨済寺に火を放った。久能山山上へは根古屋から十六曲がりの急坂を登攀《とうはん》しなければならない。前方は海、後方は屏風岩といわれるほどの嶮崖の地である。信玄は、ここをどのような大軍が攻めてきても容易に落とされることがない天然の要塞、城砦になるとみて、久能寺を有度山東麓の妙音寺へ移らせ、寺のあとへ久能城を築くことにした。一度は撤退したものの、信玄は翌年十二月再び駿府を攻めて占領する。寺の移転は、久能寺にとって大事件であり衆徒や村人を巻き込んでの大変革となった。移された久能寺は武田家の祈禱所（新義真言宗）として庇護をうけるようになる。妙音寺の寺名は、現在、妙音寺地区として残っている。

久能城は、武田家滅亡（一五八二）ののち徳川家の有に帰し、家康の遺言によって「久能山東照宮」が造営（元和二年〈一六一六〉）された。以後、「東照大権現」家康宗廟の地として全国の大名たちが参詣し栄えていった。『駿府巡検帳《すんぷじゅんけんちょう》』（国立国会図書館蔵）によると、移された久能寺は元禄十六年（一七〇三）頃には、「仁王門、薬師堂、閻魔堂、六地蔵堂、祖師堂、拝殿、鐘楼、十二所権現宮、稲荷小社、観音堂、宝蔵庫、居宅」と、他に七坊を有していた。朱印地二百五十石を与えられ、「補陀落山来迎院久能寺」と称し、京都の真言宗智積院《ちしゃくいん》の末寺となっている。

明治元年（一八六八）、幕藩体制が崩壊して維新を迎えた日本の国は、大揺れの危機をはらんでいた。明治政府は近代社会への転換ということで、国学者平田篤胤《あつたね》（一七七六～一八四三）らが提唱した尊王復古のもと、日本古来の神道を国教とする祭政一致を目指した。この年「神仏分離令」を発して、神仏混淆《こんこう》が禁ぜられた。古来、日本の寺や神社のほとんどは仏とも神ともわからない形で祀られたり、また、神であっても仏教様式で装飾されたりしていた。それを今さら神と仏とをわけようとしても容易なことではなかった。仏教的な建物は破壊された上に、仏像や仏具まで壊さねばならないという状況であった。その流れは廃仏毀釈に進展し、国中が大荒れの嵐に翻弄された。この嵐は、明治四年（一八七一）に古文化財の滅失を防ぐための「太政官布告　第二五一号」（「古器旧物保存方」）が出されるまで続いたのであった。

久能山東照宮でも、山上にあった五重塔は破壊されてしまった。宮司の話によれば仏教に関わるものが大量に焼かれ、三日三晩久能の山から煙が絶えなかったという。興福寺五重塔は二十五円、姫路城天守閣は百円、彦根城天守閣は七百円と値ぶみされた。芝増上寺や上野寛永寺、徳川家墓地などは焼払いの噂が流れ、鎌倉大仏を外国へなどという話まで聞かれた。天平時代の古写経は荒縄で束ねられて一束五円で売られたという。それは、長く支配下に置かれた江戸幕府への憎しみ、反抗の表れでもあった。

静岡市清水区興津に日蓮宗身延派の理源寺という寺があり、仏教弾圧時の貴重な資料を所蔵している。小林日誠（東京谷中、瑞輪寺住職）が教務省（政府の宗教を取り扱う部門）へ宛てた手紙の草稿である。「廃仏毀釈について全国の諸宗の会合を開き政府と穏便な話し合いをしよう」というもので、判読できない箇所もあるが、推敲を重ねた草稿から当時の僧侶や仏教徒たちのあわてふためいたさまが手にとるようにわかる。仏教弾圧は、旧来の秩序が根こそぎ覆される悪夢のような嵐であった。明治の文明開化は、極端な西欧文化崇拝のブームを起こした。改革という名のもとに日本古来の思想、風俗、習慣などがすべて蹂躙《じゅうりん》され、打ち捨てられようとした。日本各地で民衆による暴動までが起きるという大変な時代であった。

明治十二年（一八七九）、米国からフェノロサ（一八五三〜一九〇八）が東京大学へ招かれ来日した。彼は日本の伝統的な芸術がいかに素晴らしいものであるかを知っていた。無自覚な日本の人びとに「西洋心酔からめざめ、日本固有の芸術を考えるべきだ」と説いてまわった。来日して五年後、フェノロサは、「絵画会」を創立し、その四年後には、岡倉天心や橋本雅邦たちによって「日本美術院」が創立される。これらの動きは宗教にも多大な影響を与え、仏教文化も復活をみるようになっていく。日本を愛したフェノロサは、友人ヴィゲロウと共に琵琶湖のほとり三井寺塔頭の一つである法明院に眠っている。

神仏分離政策によって僧侶が堕落し、廃寺となった寺は数多い。久能寺も国へ寺領の上地を余儀なくされて、無住となった時期もあった。ついに、わずか観音堂一宇を残すのみとなり、荒廃の一途を辿っていったのである。

久能寺再興

荒れ果てた久能寺を見て、その再興を決意したのは、維新に活躍した山岡鉄舟（鉄太郎）（一八三六

〜八八）であった。彼の人となりや決意に至るまでの経歴を見ていこう。

鉄舟は、六百石の旗本である小野朝右衛門高福を父として生まれ、飛驒高山で少年期を過ごしている。二十歳の時、山岡静山の養子となった。高山時代の少年期に書を岩佐一亭に習うが、後は独学で、王羲之や空海の筆に敬服し、日夜書写を行った。彼の豪快な書風は「鉄舟流」と称される。

慶応三年（一八六七）、第十五代将軍徳川慶喜《よしのぶ》公により大政奉還がなされた。その翌慶応四年（一八六八）、徳川幕府の脱走艦「咸臨丸《かんりんまる》」が修理のため清水湊《みなと》に入湊《にゅうこう》した時、九月十八日官軍に攻撃され、三保の海には旧幕臣七名の死体が浮いた。後難を恐れ誰も手を出さなかったが、清水の次郎長（山本長五郎〈一八二〇〜九三〉）は「死ねば仏」と子分たちに遺体を運ばせ、巴川河口の向島へ埋葬した。次郎長の行為は評判となり、鉄舟はその供養碑に「壮士之墓《そうしのはか》」と揮毫している。

この年に明治と改元された。鉄舟は翌明治二年から、慶喜公について静岡藩に幹事役で赴任している。慶喜公の意を受けて西郷隆盛と勝海舟との「江戸会見」（明治三年〈一八七〇〉）に尽力した。この会見によって徳川は家名を保ち、江戸市民は兵火から救われた。鉄舟は旧幕臣たちの身の振り方にも日夜苦労を重ね、明治四年の廃藩置県まで駿河、遠州、三河の各地を移住している。その後明治五年から十年間は、明治天皇の侍従として仕えた。

鉄舟は剣道の達人でもあった。四十五歳で絶対無の境地を無刀の極意とする「一刀正伝無刀法」を開く。静岡時代の彼の日課は、朝五時に起床、六時から九時まで剣道の稽古、正午から午後四時まで揮毫、夜は午前二時まで座禅と写経に励んだという。明治十四年（一八八一）、彼は越中の国泰寺《こくたいじ》再興に力を尽くし、屏風千二百双、額や軸一万枚と、膨大な作品を揮毫し奉納した。明治十六年（一八八三）、維新に斃《たお》れた人びとを弔うため、東京谷中の三崎町に普門山全生庵《ぜんしょうあん》を建立する。この時も、彼は八カ月の間に十万一千三百八十枚の書を書き上げ寄進したという。

同年、鉄舟は久能寺再興を決意する。かつて駿河に関わった鉄舟にとって、それはいかにしても果たさねばならない大仕事であったが、疲弊した社会状勢の中では容易なことでなかった。けれども、平安時代の宮廷の人びとによる結縁法華経『久能寺経』を伝える由緒正しい寺であることを考えたとき、天皇を尊崇してやまなかった鉄舟が、久能寺再興への一念を燃やしたことは想像に難くない。

久能寺再興の歳月

残された資料に拠り、所見を加えながら再興までの道のりを辿ってみたい。

◇明治五年　久能寺は、塔頭の一つであった妙楽院を高源寺（清水高橋）に売却する。解体された材はイカダに組み、巴川の下流から運ばれ、高源寺の本堂として建立された。その他の坊や伽藍も諸方へ売却され散逸する。久能寺再建策としての資金集めであったものか。

◇明治十六年四月九日　久能寺住職代理の内藤寿明は、戸長《こちょう》役所へ『久能寺経』を含む宝物一切を移管する。

◇明治十六年五月　山岡鉄舟は、久能寺の廃地（妙音寺地区）を買得し再興を図る。その折、左の「緒《ちょ》言《げん》」を遺《のこ》している（駿河古文書会）。寺の再興を願って書かれたもので、木版刷りにし広く募金を募ったと思われる。廃寺となっている久能寺へ寄せる鉄舟の切々とした心情が伺《うかが》われ、心打たれる名文である。

補陀洛山鉄舟禅寺七堂伽藍創立緒言

駿州有度郡清水湾の上《ほとり》なる久能寺は、……（中略）……千有余年誦経《ずぎやう》の声は蒼海の潮音と共に絶へず。香炉の烟は久能山の雲と共に靉《たなび》き無比の霊境にして左に芙蓉峰（富士山）突兀《とっこつ》として衆山の上に聳へ右は三保洲靄々《あいあい》として万波《ばんぱ》の上に浮み伊豆の山は壁垣《へきえん》のごとく清水湾は林泉に似たり。真《まこと》に関西《かんせい》第一の勝景たりしも惜むべし維新の際、廃寺となり狐兎《こと》の住家となれり。わずかに山上の観音堂山下の二王門鐘楼等残る（と）いへども皆是破壊に及べり。予　是を見るに忍ず。因《よっ》て各宗の碩徳《せきとく》を始、もろもろの儘(仁)カ者《じんしゃ》と謀り久能寺の旧跡に七堂伽藍を建築し補陀洛山鉄舟寺と称し予が家に久しく崇敬せし　東照宮護持の愛染明王を勧請し邸地を祠堂田《しだうでん》に寄附せんとす。然れども漸々《せんぜん》の力、諸伽藍を建立するに堪へず。冀《こいねがはく》は十方の諸君、賛成の扶護ありて伽藍落成せば単に修禅弘道の一端のみにあらず。該地《がいち》の一美観ともなり無量の供《こう》福《ふく》ならんと。しか言ふ。

明治十六年五月

正四位　山岡鉄太郎　山岡高歩　鉄舟

◇明治十六年十一月　「補陀落山鉄舟禅寺」として開山。開基山岡鉄舟。初代住職に今川貞山《ていざん》（京都、妙心寺管長、臨済寺兼務）を請ずる。仮本堂を建て土蔵を修理する。

大阪町人、増本平兵衛が本堂の寄附を約束したが死亡のため成らなかった。鉄舟のまわりにはパトロン的存在が多くいたとはいっても莫大な久能寺再建の資金は、どのようにして集めたのか。鉄舟が揮毫した書は明治十八年、五十歳の時には十八万一千余点を数えたという。「過ぎ来し方を想い浮べれば、まことに夢のまた夢、人の力というものも考えれば、不思議なものである。われながら驚いて、ここに筆を擱《お》く」（『山岡鉄舟』鉄舟山岡高歩誌　明治十八年十二月三十日）。彼は、久能寺再興の資金集めのために、ひたすら書き続けた。ただし、久能寺再興のためだけに筆をとり、「書を売る考えなど毛頭ない」と、無私無欲を貫いたという。おびただしい作品の中には傑作あり駄作ありで、中には贋作といわれるものまで遺している。

ある時、鉄舟の書翰を拝読した。勢いのある見事な草書体の候文で、宛名は気賀《けが》半十郎殿とある。「養児院を設立致したく、賛成扶薦《ふせん》下され度く」とある。維新で命を落とした幕臣の遺児たちの養護を考えてのことであろうか。気賀半十郎（一八三二〜八二）は、西遠地方の豪商、気賀林《りん》の長男で、明治十五年に浜松第二十八国立銀行頭取に就任している。

◇明治二十年四月十七日　初代の静岡県知事・関口隆吉の下命により、久能寺の「観音堂、宝蔵、閻魔堂、地蔵堂、鐘楼、仁王門」すべての管理を鉄舟寺に移行することになり、久能寺住職の久野《くの》岩雄（賢如）から、鉄舟禅寺初代住職の今川貞山に引き渡された。引継目録は、五葉一通。末尾に「今後、貴寺観音守護主として決定候上は、悉く皆、引渡し候間、観音と倶に同じく永世保護之有り度く、且、久能寺歴代墓所等、修繕依頼仕り候なり」と記している。観音堂一宇を復旧し、荒れていた寺の再興に日夜奔走していた久能寺住職にしてみれば、鉄舟禅寺として再興されることになったとはいえ、永い歴史をもつ久能寺を閉じるということに複雑な思いが去来したことであろう。裏山観音堂奥は、歴代僧侶の墓所となっている。

◇明治二十一年七月十九日　鉄舟は、久能寺再興を期してから五年後、五十三年の生涯であった。坐禅姿のままで死を遂げたので「澆季《ぎょうき》絶無《ぜつむ》の大往生」といわれた。東京谷中の全生庵に埋葬され、鉄舟寺には、開基として法名「鉄舟寺殿雲外高歩」と刻された墓に遺髪が納められた。その後の久能寺再興は、鉄舟と交流のあった次郎長の奉仕や、芝野栄七《しばのえいしち》などの尽力を得て進められた。

◇明治二十三年　今川貞山は、京都北山鳴滝の妙光寺仏殿を買得し、鉄舟寺本堂として移築する。

◇明治二十六年　清水次郎長没する。（七十四歳）

◇明治三十五年五月一日　二代目住職三浦自覚は、「本堂修理の募金許可願」を内務大臣男爵・内海忠勝へ申請している。

「見積金額」

本堂　　　七、八三〇円
宝蔵修繕　　三五〇円
庫裡修繕　　四五〇円
　合計　八、六三〇円

募金願は、一府五県（東京府、静岡、神奈川、山梨、岐阜、愛知の各県）にわたり、期間は、満五カ年を限りとした。

◇同年十月二十九日　募金許可が下りる。

◇明治三十七年　日露大戦が起こったため募金は一時中断される。

◇明治三十八年　再び募金を始めるが、檀家も少なく、篤志家に喜捨を求めても思うようにはかどらなかった。結局どれほどの額を集めることができたのであろうか、その後、不足分をどのようにして補ったのか、残念ながら記録は見出せない。

久能寺再建を語るとき、鉄舟に傾倒し、私財と心身を投げ打ち奉仕した人物として、鉄舟寺信徒の柴野栄七をあげなければならない。再建を果たす決心をした彼は、まず大破していた観音堂を修繕している。そして彼の熱意に賛同した東京の斉藤正毅《まさたけ》弁護士が、本堂建築のためにと郷里の秋田県から木材を寄進した。鉄舟寺本堂前には再建に功労のあった芝野栄七の等身大銅像が建てられたが、第二次世界大戦時に供出されてしまう。

◇明治四十三年三月十日　久能寺は、幾多の困難の末、「補陀落山鉄舟禅寺」（第三代・伊藤台巌《たいがん》）として本堂が落成し完成する。芝野栄七、六十八歳の時であった。鉄舟が再興を期してから、破壊された塔堂を建立し終わるまでに、実に二十七年という長い歳月を数える。鉄舟も次郎長もすでに亡く、久能寺が鉄舟禅寺として新しく蘇《よみがえ》ったすがたを見ることはなかった。

鉄舟禅寺

「久能山東照宮」の麓から東北へ有度山の山懐に沿っていくと、「鉄舟禅寺の碑」（山岡鉄舟筆）の前に出る。寺は禅宗の七堂伽藍の形をとって建てられており、仁王門を入ると正面に十二支神社、左手に観音堂への参詣道、右手に法堂《はっとう》、その奥に堂々たる本堂が望まれる。本堂鴨居《かもい》には「嘱累品《ぞくるいほん》」、二階広間には「随喜功徳品《ずいきくどくほん》」の大型陶板（縦一・五m×横六・五m、平成三年、大塚オーミ陶業製作）が掲げられている。それを拝すれば、『久能寺経』のすがたが一目でわかる。もともと紙に写された経品を、質の異なる陶板に拡大し製作することは、至難の技である。やきものの最新技術を駆使してセラミックにしたもので、寄進者は埼玉県川越市在住の渡瀬武夫《わたせたけお》氏で、古写経の永久保存を願う氏の篤い信仰によりもたらされた。

平成八年（一九九六）十月十日、「久能寺草創千四百年慶讃大法要」が鉄舟禅寺第四世の香村俊明《こうむらしゅんめい》住

職（昭和三十九年十月入山）のもと、三十人の僧侶によって厳修され、その折に裏山の観音堂秘仏、千手観音が御開扉された。観音堂は大正年間に建てられたもので、法要に合わせて瓦が葺替えられ、右手の毘沙門堂も改築された。観音堂内の安土桃山様式の厨子には、「木造千手観音立像」（静岡県指定文化財）が安置され、左方に「閻魔大王座像」（江戸期）、右方に「弘法大師座像」（江戸期）、その間に「二十八部衆立像」（桃山〜江戸期）が祀られている。

補陀落山鉄舟禅寺山門

　山上まで幾重にも曲がる山道には、三十三体の古い観音石仏が置かれている。風雨にさらされ、数も少なくなっているが、観音参詣の歩を重ねるうちに観音霊場を巡ることになる。

　この日、山上の千手観音の御手と、山下の本堂千手観音（頭部のみ平安後期）の御手とは、「禅《ぜん》の綱《つな》」（五色の仏旗）でしっかりと結ばれ「結縁《けちえん》」された。国宝『久能寺経』も展覧され、千四百年という長い動乱の歴史を経て、現代の人々が共に仏縁をいただいていることを思う。

　平成十一年（一九九九）から翌十二年まで京都国立博物館

陶板「随喜功徳品」

の協力のもとに鉄舟寺総合資料調査が行われ、平成十三年（二〇〇一）に特別企画「鉄舟寺展（旧久能寺宝物展）」（主催（財）清水港湾博物館・鉄舟寺・清水市教委）が開催された。そのとき展示された鉄舟寺所蔵の、久能寺由来の仏像や文物について二、三記してみよう。

「千手観音立像」は等身大で、側面から拝すると、法隆寺の百済観音像のように肉薄の胸を引き気味にした「く」の字型をしている。頭上の化仏《けぶつ》から台座までの一木彫（檜またはカヤ）である。しかし、化仏も台座の蓮弁も後補がほとんどである。胸飾は仏の体から彫り出されていて、古い仏像の形式とされる（足立鍬太郎説）。肩から膝下にかかる天衣の襞は、細やかに平行して並んでいる。後姿は、幾重にも重なった衣の襞が柔かく流れるように垂れている。調査によれば、衣の上に千手がついていることから、もとからの千手観音像ではなく、後世いつの頃かに手が加えられたものではないかという。

木造千手観音立像（観音堂）

千手は、頭上で掌を組む清水式といわれる形をとっている。清水式の遺例としては、京都市の清水寺（平安期）、神奈川県海老名市の龍峯寺（平安期）、岐阜県溝口の慈恩寺（鎌倉期）、岩手県平泉の中尊寺観音院（平安後期）などの千手観音像があげられる。これらの像は、頭上に組んだ掌の上に化仏《けぶつ》をいただく形なので、おそらく鉄舟寺の像も同じように化仏をのせていたと思われる。

この像は何度も補修されていて、宝冠も後世補われたとみられている。全体からただよってくる清浄な雰囲気は観音様そのものであるが、問題は御顔である。初めて仰いだ時は、目を疑った。普通観音様といえば、慈悲深い眼差しと、ふっくらした面差しを想像する。ところが、この像の御顔は、頬がうすく目尻は狐眼のように上がり、口唇の辺りはとがって異様にみえる。頬のあたりにはノミをあてたような痕跡がみられ、足立鍬太郎の調査報告書（昭和六年〈一九三一〉）には、「あちらこちら補作のあとがみられること、御顔の部分も削られてあるのが、かえすがえす遺憾」と、ある。そこで、私は木割れや虫喰いによるやむをえない修理ではなかったのか、などと思いを巡らせていた。ところが今回の調査によれば、御顔には手を加えられていないという。それにしても不思議な雰囲気の御顔である。奈良時代後期に製作され、静岡県下では現存最古の仏像とのことである。

千手観音立像の製作年代が奈良時代に遡るということであれば、『久能寺縁起』が語る久能建立の寺が、存在していた証となるのではないか。行基巡錫に際して造立された仏像という説もあり、今後の調査による新たな解明を待ちたい。

「兜跋毘沙門天像《とばつびしゃもんてんぞう》」は平安前期のものとみられ、樟木《くすのき》一木彫りで、「地天《ちてん》」を踏まえたすがたは東海道筋では唯一とされるが、両手をもがれ、無残な虫喰いの木肌をさらしている。平安時代の作とみられる一木彫りの「地蔵菩薩像」も虫喰いの被害にあっている。「梵天《ぼんてん》立像（日光）」「帝釈天《たいしゃくてん》立像（月光）」（共に平安時代）と拝される手無仏も破損がはなはだしい。「薬師如来座像」（平安時代）は、「大般若経」六百巻（仁治三年〈一二四二〉、静岡県指定文化財）と共に駿河国分尼寺（廃寺）から文明十七年（一四八五）に久能寺に施入された。源義経の愛笛との伝承をもつ龍笛銘「薄墨」（静岡市指定文化財）も伝わっているが、文禄四年（一五九五）に手が加えられ、更に、平成七・八年に大修理されたので、もとの部分は内部を残してほとんど失われている。

鉄舟寺が所蔵する仏像や文物の多数さと古さは、往時の久能寺がいかに隆盛を極め、由緒ある寺であったかを物語っている。

第三章　待賢門院璋子

かがよう姫君

『久能寺経』は、平安時代の宮廷の貴族たちによって写された法華経である。ここからは、その中心人物とされる待賢門院璋子《たいけんもんいんたまこ》の生涯とその周辺を辿っていきたい。璋子はどのような道を歩まれたのか、法華経の結縁書写はどのようないきさつで営まれるようになったのか、それらを追うことによって、平安貴族の「まことの信仰」というものがみえてくるのではないかと思われる。

今から九百年余り昔のことである。

白河法皇《しらかわほうおう》（一〇五三～一一二九）は天皇の位にあった時、最愛の中宮賢子《かたこ》（一〇五七～八四）を二十八歳という若さで失われた。続いて媞子《やす》内親王（郁芳門院）までも亡くされる。天皇は衝撃的な不幸に次々と襲われて、嘆きのあまり四十四歳で剃髪《ていはつ》された。救いを求める気持ちから多くの御堂を建立し、供養されるようになられたが、その反面では、数多の女房たちに子女を産ませながら、「たしかには覚えず」という生活をされていた。賢子を大変愛されていた法皇は、その頃出会ったどの女性も亡き賢子には遠く及ばず、深い喪失感にとらわれておられたのであろう。

跡もなく雪降りつもる山路をば我ひとり行くここちこそすれ　（『続詞花和歌集』*　巻六　冬　三一二）

この歌がいつ詠まれたものかわからないけれども、何かその頃の法皇の御姿を彷彿とさせる。

このような虚しさの中で寛治元年（一〇八七）頃、祇園女御《ぎおんのにょうご》（白河殿）と出逢い、やがて、彼女は法皇から特別の扱いと寵愛を受けるようになる。女御《にょうご》と呼ばれてはいるが、身分が低いため生涯、正式な女御の位にはつけなかった。彼女の出自は明らかではなく、もとは三河守源惟清《これきよ》の妻であったらしい。法皇は彼女を独占しようとして、夫に罪を科し流罪にしてしまった。

祇園女御と法皇との関わりを『今鏡』*（ふぢなみの上　第四、宇治の川瀬）は、『長恨歌』から引用して「三千の寵愛《てうあい》一人のみなりけり。ただの人にはおはせざるべし」と述べている。彼女は普通の縁《えにし》の人ではないと、周囲の人びとが噂したという。

関白藤原忠実《ただざね》（一〇七八〜一一六二）の日記『殿暦《でんりやく》』*（長治二年〈一一〇五〉十月二十六日条）や藤原宗忠《むねただ》（一〇六二〜一一四二）の日記『中右記』（嘉承元年〈一一〇六〉七月五日条）によると、祇園女御が祇園社で堂供養を行うときや鳥羽殿の御堂で修説を催すときには、法皇はもちろん上達部《かんだちめ》や院の殿上人《てんじょうびと》すべてが参列したという。このことは、祇園女御に対する法皇の寵愛が大変に深かったこと、彼女が相当な権力をもっていたことを示している。一族の繁栄を願う平正盛は、祇園女御に取り入ろうとして、自身が建てた六波羅蜜寺で祇園女御の一切経供養を招引しているほどである（『長秋記』*永久元年〈一一一三〉十月一日条）。

だが、この祇園女御は御子に恵まれなかったので、養女に迎えたのが藤原公実《きんざね》と光子の末女である璋子《たまこ》であった。璋子の生年は、康和三年（一一〇一）と推定されている。

白河殿ときこえ給ふ人おはしき。その人の、待賢門院を養ひ奉り給ひて、院《ゐむ》（白河法皇）も御女《おんむすめ》とてもてなしきこえさせ給ひしなり。……（中略）……

幼くては、白河の院の御懐《ふところ》に御足さし入れて、昼も大殿《との》ごもりたれば、殿（忠実）など参らせ給ひたるも、「ここにずちなきことの侍りて、え自ら申さず」など答《いら》へてぞおはしましける。大人になり給ひても類《たぐひ》なくきこえ侍りき。


法皇が璋子を「御女《おんむすめ》」とされ、愛情の限りをそそがれている描写が『今鏡』*（ふぢなみの上　第四、宇治の川瀬）の一節にある。法皇は昼から添寝をして璋子が寝息をたてるまで足を懐に入れたまま過ごされた。ある時、忠実が法皇に拝謁を願ったが、璋子の寝顔を飽かず眺めていた法皇は、「ここにどうしようもないことがあるので直接話はできない」と、会われなかった。法皇の璋子に対する溺愛ぶりは、あまりにも度が過ぎていると思われたわけで、人びとはこの話を後々までの語り草とした。

　長治二年（一一〇五）、璋子は五歳の春を迎え「著袴《ちゃっこ》の儀《ぎ》」が行われた。貴族社会の風習として幼児の成長を祝い、幼年期を終わる節目に行われる儀式（現在の七五三の風習）である。この時、法皇は璋子の袴の腰の紐を結ぶという役目（腰結《こしゆい》）をされている。「われこそが親」という法皇の心意気を示されたものであった。法皇の側近である右大臣藤原宗忠《むねただ》は、そのことを『中右記』*長治二年（一一〇五）三月十四日条に「於大炊殿院聊有密々女子着袴事云々、是春宮大夫公実卿女子令養給也」と記している。また、『今鏡』*（今鏡裏書）にも「白河院猶子《ゆうし》」と記されている。

平安時代には、美しい姫君のことを、『竹取物語』にちなんで「かぐや姫」と呼んだという。「かぐ」というのは、かがよふ（きらきらと光る）、かげ（光）、かぐつち（火の神）などと同根で、光り輝くの意味で用いられた。法皇にとって、璋子はまさに照り輝く「かぐや姫」であった。

璋子にしてみれば、法皇は絶対的な権力者というより、限りなく優しい父親という存在であった。法皇の御女《おんむすめ》として、他に並ぶものがない取りはからいの中で育ち、女性として最高の場に身をおくようになっていく。その栄耀の道を辿る運命の糸口は、まさに祇園女御の養女となったことに端を発している。

「璋子《たまこ》」という名について、角田文衛博士は鳥羽帝に入内《じゅだい》するときに法皇が命名されたのであろうと推測されている。璋《たま》は「圭璧《けいへき》」のことで、天子が祭祀の時に用いる玉を意味する。平安時代には、女性の名はすべて訓読されていたという。法皇は、璋子が美しい玉のように「かがよう女人」になることを願って、最良の名を選ばれたのであろう。

花の季《とき》

ここで、璋子の両親の家系について、及び璋子の鳥羽帝への入内《じゅだい》・立后《りっこう》、崇徳帝《すとくてい》誕生までを見ていこう。

璋子の生家は、閑院《かんいん》流《りゅう》の祖である公季《きんすえ》（九五七～一〇二九）――実成《さねなり》―公成《きみなり》―実季《さねすえ》―公実《きんざね》と続く、藤原北家《ほっけ》の家系である。閑院流というのは、大内裏に近い二条大路の南で西洞院大路の西にある閑院邸に因んだ名称である。閑院の西隣には堀河院、東隣には東三条院が並んでいた。いずれも藤原北家の基礎を作った人たちで、摂関家と深い関わりをもっている。

堀河院は平安京の最高の名邸であり、堀河天皇が崩御されるまで愛用された。その後、白河法皇の皇女令子《よしこ》内親王が住まわれ、通称、「二条大宮」と呼ばれた。現在は庭園の石垣などの遺構のみで、京都国際ホテルと全日空ホテルが建っている（京都国際ホテルには、角田博士による堀河院跡を示す一文が掲げられている）。

璋子の祖父実季《さねすえ》（一〇三五～九二）は白河法皇の伯父であり、その妹茂子《しげこ》は法皇の母にあたる。父公実《きんざね》（一〇五三～一一〇七）の妹苡子《いこ》は、堀河帝《ほりかわてい》の皇后となり鳥羽帝《とばてい》をもうけている。まさに天皇家と閑院流家とは、血族でかためられたような系列である。

公実は、貴公子たちの中でもとりわけ風流で、美男で温厚と人びとの評判は高かった。和歌に巧みで詠み人として活躍していた。笛や琴はなさらないけれど紅梅色の檀紙《だんし》で巻いた笛を腰に差し、琴爪《ことづめ》を生やしていたという。

みめもきよらに、和歌などよく詠み給ふときこえ給ひき。笛吹き、琴弾きなどはし給はざりけれ

皇室と閑院流の系図

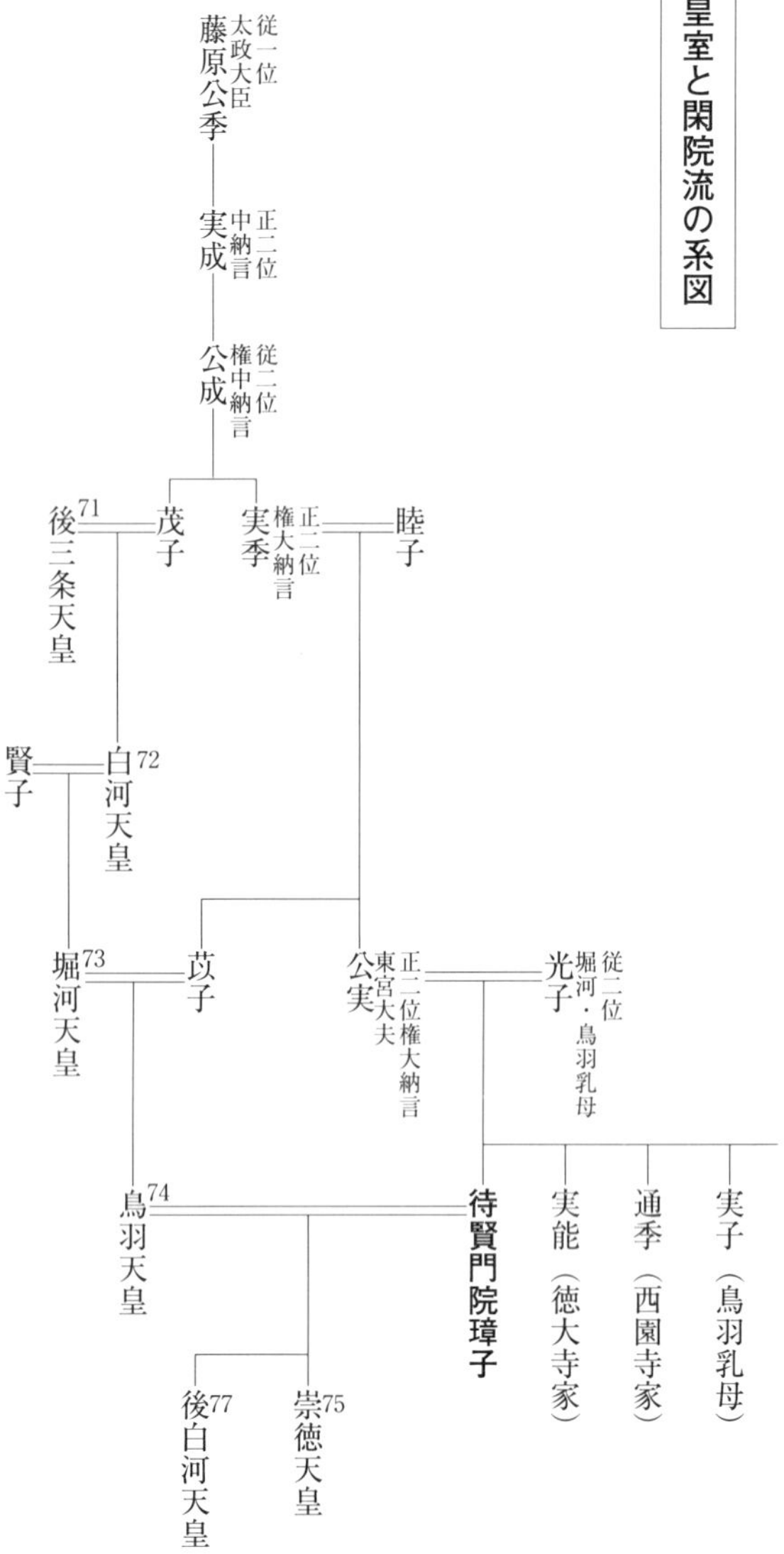

ど、紅梅の陸奥紙《みちのくがみ》に巻きたる笛腰にさして、琴爪生《おほ》してぞおはしける。異人《ことびと》のさやうにせば、嘲《あざけ》るべきに、よくなり給ひぬるは、科《とが》なく優にぞ見え侍りける。

（『今鏡*』ふぢなみの下　第六、竹のよ）

閑院流の長《おさ》として一門の繁栄をひたすら願う一貴族であった。まず第一に勧修寺流家（院近臣）の光子を妻とし、時の皇子たちの乳母《めのと》にすえた。そして、長女の実子《じっこ》を宗仁《むねひと》親王（鳥羽帝）の乳母としている。その上で貞仁《さだひと》親王（白河院）の乳母であった従二位《じゅにい》藤原親子《ちかこ》と交誼をもった。璋子を祇園女御の養女にしたというのも閑院流家の繁栄を願ってのことであろう。

さて、璋子の母・光子（一〇六〇〜一一二一）のことを『今鏡』*（すべらぎの中　第二、八重の潮路）は、「従二位光子とて、並びなく世にあひ給へりし人におはす」と述べている。彼女の父は左中弁藤原隆《たか》方《かた》で、白河院の近臣という有力な家系であり、光子は善仁《よしひと》親王（堀河帝）、宗仁《むねひと》親王（鳥羽帝）と二代にわたる帝の乳母であった。当時、乳母の地位は重要視されていた。というのも乳母の子らは、長じて天皇の側近として権勢を振るう立場となることが保証されるので、一門の家運の栄えとなることに通じていたからである。例えば、藤原親子《ちかこ》の場合も男《むすこ》の顕季《あきすえ》（一〇五五〜一一二三）は、白河院の近臣として勢力を振るい六条家の祖となった。その男《むすこ》の長実《ながざね》（鳥羽院女御となる美福門院得子《びふくもんいんなりこ》の父）、顕輔《あきすけ》（『詞花*和歌集』編者）、孫の清輔《きよすけ》（『袋草紙』*著者）らは、すべて院の重要な地位を占めている。

璋子の父・公実は、宗仁親王（鳥羽帝）が生後七カ月で皇太子（東宮）に定まった時、東宮大夫《とうぐうのだいぶ》となっている。璋子の異母兄の実隆《さねたか》は東宮権亮《とうぐうのごんのすけ》に、従兄の顕隆《あきたか》は東宮大進《とうぐうのだいしん》というように、いずれも東宮の側近として仕え、閑院流公実一家は隆々たる道を歩んでいった。

公実は、正妻光子との間に八人の子女（実子《じっこ》、覚源《かくげん》、公子《きみこ》、通季《みちすえ》、仁実《ひとざね》、実能《さねよし》、女子、璋子《たまこ》）をもうけている。

閑院流
藤原公実系図

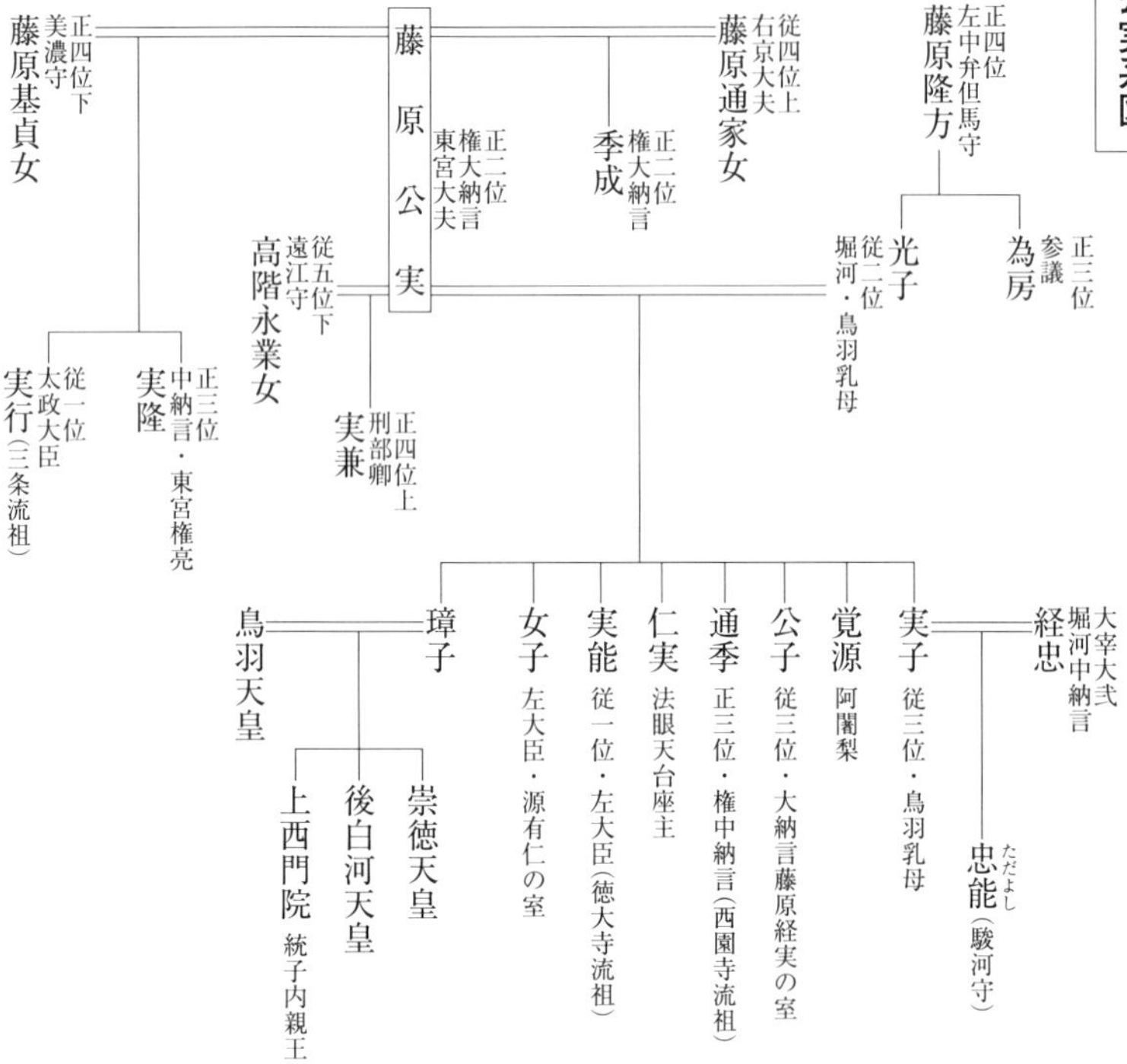
正四位 左中弁但馬守 藤原隆方
正三位 参議 為房
従二位 堀河・鳥羽乳母 光子
従四位上 右京大夫 藤原通家女
正二位 権大納言 季成
正二位 権大納言 東宮大夫 藤原公実
正四位下 美濃守 藤原基貞女
従五位下 遠江守 高階永業女
正四位上 刑部卿 実兼
正三位 中納言・東宮権亮 実隆
従一位 太政大臣 実行（三条流祖）
大宰大弐 堀河中納言 経忠
忠能《ただよし》（駿河守）
実子 従三位・鳥羽乳母
覚源 阿闍梨
公子 従三位・大納言藤原経実の室
通季 正三位・権中納言（西園寺流祖）
仁実 法眼天台座主
実能 従一位・左大臣（徳大寺流祖）
女子 左大臣・源有仁の室
璋子
鳥羽天皇
崇徳天皇
後白河天皇
上西門院 統子内親王

また、その他に本妻（藤原基貞女）との間に実隆《さねたか》、実行《さねゆき》、妾妻（高階永業女）には実兼《さねかね》、季成《すえなり》というように、あわせて十二人の子女をもち、それぞれが地位を得ている。公実の一家については、『今鏡』*によると「御声めでたく」「みめもきよら」とか、「容顔華美なり」などと記され、みな美貌に恵まれていたが、末女の璋子は、姉妹の中でもことの外の愛らしさであった。

璋子が七歳になった年の暮に、父の公実は持病の飲水病（糖尿病）から余病を併発して、五十五歳で薨《こう》じた。実父の死ではあったが、数年前から法皇の御女となっていた璋子にとっては、さほどの悲しみではなかったであろう。その後も法皇の愛情に守られ倖せに過ごすのであった。

姫君たちは、物心つくころから教養として和歌や箏《そうのこと》（十三絃の琴）を習う。法皇の寵臣・藤原宗通《むねみち》の男の季通《すえみち》（推定一〇九七～？）は、音曲に優れ琵琶もよく弾いた。中でも箏は名手として知られていたので、法皇は璋子の師匠にと勧められた。璋子は習ううちに見事な弾き手となっていく。季通《すえみち》は、抜群の才をもつ凛々しげな面差しの貴公子であった。若い二人が次第に心惹《ひ》かれるようになったのは、当然の成り行きといえよう。璋子に対する季通の心は一途に真剣であった。しかし、二人のことが法皇の耳に入ると、将来を嘱望されていた季通であったが、以後は官途の道を閉ざされ散位《さんい》のまま生涯を終えることになる。法皇にとって璋子は掌中の珠であり、かけがえのない存在であった。『今鏡』*（ふぢなみの下　第六、弓の音）では、次のように述べている。

宗通《むねみち》の大納言の三郎にて、季通前《すゑみちさき》の備後《びんご》の守《かみ》とておはしき。文の方も知り給へりけり。箏の琴《こと》、琵琶《びは》など、双《なら》びなくすぐれておはしけるを、兵衛の佐《すけ》より四位し給ひて、この御中《なか》にかむだちめにもなり給はざりしこそくちをしく。さやうの道のすぐれ給へるにつけても、色めき過《すぐ》し給へりけるにや。

父の宗通《むねみち》がいかに取り成しても、祖父の顕季《あきすえ》の力を頼っても、季通に対する法皇の怒りを解くことはできなかった。季通は、『久安百首』*に待賢門院女房の堀河や兵衛、安芸と共に撰ばれ歌を奉るほどの秀《ひい》でた歌詠みであり、想いを秘めた悲恋の歌をのこしている。

いまはただおさふる袖もくちはてて心のままにおつるなみだか

（『千載和歌集』*巻十五　恋歌五　九四〇）

稔《みの》らぬ恋であると知りつつ、ひた向きに一途であった季通の心情が、よく表れている。

永久元年（一一一三）頃から白河法皇の独裁的な権勢はますます強くなっていった。意に叶わないものはない中で「いかにしたら璋子が生涯を通して幸せな道を歩むことができるだろうか」と、ただそのことばかりが気がかりであった。あたりの公達《きんだち》を見まわしてみると、関白藤原忠実には、勝れた才能をもつ忠通《ただみち》（一〇九七〜一一六四）という男がいた。法皇は「忠通こそ、璋子に似合いである」とし、その婚姻を望んだが、忠実はもちろん、母師子《もろこ》も大反対であった。というのは、師子は、白河法皇の中宮賢子《かたこ》の妹にあたり、中宮亡きあと法皇の寵愛を受け、覚法法親王《かくほうほっしんのう》を生んでいる。法皇のもとにいた師子を一目見て、忠実は恋におちた。法皇の計らいで師子は忠実の本妻となり、忠通をもうけたのである。そのようないきさつであったから、法皇の愛情を一身にうけている璋子との婚姻に反対したのは当然のことであった。

やがて、法皇は璋子が孫の鳥羽帝のもとに入内《じゅだい》し中宮の立場になることこそが、最良の道であろうと決断された。

ところが忠実の日記『殿暦』*（永久五年〈一一一七〉十月十日条・十一日条）には、璋子は備後守季通《びんごのかみすえみち》と密通していると世間の人が皆知っていることなのに、鳥羽帝に入内とは不可思議、まさに奇怪事であると記している。忠実は、何故、璋子を中傷するような言葉を公然たる日記に記したのだろうか。当時、宮中の秘事を記述することは、ほとんど控えられていた。それなのに忠実は、璋子を誹謗中傷することばを堂々と繰り返し書き残している。忠実は、どうしてそこまで璋子を醜聞の対象として扱ったのか。その裏には、並々ならない意図があったのに違いない。思いをめぐらしてみると、璋子の生家・閑院流は、その当

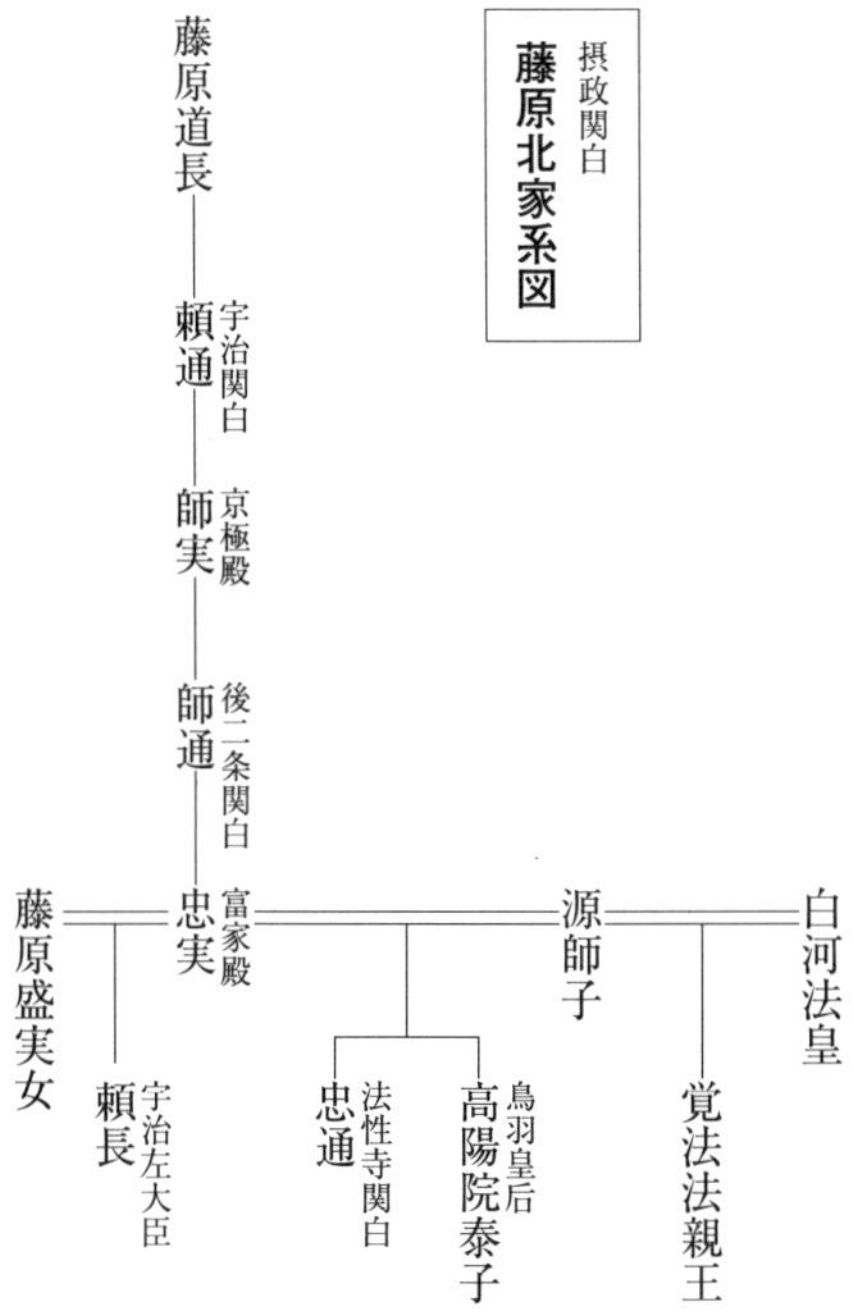

時、権勢を広げる一方であった。それに対して、忠実の摂関家は勢いがなかった。忠実のざん言は、勢いの衰えているわが摂関家を意識しての璋子側への挑戦であったのではないか。忠実には女・勲子《いさこ》（のち泰子《やす》と改名）がいた。白河法皇は勲子をわがもとへ入侍《にゅうじ》させようとしたが、忠実はそれに抗して、鳥羽帝のもとへ入内させようと、もくろんでいた。そのことを知った法皇は、忠実を関白から罷免してしまった。忠実にしてみれば、閑院流繁栄は嫉妬の対象であり、法皇に鍾愛されている璋子の存在そのものへの憎しみが先の日記を書かせたものと思われる。

ところで、その頃貴族たちが常用した経典の一つに、空海が伝えた『理趣経《りしゅきょう》』があった。「男女の交わりは、本来清浄なものであり、菩薩の境地（解脱）に達するものである」という思想である。信仰という大義名分のもとに声高らかに『理趣経』が誦《ず》んじられ、皇子女たちに講説が行われた。今日の男女間の意識とはほど遠く、この思想に根づいたもののあわれの花を咲かせた。貴族たちは異性関係も自由で大らかであり、おもいのたけを物語にしたり和歌に詠じたりもした。そのような風潮の中で、若くて美しい璋子の身に何があったとしても不思議ではないが、忠実の述べるように、璋子が奔放で乱行に耽《ふけ》るような女性であったとは到底思われない。それにしては、璋子はあまりにも高貴な立場であり、理解しがたいのである。

永久五年（一一一七）十二月、法皇の計画《はからい》のもとに璋子の入内《じゅだい》は滞りなく進められた。璋子十七歳、鳥羽帝は十五歳であった。璋子と鳥羽帝はいとこ同士であり、璋子の母や姉は鳥羽帝の乳母であったので、もともと近い間柄にあった。法皇のもとには多くの女房が仕えていたが、心からいとおしみ育んできた璋子を手離すことに、寂しさと苦しみがあった。たしかに法皇にとって鳥羽帝は、孫である し愛《いと》しかった。だが、それにも増して、璋子への想いは娘への愛というより恋に近いものであった。璋子も齢の差や養女という関係を越えて、心から法皇を慕ってきたから法皇のもとを去り難かったと思われる。璋子の苦しみを『今鏡』*（みこたち　第八、源氏の御息所）の一文が物語っている。

平等院の僧正行尊とて、三井寺におはせしこそ、名高き験者《げんざ》にておはせしか。小阿闍梨《あざり》など申しける折より、大峰《おほみね》、葛城《かつらぎ》はさる事にて、遠き国々、山々など久しく行なひ給ひて、白河院、鳥羽院うち続き護持僧におはしき。仁和寺の女院（待賢門院）の女御参りにや侍りけむ、御もののけ、その夜になりておこらせ給ひて、にはかに大事におはしましけるに、この僧正祈り申し給ひければ、ほどなくおこたらせ給ひて、御車に奉りて、出《い》でさせ給ひにける後《あと》に、物つきに物うたせて居給へりけるこそ、いとめでたく侍りけれと伝へ承りしか。

平等院の僧正・行尊は、霊験あらたかな高僧で、法皇や鳥羽帝の護持僧として御側に侍していた。璋子は入内の日に女御として参内の仕度をととのえていたが、夜になると、もののけがついたようなふるまいをされた。その時に居合わせた行尊僧正がお祈りされると、まもなく治られたので、お車にお乗せして出掛けられたと伝え承っている。この『今鏡』の一文を証拠だてる『本朝高僧伝』*（第二巻五一、江州園城寺沙門行尊伝）の記録がある。

藤璋子待賢門院将㆓入内㆒。上㆑車俄狂。詔㆑尊加護。即時醒寤。

（藤璋子〈待賢門院〉将ニ入内セントス。車ニ上リ俄カニ狂タリ。尊ヲ詔シテ加護セシム。即時醒寤《せいご》ス。）

入内の間際になって璋子にもののけがつき、にわかに狂ったが、行尊の加護によってすぐに平癒したと述べている。

璋子に、法皇への強い断ち難い想いがあったからこそ、このような物狂おしい状態になったのではあるまいか。物心ついた頃から愛情の限りをそそがれてきた璋子にとって、法皇は父であると同時に、一番身近な男性でもあった。多分、異性という意識よりも、我が身の一部、我が肉体の一部ともいえる存在であったのではないかと思う。

元永元年（一一一八）を迎え、璋子には立后《りっこう》の宣命《せんみょう》が下された。璋子は法皇への想いに乱れる心の整理もつかないまま、時の流れに従ったのであろう。立后の儀に臨み、法皇によって定められた女御《にょうご》から中宮へという運命の道を歩み始めたのである。明くる元永二年、名目上は鳥羽天皇と璋子との第一皇子として若宮、後の「崇徳帝《すとくてい》」の誕生を迎えることになる。

白河の花の宴《うたげ》

保安五年（天治元年〈一一二四〉）閏二月《うるうきさらぎ》の十二日。宮廷では、かつてないほど素晴らしい観桜の宴《うたげ》が催された。それは一代の盛儀として、後々の世まで語り継がれたのであった。時に白河法皇七十二歳、璋子二十四歳、鳥羽上皇は二十二歳になられていた。その前年、法皇の意により、鳥羽天皇は五歳の崇徳天皇に位を譲られ、上皇となられていた。白河法皇の御所三条西殿《にしどの》には、鳥羽上皇や中宮璋子、そして若宮、姫宮たちもみな御一緒に華やかに住まわれていた。

花見御幸の行列は御所を出発し、法皇の御願寺法勝寺（承暦元年〈一〇七七〉建立）へと観桜の道筋を行く。柳の若みどりと満開の花の彩《いろど》りが映え、綾に織りなす錦のような風情であった。三院（白河法皇、鳥羽上皇、待賢門院）の車に続いて、思い思いの衣装で着飾った女房たちの出 車《いだしぐるま》が十両も連なり、形容しがたいほどの華々しさであった。お供の人びとは錦や刺繍の施された絹の衣を重ね着し、上達部《かんだちめ》や殿上人《てんじょうびと》もさまざまな彩りの狩衣《かりぎぬ》で華やかさを競い合った。馬上の大臣《おとど》は直衣《のうし》に冠という正式ないでたちであり、それもまた言葉に言い尽くせないほどに見事なものであった。

六勝寺跡復原イラスト（右側、法勝寺　八角九重塔）

法勝寺の梢の花ははらはらと散りいそぎ、雪が降った朝《あした》のように庭一面に積もり、天と地が呼応するように照り映えていた。池の面に御塔が影を落とし、あたかも現世に極楽浄土を見るようであった。瑤池《ようち》の中心に建つ「八角九重塔《やおもてここのこしのみとう》」（永保三年〈一〇八三〉建立）は、外観では十層のようにみえ、高さ二十七丈（約八一m）東寺の五重塔よりも高く聳えていた。鎮護国家の寺院として建立された法勝寺であり、その塔の特異な形と壮大さは、院による新しい政治、新しい時代の招来を象徴するものであると同時に、法皇の信仰と権威を物語るものともいえた。

花見御幸の人びとは法勝寺に渡り、観桜の後、白河南殿で酒の宴や管絃の遊び、「歌会《うたのえ》」を催した。人びとは御代を讃え、この世の春が永遠に続くように願い競って歌を捧げたのである。

よろづ代のためしとみゆる花の色をうつしとどめよしらかはの水

（『金葉和歌集二度本』*巻一　春部　三三）

待賢門院に仕えた女房兵衛局が詠んだこの歌は、後の世まで伝えられた。また、『今鏡』*（すべらぎの中第二、白河の花の宴）には、花見御幸のさまが念入りに語られている。

保安五年（一一二四）も四月三日には、天治と改元された。

盛大な観桜の宴が催されたこの年は、璋子の生涯において最も輝いた年といえよう。十一月四日には女院に列せられ、待賢門院の院号を賜った年でもあった。

さて、待賢門院という院号は、何をもとにしてつけられたのであろうか。当時の大内裏《だいだいり》は南北一三九〇m、東西は一一九〇mに及び、その中に内裏や役所が建ち並んでいた。代々の女院の院号は、大内裏の門の名をとり順序に従いつけられていくのが常であった。ところがどういうわけか、白河天皇第一皇女・媞《やす》子内親王の院号は慣例に従わず、待賢門を越えて郁芳門院と名付けられた。そのため璋子の時には、もとにもどって、待賢門院とつけられたのであろうか。

花園歌壇

平安時代において、和歌はまれにみるほどの発展を遂げた。にもかかわらず、待賢門院璋子という当代きっての女性の歌が存在しないことに、私は不審を抱いていた。角田博士と交わす待賢門院の話題は、「璋子の御歌は、一首ものこされていないんですよね」と、いつもそこへいきつくのである。璋子は姫宮の時から和歌の手ほどきを受けられていたはずだから、歌の嗜《たしな》みがなかったとは考えられない。もしかしたら璋子自身が「歌合《うたあわせ》」や「歌会《うたのえ》」に加わることを好まれなかったのかもしれない。

あるとき、私は何か一首でも璋子に関わることが見つからないであろうかと、私家集を繰っていたところ、『今撰和歌集』*（一一六六年成立）中の、待賢門院女房兵衛局の歌に添えられた詞書が、目の中にとび込んできた。

「待賢門院仁和寺殿にて年年見花といふ事を人人によませさせ給ひけるに」とある。

花のいろはいづれの春もかはらじをやどからまさるにほひなりけり　（春二二）

この「詞書」によって、璋子が仁和寺殿で「歌会」を催し、人びとに歌を詠むことをすすめたという事実がわかる。たとえ自らは詠まれなくとも、巧みな歌人《うたびと》たちを集わせては歌を競い合わせていられたのであった。

この頃の女流の歌人《うたびと》たちの活躍は目ざましかった。㈠、待賢門院を中心とする歌壇㈡、太皇太后二条大宮（令子内親王）の歌壇㈢、崇徳院皇后皇嘉門院（聖子《きよこ》宮家）の歌壇㈣、摂政関白藤原忠通家の歌壇㈤、花園左大臣源有仁《ありひと》家の歌壇などの人たちである。数多の女流歌人を世に送ったのは、璋子の「花園歌壇」であった。源顕房《あきふさ》の二男神祇伯《じんぎはく》顕仲《あきなか》の四人の女《むすめ》たち（堀河、兵衛、大夫典侍、散位重通妾）は、揃って待賢門院に仕える歌人であり、特に堀河は、「このように優れた女流歌人が世に生まれ出ることは難しい」（『今鏡』*むらかみの源氏　第七、武蔵野の草）とまでいわれたほどの才媛であった。

平成九年十一月、法金剛院の庭園に「堀河の歌碑」が建立され、私も除幕式に招かれた。

長からむ心もしらずくろかみのみだれてけさは物をこそおもへ（『千載和歌集』*巻十三　恋三　八〇二）

黒髪が寝乱れるほどの激しい恋。美しい調べの中にちぢに乱れる女心を詠んでいる。定家の『小倉百人一首』にも撰ばれ、多くの人に知られているこの歌に、私は、ふと若き日の璋子の面差しを感じた。堀河は、自身ではなく璋子を詠じたのかもしれない。除幕式は雨の中で行われた。紅葉する樹々の蔭で、雨は青い石碑の紋様をうきたたせ、寝乱れる長い髪を思わせた。

堀河の妹兵衛が「白河の花の宴《うたげ》」で詠じた歌は、『金葉和歌集』*に入集されている。また、白河法皇になつともという名で仕え、のちに待賢門院女房となった安芸《あき》は、『今鏡』の著者藤原為経《ためつね》（寂《じゃく》超《ちょう》）の母で、錚々《そうそう》たる歌人であった。その他、能書《のうしょ》・藤原定信《さだのぶ》ときょうだいの中納言局、そして、「伏柴《ふししば》の加賀」という呼び名さえ生まれるほどの秀歌を詠んだ加賀、『金葉和歌集』*の撰者・源俊頼《としより》の女の新少将、他にも美濃、長門《ながと》、左衛門佐《すけ》、帥《そち》などがあげられる。

白河法皇、鳥羽上皇、待賢門院三院の熊野詣でには、社前で経供養が行われた後、必ず「歌会《うたのえ》」がもたれている。特に、法皇は頻繁に仏像の造立や仏事、法会を行い、その度に「歌会」を開いている。また、貴族の邸でも、宮廷人の自由な交流の場として四季折々に「歌会」や「歌合」が行われた。男女が左右にわかれて詠み合い、勝敗に火花を散らすのである。物を左右にわけて競い合う「物合」も盛んで、「闘鶏」、「小鳥合」、「虫合」、「草合」、「根合」、「貝合」、「香合」、「扇紙合」などが行われた。その後《あと》に宴《うたげ》が催され、続いて「御遊《ぎょゆう》」（管絃）、「歌会」と、夜通し楽しまれるのであった。

これらのおびただしい歌の中から秀歌が採られ、記録されていく。そして勅撰集などが編まれるときには、撰者が思いのままにこの中から撰歌し入集するのである。男性が和歌を巧みに詠ずることは、歌人として名を成すばかりでなく、政治的な意図もからんでいた。当時の歌には生活の匂いは微塵も感じられない。

女性たちは花の季節にはそれにふさわしい衣装を着た。「襲《かさね》の色目」といわれるのがそれで、早春には紅梅襲にしたり、桜が咲く時にはさくら襲、そして山吹襲、藤襲などと、季《とき》の花を歌に詠じるだけではなく、装いの中にもとり入れ洗練されていった。男性の衣装は、正式には「束帯《そくたい》」、平服は「直衣《のうし》」で、冬は冠、夏は烏帽子《えぼし》をつけた。加飛練重《かひねりがさね》といって襲の色目を表裏とも紅にしたり、檜《ひ》皮色《わだいろ》（黒みのある蘇芳色《すおういろ》）の衣に承和色《じょうわいろ》（薄赤色に黄菊の色）の袴など、その「歌会」にふさわしい装いに変えた。男女を問わずすべてに最高の心配り、気配りをしたのである。

『三奏本《さんそうぼん》』の謎

璋子が手元に置いて密かに所蔵していたため、長いこと日の目をみなかった一冊の和歌集がある。なんとも謎めいたこの歌集は、後世になって出現し、『秘本三奏本』と呼ばれるようになる。白河法皇は和歌を大変愛好され、勅撰集には二十九首も入集されるほど秀れた歌詠みであられた。在位中すでに『後拾遺和歌集』*が成立している。その撰者であった藤原通俊《みちとし》（一〇四七〜九九）が薨じた後、院の歌壇の中心となっていたのは顕季《あきすえ》を主とする六条家の人びとであった。しかし、法皇はかつてなかったような新しい歌集を編みたいと念願され、天治元年（一一二四）当時、革新的な歌人として評判の高かった源俊頼《としより》（一〇五五〜一一二九）に勅撰集を編纂するよう命じられた。俊頼は秀れた歌詠みであり、『俊頼髄脳《としよりずいのう》』*という歌学書も書いていた。歌集は、撰者によって歌の世界が変化する。歌一首では表せない世界が、数多の歌が繰りひろげ、描かれることにより美しさを増していく。法皇は俊頼の識見と手腕に期待した。彼の撰歌による編纂が、興味深く大層楽しみであられた。俊頼は一年足らずで歌集を編纂し奏覧したが、法皇は「古い」とお気に召さなかった。そこで、二度目は白河院お気に入りの方々を中心に入集し奏覧したが、「これもげにと覚えず」と首を縦に振られなかった。保安を天治と改元された法皇は、政治から芸術に至るまで、すべてに新鮮な息吹の感じられるものをと、強く望まれていたのである。勅撰集は、法皇が満足されるまで編纂を続けねばならない。そこで、俊頼は三度目の編纂をして奏覧したところ、ようやくお気に召されたが、不思議なことにこの三奏本は世に出ず、「否」とされた二度本が勅撰『*金葉和歌集』として世に広まり伝えられたのである。『*今鏡』（むらかみの源氏　第七、武蔵野の草）は、この模様を次のように筆にのせている。

> 又、いとしもなくおぼしめす人除くべかりけりとて、御おぼえの人をのみとり入れて、次の度奉りければ、「これもげにと覚えず」と仰せられければ、又作り直して、源重之、はじめに入れたるをぞ、とどめさせ給ひけるは、隠れて世にも広まらで、中度のが世には散れるなるべし。

二度本『*金葉和歌集』により白河院を中心とする四大勢力がみえてくる。㈠、璋子の父・公実や兄の実行、実能一家　㈡、藤原道長の直系、摂政関白の忠実、その男・忠通家　㈢、村上源氏の本流、賢子の実父・源顕房（堀河帝の祖父、男《むすこ》十七人女《むすめ》七人）　㈣、従二位親子《ちかこ》（法皇の乳母）の男・藤原顕季《あきすえ》

（歌壇の中心六条家の祖）、その男《むすこ》の顕輔《あきすけ》（『詞花和歌集』*撰者）、長実《ながざね》（美福門院得子の父）家。これらの権力者たちは、互いに血族的な関係で結ばれている。歌人として認められる者は血統の正しい上流貴族であり、皇室と密接に結びついている。そこに仕える内侍《ないし》たちと、その縁故関係まであげると大変な人数になる。

法皇は、三度目に俊頼が奏覧した草案の冊子を「これが良いと思うが、いかがか」と、璋子に意見を求め差し出されたと思われる。六条家清輔による『袋草紙』*（歌学書）に「大治元・二年之間上奏之」とある。三奏本がそのまま待賢門院のもとにおかれ、俊頼（撰者）のもとに戻らなかったのは何故か。『袋草紙』*では、俊頼が独断的で強引なやり方で撰び形ばかりで中身がないとして「臂突《ひぢつき》あるじ」といっている。璋子にとっては、二度本は尊敬する法皇をはじめ鳥羽上皇、父や兄たち、そして仕える女房たちや名門の一族が名を連ね、また思い出深い「白河の花の宴」の御歌（二度本のみに撰集）もあり、懐かしい想いを重ねられたのであろう。法皇は一旦は三奏本がよいとされたが、結局、璋子が推した二度本がよいと納得され、それを『金葉集』として世に出されたのであろう。

清輔は、『金葉』という名について不審に思っていた一人である。

> 金葉の名、予心中に傾き思へり。その故は、自らこれを同じく見るの処、仏は涅槃に入らむと欲するの時、世間に金葉の花雨ふると云々。これをもつてこれを思ふに、金葉の世間に流布するは不吉なるか。

つまり、「釈迦入滅の時、雨のごとくに降りそそいだ金葉の花は、『金葉集』の金葉に通じ『金葉集』が世に広まるのは不吉である」というのである。やはりその心配どおりに、不吉なことが続けて起こった。大治四年（一一二九）七月七日、法皇は突然に崩御された。その年の十二月、撰者俊頼も没してしまう。しかし、璋子が法皇から三奏本を預かってから、法皇が崩御されるまでに二、三年の歳月がある。その後は、法皇の葬儀、追善法要、ついで法皇供養のために法金剛院建立という大事業が続いた。璋子には、もはや三奏本に心を向ける余裕さえなかったとも想像される。

北村季吟《きぎん》による『八代集抄』*は、「金は、褒美の詞、葉は言葉也、諸家の金言をあつめたる心なるべし。又仏在世に金葉の花ありし、さやうのよせある字をとり用ひて、此の勅撰の集の名とせられ侍しなるべし。」と、解釈している。俊頼は、黄金のごとく秀れた歌の集と自負し、白河法皇に奏覧したのであろう。

天養元年（一一四四）、俊頼を尊敬していた顕輔は、三奏本が陽の目をみないことを残念に思い、その形式をふまえ、十巻八部仕立てで崇徳天皇勅撰の『詞花集』*を編纂した。この歌集名についても、「詞」は「死」に通じ不吉であると、世の人びとは非難している。

三奏本は待賢門院璋子が崩御されてのち、兄の太政大臣《おおきおとど》実行によって書写されている。『袋草紙』*に、「件の本、故待賢門院に在り。而して今は、前大相国申し出てこれを書写す。」とある。ところが、『八雲御抄』*が伝える一文には、「其本ハ焼歟《やくか》。清書ハ時能書也」とあり、実行が当代の能書に写させた本も撰者俊頼による草案も焼失したかもしれないといっている。しかし、不思議なことにこの三奏本は、後京極《ごきょうごく》藤原良経《よしつね》（藤原忠通孫　一一六九〜一二〇六）によって写され、秘本として長い歳月、同家に伝えられていたのである。天保九年（一八三八）になって発見され、松田直兄《なおえ》がこれを模刻し刊行した。

白河法皇が和歌集について璋子に意見を求められたということは、何を意味するのであろうか。璋子が数多の女流歌人を擁し、世に送り出していることを考え合わせれば、和歌に対してかなりの鑑賞眼があったことを示しているのではないだろうか。

璋子は、独裁者であった白河法皇に諫言《かんげん》できる唯一の人であった。法皇は、彼女の言を御不快であってもよく聴き入れられた（『長秋記』*大治四年二月十日条）。法皇が璋子血縁の方々を昇進させようとされた時、璋子は叙位や叙任の変改によって、法皇の御政道に傷がつくことを案じて諫言されたのであろう。このことは、璋子にしっかりした判断力があることをもの語っている。また「宮自切臍緒御云々、皇子御乳付自令奉含給云々」（『長秋記』元永二年五月二十八日条）とあり、璋子は御産の時に、御自分で臍の緒を切られたという。普通の女性にはとてもできないことであり、大変気丈な方であったことがわかる。

平安時代には、日本独自の芸術文化の華を見事に開花させた才女たちが活躍したが、彼女らは宮廷に仕える女性たちであった。私は、時代背景から推し量り宮廷女性の頂点に立つ璋子は女性たちの後ろ楯となって、女流文化を育くむという、功績を残された方ではないかと考えている。いってみれば、璋子の存在がなかったなら後期の平安女流文化はこれほどまでに育たなかったといえるのではないだろうか。

承安元年（一一七一）、建春門院入内の時、諸事は待賢門院入内に準じて行ったとある（『兵範記』承安元年十二月二日条）。後の女人たちは、待賢門院を「幸運の后」とみなし、あやかろうとされたのである。思うに、璋子という方は特別な宿命のもとに生まれ育てられたとはいえ、一人の人間としてみたときに他に並びないほど優れた女性《ひと》であったのである。

第四章　欣求浄土

法華経の世界

平安時代の人びとの心をとらえ、諸経の王といわれた「法華経」について、そのあらましを述べてみたい。

紀元前五世紀頃インドで生まれ、悟りを得た釈迦は、各地で法を説き、その教えを弟子たちが書きとめていった。それが経典の始まりである。紀元前一世紀頃「仏の教えを信ずる者は、すべてが救われ、悟りの道に導かれる」という教えが多くの人びとに受け入れられ、そこで「釈迦こそが久遠の仏である。ただ仏を信じなさい。そうすれば、誰もが救われる」という大乗《だいじょう》仏教の経典がつくられた。それが、「般若経」、「華厳経《けごんきょう》」、「法華経」などの浄土経典である。

大乗仏教は、二世紀頃中央アジアに伝えられ、四世紀末に亀茲国《きじこく》の鳩摩羅什《くまらじゅう》（三四四～四一三）によって、おびただしい経典が漢訳された。中でも法華経は、漢音と呉音のもつ変化の妙と美しさ、優しさから多くの信者に読誦《どくじゅ》され、大乗仏典の中で最も秀れた経典として、広く流布するようになる。

法華経は、梵語《ぼんご》（サンスクリット）でSaddharma=puṇḍarika-sūtraといい、「白蓮のごとき正しい教え」という意味であるが、鳩摩羅什は、「正しい教え」のことを「妙法」、「白蓮」のことを「蓮華」と訳し、「妙法蓮華経」とした。

「妙法蓮華経」は、八巻、二十八品、つまり二十八の章から成り立っている。正式経品名は次の通りである（カッコ内は略称名。読みは、宗派の教学により異なる）。

序《じょ》品《ほん》第一
方《ほう》便《べん》品《ぼん》第二
譬《ひ》喩《ゆ》品《ほん》第三
信《しん》解《げ》品《ほん》第四
薬《やく》草《そう》喩《ゆ》品《ほん》第五
授《じゅ》記《き》品《ほん》第六
化《け》城《じょう》喩《ゆ》品《ほん》第七
五百《ごひゃく》弟子《でし》受記《じゅき》品《ほん》第八（五百弟子品）
授学《じゅがく》無学《むがく》人記《にんき》品《ほん》第九（人記品）
法《ほっ》師《し》品《ほん》第十
見《けん》宝《ほう》塔《とう》品《ほん》第十一（宝塔品）
提《だい》婆《ば》達《だっ》多《た》品《ほん》第十二（提婆品）
勧《かん》持《じ》品《ほん》第十三
安《あん》楽《らく》行《ぎょう》品《ほん》第十四

従《じゅう》地《じ》涌《ゆ》出《じゅつ》品《ぽん》第十五（涌出品）
如《にょ》来《らい》寿《じゅ》量《りょう》品《ほん》第十六（寿量品）
分《ふん》別《べつ》功《く》徳《どく》品《ほん》第十七
随《ずい》喜《き》功《く》徳《どく》品《ほん》第十八
法《ほっ》師《し》功《く》徳《どく》品《ほん》第十九
常《じょう》不《ふ》軽《きょう》菩《ぼ》薩《さつ》品《ぼん》第二十（不軽品）
如《にょ》来《らい》神《じん》力《りき》品《ほん》第二十一（神力品）
嘱《ぞく》累《るい》品《ほん》第二十二
薬《やく》王《おう》菩《ぼ》薩《さつ》本《ほん》事《じ》品《ほん》第二十三（薬王品）
妙《みょう》音《おん》菩《ぼ》薩《さつ》品《ぼん》第二十四（妙音品）
観《かん》世《ぜ》音《おん》菩《ぼ》薩《さつ》普《ふ》門《もん》品《ぼん》第二十五（普門品）
陀《だ》羅《ら》尼《に》品《ほん》第二十六
妙《みょう》荘《しょう》厳《ごん》王《のう》本《ほん》事《じ》品《ほん》第二十七（厳王品）
普《ふ》賢《げん》菩《ぼ》薩《さつ》勧《かん》発《ぱつ》品《ぽん》第二十八（勧発品）

この二十八品に法華経の開経《かいきょう》である無量義経《むりょうぎきょう》と結経《けっきょう》の観普賢菩薩行法経《かんふげんぼさつぎょうほうきょう》を加え、合わせて三十品としたものを、「法華三部経《ほっけさんぶきょう》」と称するが、「妙法蓮華経」も「法華三部経」も略して一般には「法華経」と呼んでいる（以後経品名は、略称名で記述する）。

厩戸王《うまやとのおう》（聖徳太子〈五七四～六二二〉）は、摂政の地位にあって、長い間続く豪族間の争いを見、国の平和を願い、仏教を保護し、奨励した。太子は、法華経の注釈書『法華義疏《ほっけぎしょ》』（国宝）を撰述し、以後、法華経は、鎮護国家の三部経の一として、尊信され日本仏教のもととなっていった。

中国では、隋代に智顗《ちぎ》（五三八～五九七）によって、法華経を根本経典とする天台宗が大成されたが、日本では平安時代初期、唐の天台に学んだ最澄（七六七～八二二）が比叡山に天台宗を開創した。以後、仏教教学の中心として法華経の講義が盛んに開かれ、法華経の教えは貴族を中心にして人びとの心をとらえ広まっていった。

法華経「化城喩品《けじょうゆほん》」には、人びとによく知られている一節がある。

願はくは此の功徳をもって、普《あまね》く一切に及ぼし、我等と衆生と皆共に仏道を成ぜん

これは「己れだけでなく、他の人びともみな共に仏の功徳をいただいて、仏の道を歩む」という大いなる願いである。この大いなる願いが、当時の人びとの心をとらえていったのではないだろうか。

法華経は、文化や芸術に至るまで、大きな影響を与えていた。清少納言は、『枕草子』*（二〇九段）に

「経は、法華経さらなり」と述べ、まず一番にあげられる御経は法華経であるとしている。女性は穢《けが》れ多く救いがたきものとされていたが、数多くある仏典の中で、女性が成仏できる道を説いているのは「提婆品《だいばほん》」だけであった。男女の平等を初めて明らかにしたということで、男女を問わず支持を得て人気を集めたのである。

「提婆品」の重要な一節は、次のとおりである。

又女人身。猶有五障。一者不得。作梵天王。二者帝釈。三者魔王。四者転輪聖王。五者仏身。云何女身。速得成仏。

（又、女人の身には、猶《なほ》、五障《ごしやう》あり。一は梵天王《ぼんてんわう》となることを得ず。二は帝釈《たいしやく》、三は魔王、四は転輪聖王《てんりんしやうわう》、五は仏身。云んや何ぞ女身速やかに成仏することを得ん。）

五障をもつ女身はとうてい仏になれるものではない。しかし、仏を心から信ずれば、妙法の経力で速やかに成仏できるといっている。そして、更に、

当時衆会。皆見竜女。忽然之間。変成男子。具菩薩行。即往南方。無垢世界。

（当時《とうじ》の衆会《じゆゑ》　皆竜女《みなりゆうによ》の忽然《こつねん》の間《あいだ》に変《へん》じて男子《なんし》と成《な》りて菩薩《ぼさつ》の行《ぎやう》を具《ぐ》して即《すなわ》ち南方《なんぼう》無垢《むく》世界《せかい》に往《ゆ》く。）

畜生界に生まれた竜女が、仏の教えを修行したところ大勢の人びとの前で男身に変わり、成仏できた。一途にただひたすらに道を求めたとき、女身の穢れは消え男身となり、男女は平等であり差別はないと説いている。

しかし、女人救済のための「提婆品」は当初から法華経の原型になく、後になって（時期不明）加えられた経典なのである。

その後に成立した『転女成仏経《てんにょじょうぶつきょう》』も、五障のある女性は女身を転じ、男性となってから成仏すると説いている。『浄土三部経』の中の「大無量寿経《だいむりょうじゅきょう》」、「宝篋印陀羅尼経《ほうきょういんだらにきょう》」でも女人成仏をかかげている。しかし、なんといっても女性の信仰を集めたのは、法華経の「提婆品」であった。

浄土への道

六世紀頃、インドで終末思想である「末法思想《まっぽうしそう》」が生まれた。つまり、釈迦入滅後の仏法のあり方を三つの時代にわけて、
まず「正法《しょうほう》の時代」（仏の教えがゆきわたり正しい修行によって悟りが得られる期間・一千年）があり、次に「像法《ぞうほう》の時代」（仏の教えは残り修行が行われても悟りが得られない期間・一千年）となり、更に「末法《まっぽう》の時代」（仏の教えがすたれ、悟る者もいない期間・一万年）を経て、ついに「法滅《ほうめつ》」（すべてが滅びてしまう）の時を迎えるという。正・像・末、それぞれの年数には諸説があるが、「末法の世」になると、仏法は衰え人心も荒廃し、やがて暗黒、つまり法滅の世となるというのである。それは、ある意味で仏教徒への警告でもあった。

この「末法思想」は、直ちに中国にもたらされた。シルクロードの敦煌《とんこう》、莫高窟《ばっこうくつ》（五世紀中頃造営）には、仏の教えがわかるように描かれている。ラピスラズリで彩られた天空のはるか彼方には、五十六億七千万年のちの世に現われて、人びとを救い給うという弥勒菩薩《みろくぼさつ》が描かれている。

日本では、釈迦入滅から二千一年目にあたる永承七年（一〇五二）から「末法」に入るという思想が広まった。人びとは間近にせまる「末法」の到来に厭世観や危機感をかきたてられ、浄土への平安を強く願い求めるようになった。時あたかも天災による飢饉が起こり疫病も流行したので、末法思想は現実感をともなっていた。

その頃、貴族の間で座右に備えてよく読まれ、書写もされるほどに流行した本がある。天台宗の僧・源信《げんしん》（九四二〜一〇一七）によって書かれた*『往生要集《おうじょうようしゅう》』である。源信は九歳で延暦寺の良源《りょうげん》に師事した。天性の才に恵まれ広く世にその名声をうたわれるようになると、篤心の念仏者であった母から「遁世修道《とんせいしゅどう》の僧であれ」と諭され、以来横川《よかわ》の恵心院《えしんいん》に隠棲して修行と著述に励んだ。永観三年（九八五）、師・良源の示寂に遭いながらも半年の間に*『往生要集』三巻をまとめる。往生の作法や理論を述べ、極楽往生には念仏が最も大切であるとしている。この著なくして、のちの浄土教の発展はなかったといわれている。

*『扶桑略記《ふそうりゃっき》』（永観三年四月条）に「天台沙門源信、往生要集を撰す。天下に流布せり」とある。『往生要集』に描かれた地獄の苦相と極楽のさまは、たちまち多くの人びとの心をとらえていった。「人間

は、地獄の業火から誰一人として逃れ得ないのだ」と、人びとは深々と開いている恐ろしい地獄の口を見るのである。焦熱地獄の大炎の燃ゆる中に罪人の泣き叫ぶさまをみて、阿鼻叫喚《あびきょうかん》の地獄がいかに凄まじいものかを知り、己れの犯した罪におののきつつ地獄から逃れようとした。そして、阿弥陀仏を信じ、ひたすら念仏を唱えれば、極楽浄土へ往生して救われると知り、人びとはただただ仏に帰依することで安楽の世界に包まれようとした。地獄の恐怖が強ければ強いほど、尚一層浄土の世界は美しく感じられ、生きる望みを仏に托したのである。日常生活のすべては仏を信じ祈ることに始まり、仏を軸として回っていた。貴族たちは病を得たり晩年になったりすると、必ずといってよいほど出家している。そしていよいよ死を迎えると意識したときには、『往生要集』が示す作法に従って浄土へ導かれる道筋をつけたのである。

藤原道長（九六六～一〇二七）によって頂点に達した摂関政治は、孫の師実《もろざね》から更にその孫の忠実の代になると、ただ名のみとなり実質的な政治力は失われていた。応徳三年（一〇八六）白河法皇は、天皇の位を堀河天皇に譲り自ら国政を執るという「院政」を始める。天皇政治を建前にしているが、天皇が幼少の時には法皇がすべてを司って、絶対的な権力を振るうようになり、「院宣《いんぜん》」は「詔勅《しょうちょく》」よりも重んじられた。藤原宗忠（一〇六二～一一四二）は、『中右記』*に「威は四海に満ち、天下帰服す」と記している。

この頃になると、不安定な世情が末法思想と重なり、浄土信仰はますます盛んになる。権力者たちは競って寺院を建立し、驚くほど多くの仏像を造立している。白河法皇は寛治六年（一〇九二）、吉野の金峯山《きんぷせん》に「埋経《まいきょう》」をし、すでに末法の世に対処されていた。それでも、心の奥底にある怯《おび》えは避けられず、いかなる権力者でも解決できない大きな存在に対しての畏れからであろうか、大治三年（一一二八）、七十六歳を越された法皇は、石清水《いわしみず》八幡宮へ詣で「一切経」を供養し「あと十年、わが命の永ら得んことを」と、祈られている。そして、御自身の延命と璋子の息災を祈る仏事を盛んに行われるようになった。

璋子の無事出産を祈る仏事は、法皇の院宣によっていつも盛大に行われていた。御産が間近になると、院内では一日中、僧が唱える読経の声が雷のように轟き渡っていた。このことについて角田博士は、「法皇の造寺・造仏や写経は、余りにも大袈裟であり、仏事なども千僧御読経のように、度を越えて盛大なものであった」（『椒庭秘抄*—待賢門院璋子の生涯』）と述べている。また、源師時は、『長秋記*』に「誠に是れ国の幣《つひえ》、世の損《そこなひ》なり」と記しており、法皇が信仰に費やす費用がいかに莫大なものであったかをうかがい知ることができる。

そのような法皇の信仰のさまを間近に見聞きされていた璋子も、信仰の心篤く深く仏法に帰依されていた。白河の法勝寺でたびたび行われる法会には、三院（白河法皇、鳥羽上皇、待賢門院）で御幸された。当時、貴族の間では山岳信仰が盛んとなり、熊野権現の本社である那智大社、速玉《はやたま》大社、本宮大社の三山を参拝する熊野詣でが流行した。熊野詣では、すなわち西方浄土を目指して難行苦行の旅をすることであり、修行により一切の罪障を消滅させるという思想のもとに行われた。熊野は、赤や黒の不浄（著者注：死者に近づいたり（黒）女性の出産や月経（赤）などによって生じると信じられた穢れ）が清められ、蘇える霊地であり、亡くなった人がいく黄泉《よみ》の地とした古代信仰にも繋がっていて、那智山からは白鳳時代の観音像が出土している。

璋子にとって初めての熊野詣では、三院揃っての天治二年（一一二五）十一月から約一カ月をかけたものであった。太古の嶺々は畳々と連なり、渓水は深い淵をつくり、人びとの業の炎とも思える紅葉の彩りを沈めていた。二十五歳の璋子は、どのような気持ちで熊野への道を歩まれたのであろうか。熊野権現の加護にすがり、女の業や罪穢れを断ち捨て御自身を蘇らせようとされたのか。

璋子は、七人の皇子女をもうけられている。顕仁《あきひと》親王（崇徳天皇）、禧子《よしこ》内親王、通仁《みちひと》親王、君仁《きみひと》親王、統子《むねこ》内親王（上西門院）、そして雅仁《まさひと》親王（後白河天皇）、

待賢門院の皇子女系図

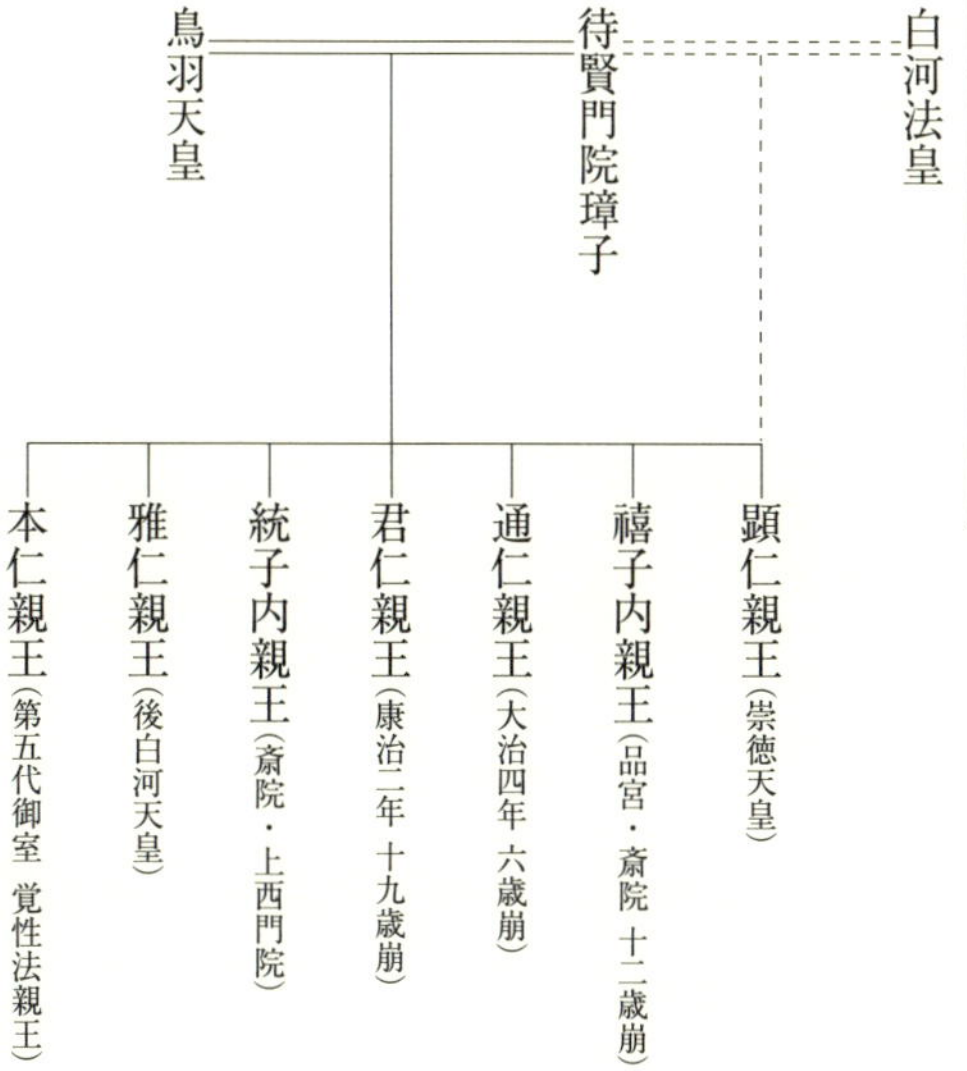

本仁親王《もとひと》（覚性法親王）である。ところが、禧子内親王は十二歳、御眼病の通仁親王は六歳、足萎えの君仁親王は十九歳で失われるという不幸に遭われている。心を襲うさまざまな思いに耐えながら熊野へ詣でられたことであろう。

熊野詣での日時は、陰陽師《おんみょうじ》の卜占《ぼくせん》によって定められた。参詣する人びとは御精進の七日間を過ごし、定められた日には必ず出発するという厳しい修験の道であった。公卿の日記を開くと、「物忌《ものいみ》」とか「方忌《かたいみ》」「方違《かたたがえ》」という言葉が盛んに出てくるが、これらの禁忌は「陰陽道《おんみょうどう》」から出たものである。「物忌」は災いをさけるために謹慎することで、その日は出仕しない。「方違」は忌む方角に出掛けなければならないときに、前夜に他の方角の家に宿って、目的の方角へ向かう。貴族たちは毎朝、陰陽師にその日の吉凶を占ってもらう。陰陽道は当時、国家の儀式から個人の日常生活にまで、深く関わっていたのである。

平安時代には、女流文学作品が多数生まれている。それらの作品を読めば、その教養の高さがわかる。

女性は穢れたものとされ、男性優位の風潮の中で、その地位は高いようで低かった。例えば、経品は漢字が用いられていることから男性のものとされた。女性が漢字を書くことをきらい、経巻を手にとることとすら非難されたが、女性たちも成仏の証を立てねばならないので、必死の思いで筆をとり写経をした。

写経においては、経巻を荘厳することでより仏の功徳が増すといわれ、貴族たちは競って料紙に装飾を施し、装幀《そうてい》に趣向を凝らした。人びとは、極楽往生するためにひたすら仏との結縁を願い供養に努めたのである。結縁供養とは何か。法華経二十八品に開経、結経を加えた三十品を一人一品ずつ経費も分担し、経文を写す。それらを仏に供え「法会《ほうえ》」を行い供養することで、仏と縁が結ばれるというものである。

「法会」には、法華御八講《ほっけみはこう》とか、十講、三十講、五十講などがある。例えば、御八講の場合は法華経八巻を四日間にわたって、朝と夕の二回、八座にわけて説法を行うことで結願される。「法会」にあたる僧は、「講師《こうじ》」、「読師《どくじ》」、「梵唄《ぼんばい》」、「散花《さんげ》」、「問者《もんじゃ》」というように役が割り当てられる。清少納言が『枕草子』*（三三段）に「説経の講師は、顔よき。講師の顔をつとまもらへたるこそその説くことのたふとさもおぼゆれ」と、説法する僧は、顔がよいとお経も尊く感じられると書いているように、僧侶の厳かな顔や朗々とした声も信心する者にとっては大切な要素であった。素晴らしい講説を聴いた後、宴の酒にほどよく酔い、法楽の管絃に心なごまし、そして、「歌会」において歌の心にすべてをゆだね、長い夜を過ごすのである。

女性の成仏を説く「提婆品」に当たる日は、法会のメインであり一番のクライマックスとなる。「捧物《ささげもの》」は、銀の鏡、銀の三衣筥《さんえばこ》、香ぶくろ、瓔珞《ようらく》など、成仏を確かなものとするために贅の限りを尽くした最良の品々である。香が薫《た》かれ、経が読まれ、楽が奏でられ、舞が披露される。大がかりで豪華な仏事に、女性たちは華やかに着飾って参列する。その様子は「過差美麗、記し尽くすべからず」と、宗忠が『中右記*』に記していることで察せられる。

絆《きずな》

大治四年（一一二九）、白河法皇は七十七歳になられていた。院政体制のもと、世の中は一見、無事平穏にみえた。貴族たちの生活は各地の荘園からの上納で安定していて、平安文化は爛熟期を迎えていた。法皇は、祇園女御や賀茂女御たちにかしずかれ、造仏、写経、法会、御幸などの日々を過ごされていた。璋子は二十九歳、法皇と鳥羽上皇を後ろ楯にして、その勢力はゆるぎないものであった。三院での御幸を華々しく繰り展《ひろ》げ、忘れ難い思い出を重ねられていた。兄・実能の館で風雅な庭園の趣きをたのしんだり、里に出て田植えの様子を御覧になったりもした。

おなじ国母《こくも》と申せども、白河の院、御女《むすめ》とて養ひ申させ給ひたれば、並びなく栄えさせ給ひき。

（『今鏡*』すべらぎの中　第二、八重の潮路）

幼い時は法皇に愛育され、長じては鳥羽帝に入内し国母となられた方であるから、前にも後にも他に比べようもないほどの御勢威であったという。二人の至尊の男性に守られ過ごされた歳月は、女性としてさぞ満ち足りた至福の季《とき》であったことであろう。いわば満開の花のごとき季であったに違いない。

しかし、不吉な予兆であるかのように、この年の七月三日鳥羽殿《とばどの》の池に開いた蓮の花は、一茎に二花咲くという奇妙な咲き方をした（『百錬抄』*七月三日条）。四日後、法皇は突然に襲われた嘔吐と下痢で急激に衰弱され、鳥羽院や璋子、関白忠通などが馳《は》せつけたが、薄れる意識の中で、「今度は生きられないから穢れをうけないうちに早く引き取るように」（『長秋記』*大治四年七月七日条）と気遣われた。角田博士は「胃潰瘍による吐血と下血であったであろう」と、推察されている。当時、死は不浄であり穢れとされていたから、崇徳帝は法皇を見舞うことも臨終をみとることもできなかった。それが時の天皇としての定めであった。

この日のことを『今鏡』*（すべらぎの中　第二、釣りせぬ浦々）は、次のように伝えている。

空の気色も常にも変りて、雨風おどろおどろしく、日を重ねて世の嘆きもうちそへたる心地《ち》し、

……

法皇に近侍した師時や宗忠の日記にも、雨と風に覆われた日が続いたと記されている。法皇は、あらかじめ御自身の葬儀に際しての定め書きを遺されていた（『長秋記』*大治四年七月十六日条）。死に臨む時は、浄土に咲くという蓮の糸で五色の組紐を作り、阿弥陀如来の御掌とわが手をつなぐことで仏の来迎を得、極楽浄土への往生を果たそうという定めである。ところが定め書きのことよりも、朦朧と薄

れゆく意識の中で法皇は、お産をひかえた璋子の行末ばかりを最後まで案じられていたのであった。

七月七日、巳ノ刻（午前十時）白河法皇崩御。璋子にとって、嵐が吹き荒ぶように訪れた突然の法皇との別れであった。奈落の底に突き落とされるような衝撃を受け、その嘆きは凄まじかったという。師時の『*長秋記』（大治四年七月七日条）には、待賢門院に親侍していた中納言局が語ったこととして、「手の施しようもないほどであられ、今月は御産がありますのに、御身体にお障りがあるといけないので本当に心配です」と女院の御悲嘆の様子を記している。

白河法皇の御遺言により御遺体は火葬され、御骨壺は一時香隆寺に安置された。七月二十日、璋子は無事に、本仁親王のちの覚性法親王を出産されている。璋子は九月早々になって、法皇追善のために香隆寺で結縁供養を行うことを計画された。「御本尊は白檀で普賢菩薩像を造立するように」と師時に命じられた。結縁の法華経は、鳥羽上皇、璋子、法皇の親王や内親王の方々、また、関白忠通や璋子の兄の実能、長実など法皇ゆかりの方々、合わせて三十二人の一品経《いっぽんきょう》であった。しかし、この写経は一品として現存していない。受けもたれた方々の名と経品の名が『長秋記』に記されているのみである。さぞ立派な装飾が施された法華写経であったと想像される。この時、璋子は「法皇追善の願文《がんもん》（藤原敦光《あつみつ》朝臣による）」を奉られている（『*本朝続文粋《ほんちょうしょくもんずい》』巻第十三、大治四年九月二十八日）。

悪夢のような大治四年が過ぎ、翌五年、璋子は亡き法皇のために筆をとり経文の書写をされた（『*長秋記』大治五年五月二十五日条）。生前の法皇の存在の大きさが今更のように思われ、心の虚しさを埋める術さえ見付けられないでおられたであろう。

三回忌の法要は、天承元年（一一三一）七月九日盛大に行われ、鳥羽成菩提院《とばじょうぼだいいん》の三重塔下に納骨された。この時、御骨壺を納めた石棺の上に「銅板経《どうばんきょう》」が置かれた。「方四尺の石筒の底に双穴の大石を置き、そこに御骨壺を安んじて、石蓋で覆う。その上に土をかぶせ、次に表面に鍍金《ときん》した銅板経を入れた銅函を置いて、土をかぶせ、その上に金千両を置き阿弥陀仏像を銅の小塔に安んじ、更に石蓋を覆い、土の底に埋め置く」（『長秋記*』天承元年七月九日条）と、師時は、詳細にそのありさまを述べている。

ところで、この「銅板経」埋納は、法皇と璋子との因縁を思わせるものであった。時代は下って「応仁の乱」の頃、みやこは戦乱の巷となっていた。文明元年（一四六九）、待賢門院璋子の朽廃していた花園西陵が盗掘される騒ぎがあった。法金剛院の人たちが驚いて掘り下げてみたところ、地下に銅製の函を見出した。蓋を開けてみると、中には紙のように薄い銅板が納められており、それには法華経や呪文が彫られ美しく輝いていた。「銅板経」がこのような形で埋納されていたことは、かつてない珍しいことであったので、大変な噂を呼び人びとは競って見物に来たという。法金剛院では、その時新たに銅函を作り、「銅板経」をもとのように入れて埋納したという。この事件のことは、法金剛院院主の等空律師《とうくうりっし》が記録している（『大日本史料』第八之三　文明元年十一月八日条〈仁和寺文書〉）。

「銅板経」の遺品は数少ない。『経塚論攷*』の著者三宅敏之先生から「銅板経は平安時代の「埋経」

の一種とみられる。鍍金され金色に輝くような美しさをもつので、装飾経の一つと考えられる。その永続性から紙本経とは別の荘厳性を考えてのことかもしれない」と、お聞きした。その数少ない「銅板経」が、法皇と璋子の御陵のいずれにも埋納されていたという事実は、御二方の深い縁を物語っていよう。何者にも断ち切れないほど強靭な絆のあらわれであり、法皇と璋子の浄土への願いであると共に、来世への秘めたる約束ごとではなかったか。

璋子は、法皇が崩御された大治四年に追善供養のため御願寺の建立《こんりゅう》を発願《ほつがん》される。浄土にあられる法皇の冥福を祈ると同時に、法皇との交感を願うところを望まれたのであろう。それは法皇に対する璋子の強い心の証であった。

女院の御願寺《ごがんじ》――「法金剛院《ほうこんごういん》」――

白河法皇追善の寺院建立のために撰ばれたのは、「地形も神妙也」（『長秋記』*大治四年九月十三日条）という双ヶ岡《ならびがおか》の麓の地であった。双ヶ岡は円い丘が連なる優しい山で、一ノ丘、二ノ丘、三ノ丘と呼ばれ一ノ丘の標高は一一六m、周辺は豊沃な土地で古代、秦氏が住むようになって栄えた景勝の地である。平安時代の初め頃活躍した右大臣清原夏野《きよはらのなつの》の山荘（のち天安寺となる）跡で、五位山を背に負う地であった。五位山の名称は、仁明天皇がその景勝を讃えて従五位下の位を授けられたことによる。

法金剛院古図

新しい寺院は一年ほどで完成し、寺名はいくつかあがった候補の中から鳥羽上皇によって「法金剛院」と定められた。落慶法要は、大治五年（一一三〇）十月二十五日の大雪の日に、鳥羽上皇、崇徳天皇、待賢門院璋子が共に御幸されて華々しく行われた。

法金剛院には廻遊式庭園が造られ、池の西に「阿弥陀堂」、東に寝殿を中心にして「御所」が建てられた。寝殿の襖には、待賢門院女房土佐が名所絵を描き、色紙形には、関白忠通と能書・定信が揮毫した（養和元年〈一一八一〉五月焼失）。東の御所から向こう岸へ、舟で渡るほど広大な池であった。五位山から流れる水を利用して、「青女《おおめ》の滝」が林賢《りんけん》法師によって造られた。璋子は、庭にはよく心入れをされた。師時に検分させたり、造園の名手・法印静意に、滝を五、六尺高くするように命じたりしている。璋子は何ごとにも細やかな配慮をされていたのである。この滝は、昭和四十三年（一九六八）に復元された。寺院の盛観な有様をしのぶ唯一の遺構である。四ｍの落差があったという滝の水は枯れているが、日本最古の石組技法を伝えるものとして貴重である。

法皇が崩御されてから数年が流れ去っていた。『長秋記』*（保延元年〈一一三五〉諸条）によれば、待賢門院の御所では鳥羽上皇や殿上人、女房たちが集まって、賑やかに「物合せ」、「闘鶏」、美しい絵を描いた石をお手玉のように投げて遊ぶ「石名取《いしなどり》」などの遊びをされていた。華やかな御所に対して静かな法金剛院は、璋子が仏事を営まれたり静養されたりする憩いの場であった。

璋子は、続いて大日如来を安置した「三重塔」と「八角経蔵」を建立する。経蔵には法皇七回忌追善のため「紺紙金泥一切経」（約五千巻）を納め、その御供養は保延二年（一一三六）十月に行われた。鳥羽上皇と待賢門院、崇徳天皇や中宮聖子が共に臨御され、関白忠通、内大臣頼長など、公卿や殿上人たちも祇候《しこう》しての大法要であった（『中右記』*）。

翌年の御供養は、九月二十三日から三日間催された。崇徳天皇も行幸され、「競馬《くらべうま》」や「舟遊び」、「御遊《ぎょゆう》」、「歌会《うたのえ》」が夜を徹して行われた。それぞれ得意とされる楽器を奏で、盃を回した後、「今様」や「神楽歌」、「朗詠」、「舞」などを披露した。舞納めは関白忠通であった。ついで、「歌会」が催され、「菊契ル二千秋ニ一」という御題で人びとは詠い合った。

君が代をなが月にしもしら菊のさくや千とせのしるしなるらん　（『千載和歌集』*巻十　賀歌　六一九）

忠通

待賢門院堀河

くものうへのほしかとみゆるきくなれはそらにぞちよの秋はしらるる

（『続古今和歌集』*巻二十　賀歌　一八八〇）

公能《きんよし》

幾かへり千とせの秋にあひぬらん色もかはらぬしら菊の花

（『新拾遺和歌集』*巻五　秋歌下　五二一）

法金剛院で催された「歌会」として、記録に残されている唯一のものである。

それからのちも法金剛院には、「九躰阿弥陀堂」（南御堂）の造営（保延五年〈一一三九〉）や、「法華三昧堂」の建立と璋子念願の伽藍が次々と整っていき、法皇の追善供養がたびたび営まれた。その頃の璋子は、法皇崩御のあとにしのび寄る孤独とのたたかいの日々であり、周囲の状況が少しずつ変化していくことを鋭敏に感じとっていた。鳥羽上皇のお側には女房たちがひしめくようになり、上皇との関わり方や過ごし方について悩まれるようになっていた。法金剛院の御堂を訪れては、如来の御前にひれ伏し亡き法皇への憶いをつのらせられた。

康治元年（一一四二）璋子は、この法金剛院で落飾されることになる。

法金剛院は、現在の京都市右京区花園扇野町にある。京都駅からJR山陰線園部行に乗って、花園駅で下車すると、向かい側に位置する。

平成七年から翌年にかけて、京都市埋蔵文化財研究所による地域調査が行われ、法金剛院から約三

○m南側に「三重塔」と「庭園」の遺構が出土した。「東御所」や「西京極大路」と推定できる遺構の発見は、法金剛院の全貌を知る手がかりとなり、その広さは、東西に二二〇m、南北三三〇mであったことが判明した。『延喜式』に記されている西京極大路の道幅は十丈（約三〇m）とあるが、出土した路面は幅五丈（一五m）であったので、寺領が西大路側へ半分張り出していたと推定された。当時の待賢門院の権勢がいかに大きかったかを物語っている。

現在の法金剛院は、当時の西半分ほどに縮小されている。池は古い大池（双池）を利用して造られ、「阿弥陀堂」は西御堂跡と推測されている。堂内には、周《しゅう》（周尺の意で、一尺は約二〇㎝）丈六《じょうろく》の「阿弥陀如来坐像」（平安時代・伝院覚作）が拝される。周丈六とは、立った御姿で一丈六尺（約三・二m）になるということで、あぐらをかいた結跏趺坐《けっかふざ》の形である。寄木造りで漆金箔が施され、定印《じょういん》を結び、

阿弥陀如来坐像（法金剛院）

ふっくらした面差しである。台座の蓮弁は斜格子の魚子地《ななこじ》で、魚卵状の小さな粒が一面に並んだように彫金されている。そこに宝相華文《ほっそうげもん》（蓮華、牡丹など空想の花文）が彫り出されている。光背は細やかな雲気文《うんきもん》（雲をかたどった模様）の透かし彫りで、楽を奏でる飛天が二重になっている。まろやかな肩から流れる衣文は美しく、襞《ひだ》のとり具合もほどよく入念に彫られた御姿である。

法金剛院は「蓮の寺」ともいわれ、夏を迎える頃になると池には色とりどりの蓮の花が咲き始める。私は、京都を訪れるたびにこの寺に詣でているが、初めて訪れた時は蓮の花の季であった。御住職が丹精の白蓮は清浄に冴え、淡紅の蓮は、彼岸に咲く花のように、ほのかな光を発していた。手入れの行き届いた庭園の周囲には、紫陽花や菖蒲、萩、曼珠沙華、椿と四季を追って咲く草木が植えられている。特に春には、待賢門院桜と名付けられた薄紫を帯びた桃色の枝垂桜が、可憐な優しさを見せて咲く。璋子は桜の花を愛でられたので、奈良興福寺に「東円堂」を寄進された時、「奈良のみやこの八重桜」を所望され、法金剛院に植えられた（『*興福寺叢書　第一　興福寺流記』）。この八重桜が絶えて久しかったので、近年、東大寺知足院から苗木をいただき植えられたと聞いている。

第五章　えにし

西行慕情

　なにとなく芹と聞くこそあはれなれ摘みけん人の心知られて

『山家集』に見えるこの平凡な歌に、西行が待賢門院によせる思慕の情を探知したのは、白洲正子（一九一〇〜）（著者注・一九九八年に没）さんであった（同『西行』）。この歌を単に口訳したのでは、特別な雅趣も覚えられないが、『俊頼髄脳《としよりずいのう》』に見える故事を踏まえて味わってみると、西行が図らずも本心を吐露した歌であることがわかる。

　これは、「法金剛院」（角田文衞著『平安京散策*』所収）冒頭の一文である。歌は、「芹ということばを聞くだけでもなぜということもなく哀れに思われ、それを摘んだ昔の人の心が思いやられることよ」というような意味合いであろう。「芹を摘む」というのは、思いの叶わないことの譬えで「高貴な女性に叶わぬ恋をする」という意に用いられたという。

　源俊頼の歌学書『俊頼髄脳《としよりずいのう》』の中に、芹にちなんだ物語が書かれている。

　昔、美しい后が芹を召し上がっているのを簾越しに垣間見た身分の低い男が、もう一度その御顔を拝したいものと毎日芹を摘んできては一目でもと願うのだが、その願いもむなしく、とうとう男は焦れ死んでしまったという。后は美貌の檀林皇后《だんりんこうごう》橘嘉智子《かちこ》であったといわれる。俊頼自身も次のように詠じている。

芹摘みし昔の人もわがごとや心にものは叶はざりけむ

（『俊頼髄脳』* 二八八）

西行は、『聞書集《ききがきしゅう》』に芹の歌をいま一首遺している。

ななくさに芹ありけりとみるからにぬれけむ袖のつまれぬるかな

（『山家集』* 補遺（聞書集） 一七五八）

遂げられぬ悲しい恋に袖が涙にぬれ、芹を摘むように身につまされると、芹によせた恋を詠じている。これらの歌によって西行が高貴な女人に憧憬の念を寄せていたことがよみとれる。「芹」の一語は、西行のいつわりない声である。「摘みけん人の心知られて」と、高貴な立場にある女人を慕うわが心を、焦れ死んだ男に重ねて詠じたのであろう。

西行（一一一八〜九〇）は、俗名を佐藤左兵衛尉・藤原朝臣義清《のりきよ》、僧名を円位《えんい》といい、大宝房《だいほうぼう》と号した。藤原北家の房前《ふささき》の男・魚名《うおな》の系統で、紀伊国田仲庄《たなかのしょう》の預所《あずかりどころ》に生まれている。平将門《まさかど》の乱に活躍した藤原秀郷《ひでさと》の末裔《まつえい》で九代目にあたる。徳大寺家の権大納言実能《さねよし》（待賢門院の兄）に家人《けにん》として仕えたが、十八歳の時、鳥羽離宮の勝光明院造営のために巨額の費用（およそ絹一万匹）を寄進し、実能の推挙もあって左兵衛尉となり鳥羽院の「北面の武士」となる。

「北面」に任官されるためには、まず院の好みにあうことが第一の条件であった。容姿端麗であり、剣・弓・馬術などの武芸に優れ、漢詩文・和歌・管絃・歌舞の心得もあり、書や経学にも能力を備えた者でなければならなかった。任じられると、院の警護や雑用にあたり御幸にお供した。貴族の男たちは、十六、七歳になると白粉をつけ眉毛を剃り突き墨をして眉をつくり歯を染め爪をぬったという。「御寵童」とか、「被召夜御殿」（『尊卑分脈』*良門流盛重・為俊）とあるように退廃的な「男色《なんしょく》」が重んじられ、院の寵愛を受けることは光栄なこととされていた。特別な思召しによって院の近臣になることは、信頼を得ることに繋がり出世のチャンスともなった。

西行は、歌詠みの才があり秀歌を詠じた。仕事も一所懸命尽くし、武術も熱心であったと『吾妻鏡』は述べている。ところが、突然北面を辞し、二十三歳で出家する。若い西行の行動は謎に包まれており、人びとの間でいろいろに取り沙汰された。誰もが出家の動機について詮索し、その真意を推し量った。（現在でも、求仏道説、殉崇徳院説、失恋説等、諸説紛々としている。）西行は、出家した心の内について語ることも記すこともしなかった。表に出さなかったということは、彼の心の強さをあらわすことかもしれない。おそらく並々でない信念をもち出家したのであろう。

彼の出家については、唯一、藤原頼長の『台記』に記述がある。

又余問レ年、答曰、廿五、（去々年出家、廿三）抑西行者、本兵衛尉義清也、（左衛門大夫、康清子）以二重代勇士一仕二法皇一、
自二俗時一、入二心於仏道一、家富年若、心無レ愁、遂以遁世、人歎二美之一也、

（『台記』*康治元年三月十五日条）

〈又余、年ヲ問フ。答ヘテ曰ク、二十五ト〈去々年出家、二十三〉ソモソモ西行ハ、モト兵衛尉義清ナリ。〈左衛門

大夫康清ノ子〉重代ノ勇士タルヲ以テ法皇ニ仕ヘ、俗時ヨリ心ヲ仏道ニ入レ、家富ミ年若ク、心憂ヒ無キモ、遂ニ以テ遁世セリ、人コレヲ歎美セルナリ。）

西行が頼長の邸を訪れた時のことである。頼長は、西行がまだ若く自分と同じような年であることに気付き「あなたはいくつになられるのか」と尋ねた。「二十三歳で出家し、今、二十五歳になる」と答えた。西行の家は豊かでまだ年も若く、何の心配事もないのに出家したことを人びとは歎美したという。頼長は、西行について「俗時ヨリ心ヲ仏道ニ入レ」と書いている。

私は、『金葉和歌集』に登場する歌人たちの系図を作った時に、貴顕の繋がりの凄さを知った。緻密に張られた蛛糸《ちゅし》のごとく、蟻の這い出る隙さえない。血縁と権力、階級で編まれた「官司請負制《かんしうけおいせい》」である。つまり生まれ落ちた時の血筋で階級が定められてしまい、生涯変わることはない。現代の尺度では想像することもできないほどの身分や人格の差別である。西行のように公卿《くぎょう》でない者は、たとえどのような才に恵まれていようとも、そこから浮かび上がることは困難なことであり網の目をかいくぐることなど容易ではない。北面に仕えるようになった彼は、それに気づいたのではないだろうか。権力に関わる人びとの我執の凄さを身近に見聞きすることになり、さまざまな悩みや迷いが湧き上がってきたことであろう。西行はこれらのことを乗り越えて、心に叶うような己れの道を切り開くためには、武士の身分を捨てて出家するしかないと考えたのではないだろうか。

二十三歳の西行の真意をこのように想像してはみたが、確証するものはなく私には、数多詠まれた西行の三十一文字《みそひともじ》から読みとるよりほかに方法がないと思われた。

顕輔によって編纂された崇徳上皇下命の勅撰集『詞花和歌集』*に次のような歌がある。

身をすつる人はまことにすつるかはすてぬひとこそすつるなりけれ

（『詞花和歌集』巻十　雑下　三七二）

この歌は、「よみ人しらず」として入集されたのであるが、西行の詠歌として人びとに知れ渡った。その時、北面の武士であった西行の身分では、名を出すことさえはばかられたのであろうか。歌学の家を継いだ藤原清輔《きよすけ》（顕輔男）は、歌学書『袋草紙』撰集故実《せんしゅうのこじつ》に「一は名字を書くと雖《いへど》も、世以て其の人を知り難き下賤卑陋《げせんひろう》の輩《やから》」と述べているが、清輔からみれば、西行は世間の人に知られていない「下賤卑陋の輩」にすぎなかったのである。しかし、遁世者となれば、やんごとない方のもとに参上して目通りも叶い、勅撰集にも法名で堂々と撰集されるようになる。いわば特権をもつ立場になれるのである。

京の東山に雲居寺《うんごじ》という寺があった。西行は幼い時、母に手をひかれて亡き父・康清の菩提を弔っている。寺の名僧・瞻西《せんさい》聖人の講説は、「弁舌《べんぜつ》の妙音《みょうおん》」といわれるほど巧みであった（『永昌記』*保安五年四月二日条）。それを聞いた人は皆、仏に帰依したという。幼い西行は聖人の講説を音楽の調べを聞くように聞き入っていたのではないか。天治元年（一一二四）、瞻西《せんさい》聖人が勧進造営《かんじんぞうえい》した八丈の阿弥陀如来像の結縁供養（『山城名勝志巻十四』*）は、六歳の西行にとって忘れがたいことであった。聖人の説法を聞き法華経にちなんだ「後宴《ごえん》の歌合」が行われた。それは「歌の道」と「仏の道」の一致であり、両道が相まって浄土の世界をかもし出すものであった。これらのことが残らず柔軟な少年の心に記憶され、潜在意識の奥深くしみ込んで後の人生を左右することになっていったとしても不思議ではない。その教えは少年から若者になっていく彼の心をとらえ、出家の道を歩みたいという気持ちが芽生え、次第にそれは確かなものになっていったのではないだろうか。

実能の推挙で北面の武士になったものの、純粋な西行は、「真《まこと》の道」に生きることを目指した。それは瞻西聖人が説く「歌と仏の道の一致」、すなわち悟りの道へ通ずることであった。彼は出家すると決めた時から、最期まで一筋の「真《まこと》の道」を貫き通した。道心《どうしん》に対して純粋であればあるほど、己れを偽ることはできなかった。「仏の道」、「真《まこと》の道」に生きるためには、出家の道しかないと一途に考えたのではないか。西行は後になって、「一首詠んでは一体の仏像を造る思い」と、明恵上人に語っている。また、「歌を詠ずることは、秘密の真言を唱えることと同じである」ともいっている。

高貴な立場にある待賢門院璋子と、西行との縁《えにし》は、どのようにして生まれたのであろうか。

西行は待賢門院の兄・実能の家人《けにん》であったから、女院のことは早くから知るところであった。また北面に伺候《しこう》していたからには、鳥羽院に近侍し御幸にも従ったであろう。女院を遠く近く拝していたに違いない（一三九頁系図参照）。
待賢門院は快活で明るく周囲の人びとを魅了してしまう方であったと思われる。西行が二十歳頃、女院は女性として﨟《ろう》たけ洗練された美しい季にあたり、西行が思慕の情を抱いたのももっともなことであろう。

ゆみはりの月にはづれて見しかげのやさしかりしはいつか忘れむ　（『山家集』*中（恋）六八三）

外は、月の光の薄い弓張りの夜、何という美しい姿であったことか。西行の心にあるのは幻のごとき影であり、それは現実に手の届くものではなかった。
西行は、『山家集』に収められている「恋百首」、「月に寄する恋」三十六首、「恋」六十首をはじめ、三百首余りもの恋の歌を詠じている。五、七、五、七、七の文字を埋め尽くすように烈しい情熱を込めて、ためらいもなく詠っている。

しらざりき雲井のよそにみし月のかげをたもとにやどすべしとは　（『山家集』中（恋）六八〇）

（手の届かない、遠い彼方の女人《ひと》へ寄せる念《おも》いに袂をぬらすような自分になろうとは……）

西行の歌の中に恋の嘆きでもあるけれど、ひとり訴えるように自身の感情をあらわしていて、彼独自の考えがうかがえる歌がある。

こころから心に物を思はせて身をくるしむる我が身なりけり
とにかくにいとはまほしき世なれども君がすむにもひかれぬるかな

なにごとにつけてか世をばいとはましうかりし人ぞけふはうれしき

（『山家集』下（雑）一四一八・一四三九・一四四〇）

心を澄ませて西行の謎を解く糸口を探す私に、強く響いてくるものがある。叶えられない恋ゆえにこそ、かくも数多の恋の歌が詠じられたのではないか。男性と女性とでは、恋に対しての感慨は異なるという。古今を問わず男性にとって真剣に恋した女性《ひと》は生涯忘れられず、その想いは永遠に続くものだと聞いたことがある。西行は小倉山の麓や嵯峨に庵を結び、在家や貴族の人たちと交わっていた。女院が法金剛院に憩われるときなどには、訪れて女房たちと親しく歌のやりとりをしていた。

世の中をすてててすてえぬここちしてみやこはなれぬ我がみなりけり　（『山家集』下（雑）一五〇八）

この世を捨てた筈の彼であったが、女院のおられるみやこを離れることも、すべての執着を断つこともなかなかできるものではなかった。

女院落飾《にょいんらくしょく》

長承二年（一一三三）六月二十九日には、鳥羽上皇のもとへ藤原忠実の女・勲子《いさこ》が入侍《にゅうじ》することになった。それは忠実の長い間の望みであり、翌年の三月には皇后に冊立《さくりつ》されて泰子《やすこ》と改名された。そのことによって、それまで唯一人の后であった璋子の地位が、ただちにゆらぐというわけではないが、泰子は摂関家を背景とする、無視することのできない存在である。璋子の心が傷つけられたことは事実であろう。加えて、翌年入侍することになる藤原得子《なりこ》のことも聞こえてきていた。璋子は、源師時に「世間の事、年来皆存ぜしむる所なり。始めて驚くべからず」と述懐されている（『長秋記』*長承二年六月七日条）。

そこで六月十日、璋子は一人、香隆寺（現在の北区衣笠西馬場町）に詣でられている。香隆寺は白河法皇の御遺骨が鳥羽殿に安置されるまで置かれていた所で、東南の方角に平安京が見渡せる景勝の地である。心に湧く愁いを一人法皇に訴えたい思いで、この日、香隆寺へ向かわれたのであろう。

その翌日は、鳥羽上皇と共に法勝寺阿弥陀堂へ御幸されている。璋子は法皇追善のために阿弥陀三尊を造立され、お形見として大切にされていた御文（消息）の紙背（裏）へ「阿弥陀経」を写し、御供養をされた。法皇が亡くなられてから四年の歳月が流れていたが、璋子の法皇への思いは変わることはなかったのである。

翌年春には、白河法皇の乳兄弟で、随一の側近であった藤原長実《ながざね》（一〇七五～一一三三）の女・得子《なりこ》（一一一七～六〇）が入侍した。長実は白河法皇御臨終の床に近侍し、加持《かじ》の磬《けい》を打ち鳴らしたり雑事を取り定めたりしている。また、法皇の御骨壺を胸に抱いて、香隆寺から鳥羽へおもむくという重要な役を務めた人物でもある。得子は、若く美しかったので鳥羽上皇の寵愛を一身に集めるようになっていった。璋子にとって、このことは大きな嘆きであった。法皇の生前中は、何もかも自分を中心に

体仁、重仁親王系図

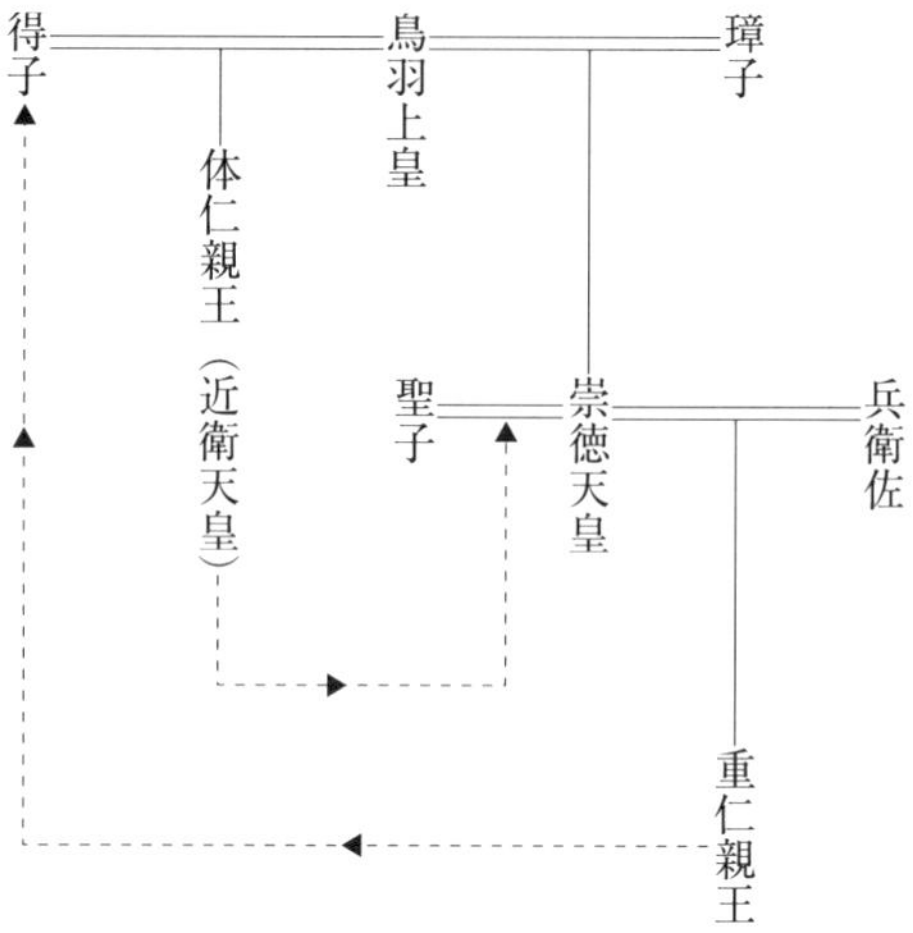

まわっていた歯車が狂ってしまう。官職にある権力者達の政治力にも影響が及ぶことは、必定であった。めぐりめぐる運命の連環とでもいったらよいのであろうか。

この頃、上皇は、璋子と共に熊野へ詣でられたり石清水《いわしみず》八幡宮《はちまんぐう》へ参詣されたり、得長寿院《とくじょうじゅいん》へ御幸されたりもしているので、璋子の中宮としての立場を気遣われていたと考えられる。しかし、璋子はうち続く心労のせいか、しばしば身体の不調を訴えられるようになっていた。

保延五年（一一三九）、得子は鳥羽上皇との間に皇子を出産。上皇は、この皇子・体仁《なりひと》親王の即位を望まれた。そこで、体仁親王を崇徳帝と中宮聖子《きよこ》の養子とし、つまり皇太子に立てて養育された。得子は同年、東宮の生母ということで女御に任ぜられ、盤石の地位を築いていった。その翌年、内裏女房の兵衛佐《ひょうえのすけ》は崇徳帝に愛され第一皇子・重仁《しげひと》親王を出産、その御子は女御得子に引き取られ養育されるという奇妙な関係が生じていく。

鳥羽上皇は永治元年（一一四一）三月十日、鳥羽殿で剃髪出家、法名を「空覚《くうかく》」とされた。時に三十九歳、厄年の前年のことである。この時、皇后泰子も上皇にならって出家し、「高陽院《かやのいん》」となられた。その年も終わろうとする十二月七日、鳥羽上皇は二十三歳の崇徳帝に対して、わずか三歳の体仁《なりひと》親王に譲位するようにと院宣を下された。しかも、崇徳帝の意志を無視して体仁親王を「皇太子」とはせず、「皇太弟」と記されてあった。これはつまり、退位された崇徳帝が上皇になられてのち、院政を執ることができないという重大事を意味し、策士家である忠通が仕組んだことであろうと、角田博士は推定されている。

鳥羽上皇の第一皇子崇徳帝は、実は白河法皇と璋子の間に生を享《う》けられた方であったという。鳥羽上皇は、崇徳帝のことをわが子と認めず、「叔父子《おじこ》」と呼び、心を許されなかった。『古事談上』*は、次のように述べている。

待賢門院ハ白川院御猶子《おんゆうし》之儀ニテ令二入内一給、其間法皇令二密通一給、人皆知レ之歟。崇徳院ハ白川院御胤子云々。鳥羽院モ其由ヲ知食テ、叔父子トゾ令レ申給ケル。

璋子にとって十九歳の時の崇徳帝出産は最も晴れやかな出来事であり、祝宴の日々が昨日のことのように蘇《よみがえ》ってくる。それだけに、今回の鳥羽上皇の院宣は心を切り裂く鋭い刃となった。璋子は精神的なショックから身体不調となり、師時に相談されて陰陽師《おんみょうじ》におうかがい（亀卜《きぼく》）をたてたところ、「不吉」と報告された。その結果、落飾を決意されていたと思われる。

女院落飾の要因として考えられる事件が、もう一つある。

待賢門院璋子画像

落飾される前年暮れのこと、法金剛院の上座《じょうざ》にある法橋・信朝（待賢門院乳母の子）が、日吉《ひえ》神社で美福門院得子を呪詛《じゅそ》し逮捕されたというのである。続いて源盛行（待賢門院判官代の散位・従五位上）とその妻の津守嶋子（待賢門院女房）、及び巫女《みこ》の朱雀は広田社呪詛で位階をとり上げられ配流されてしまった。これらの事件は璋子に強烈な衝撃を与えた。呪詛が本当に行われたのかどうかは疑わしい。これも得子の後ろ楯といわれる鳥羽院近臣・藤原顕頼と関白忠通が画策したものではないかといわれている。忠通と璋子との若い頃からの確執は生涯続き、忠通は璋子の出家の儀式にはもちろんのこと、葬儀にも法要にも一切参列することはなかった。

新しい年は、康治と改元（一一四二）された。その二月二十六日、法金剛院で璋子は出家し、法名を「真如法《しんにょほう》」と号された。当日は、鳥羽法皇、崇徳上皇、権大納言実能（兄）、右大臣源有仁（姉の夫）など多くの人が参入している。『久能寺経』の最後をしめる結経「観普賢経《かんふげんきょう》」を受けもっている藤原通憲《みちのり》（少納言入道信西《しんぜい》、一一〇六～五九）は、待賢門院落飾の模様を次のように述べている。

是日。待賢門院璋子。於二仁和寺法金剛院御所一。有二御出家事一。法名真如法。以二僧正信証一為二戒師一。第五（覚性）法親王被レ剃二御髪一。法皇并上皇同臨幸。女房二人同為レ尼。故顕仲卿女。号二堀河殿一。故右京大夫藤定実朝臣女。号二中納言一。女院春秋四十二。未下及二衰邁一御上。天下諸人。知与レ不レ知。無下不二悲歎一者上也。（『本朝世紀』*康治元年二月二十六日条）

女院はこの時、御年四十二歳であった。「いまだ衰邁《すいまい》に及び給はず。天下の諸人、知ると知らざると悲嘆せざるは無きなり」。人びとは、みな「まだ衰えられるような御年ではないのに」と大変悲しまれたという。それほどに美しいお姿であられたのか。この時、女院に仕えていた女房堀河局と中納言局も共に黒髪を断ち、終生を女院に捧げたのである。また、女院の恩顧を蒙っていた源宗賢《むねかた》も共に入道した（『台記』）。

落飾して仏門に入るということは、来世への道、つまり極楽浄土への道を確実にすることであり、この世への執着を断ち切ることでもあった。女人の場合、女性ではなくなり枯れることを意味した。待賢門院の落飾はあまりにもにわかなことであったので、みやこの貴族の間ではさまざまな風評が流れた。璋子は体調が思わしくないこともあり、白河法皇に守られて過ごされた日々がしきりにしのばれて、心をわずらわす現世から逃れ、浄土へ進みたいという思いに駆られたのであろう。ただし、落飾されたとはいっても鳥羽法皇の正室で、崇徳上皇の御母という立場であられたから、今までの地位が大きく変わるということではなかった。

私は、ある春の日、右京区花園にある璋子ゆかりの法金剛院の阿弥陀堂で、「璋子の御影」を拝した。もちろん、後世になって描かれた肖像画である。合わせた両手は水晶の数珠をつまぐり、繊細な肩に灰色の衣をまとい如来を信じる優しげな面差しを見せている。御堂のほのかな光の中で、何かを訴えられているようであった。

西行勧進《さいぎょうかんじん》――「余《よ》不軽承諾《ふきょうしょうだく》」――

西行は待賢門院璋子が落飾（出家）されたことを知り、迷わず浄土の道へ進まれることを願った。一介の沙門《さもん》である西行が待賢門院へ寄せる熾烈な想いは、是が非でも女院のために結縁法華経の勧進をすることにあった。西行は日頃から女院の御所を訪ねては、女房たちと和歌を贈答しあうような親しい間柄であったから、このことは待賢門院中納言局と相談して運ばれた。西行は、それからの日々やむにやまれぬ思いで各権門《かくけんもん》を訪ねては、「女院のために法華経書写をされるように」と勧進して歩いた。沙門という立場にあったからこそ、院に出入りしたり権門を訪れたりすることもできたのである。

西行が内大臣藤原頼長（一一二〇～五六）の邸を訪れた日は、三月十五日、璋子が落飾されてから十八日後のことである。頼長は侍たちを集め弓を射させているところであった。その日のことを頼長は

『台記《たいき》』に左のように記している。

西行法師来云、依レ行二一品経一、両院以下、貴所皆下給也、不レ嫌二料紙美悪一、只可レ用二自筆一、余不二軽承諾一、……

（西行法師来リテ云フ、一品経ヲ行フニヨリ、両院以下、貴所皆下シ給フ也、料紙ノ美悪ハ嫌ハズ、タダ自筆ヲ用フベシ、余不軽承諾）

西行が来て、「一品経《いっぽんきょう》を行うので、両院をはじめ、貴人の皆さまには引き受けていただいた。料紙のよしあしは問わないが、自筆でお願いしたい」という。

「一品経を行う」というのは、法華経二十八品に開経、結経を加えた三十巻を三十人が一人一品ずつ担当して書き写し、供養することをいう。両院とは、鳥羽院と崇徳院のことである。

実は、ここで私が注目したいのは、次に繋がる一節「余不軽承諾」である。

この漢文は、読もうと思えば四通りの読みが考えられる。

㈠　余不二軽承諾一……余ハ軽キ承諾ヲセズ（余は、簡単には承諾しない）

㈡　余不レ軽承諾　……余ハ承諾ヲ軽ンゼズ（余は、承諾を軽くみることはしない）

㈢　余不軽承諾………余ハ不軽ヲ承諾ス（余は、不軽品を承諾した）

㈣　余不軽承諾………余ハ不軽シ承諾ス（余は、敬い礼拝《らいはい》して承諾した）

㈠㈡の場合、この「軽」という字は、『諸橋漢和辞典』によれば、「軽々しく、軽はずみに」とか、

「たやすくは」の意であって、どちらにしても頼長は「たやすく承諾しなかった」つまり、「自分（頼長）は、西行の申し出を重く受け止め承諾した」全否定ではなく何れか後に承諾したという意になる。

しかし、「軽き承諾をせず」「承諾を軽くみることはしない」などという読みは、如何にも不自然な言いまわしである。次に続く「又余問ㇾ年答曰……」に繋がっていかない。

では、㈢の場合はどうか。

最近の学説では「余ハ不軽品ヲ承諾ス」と読まれ、頼長は不軽品を承諾したとされている。しかし、「余ハ不軽品ヲ承諾ス」と読ませる場合には、漢文では「余承諾不軽」となり、名詞の「不軽」を末尾にもってこなければならない。

藤原頼長の日記『台記』は、平安時代に書かれたものが鎌倉時代に写され、もと京都の九条家に巻子本として伝来していた。明治三十一年（一八九八）に紅葉山文庫（内閣文庫所蔵）の写本を底本とし、他の写本と校合して、『史料大観』（広池千九郎校正、栗田寛一検閲）が刊行された。更にそれをもとにして、昭和四十年（一九六五）に『増補史料大成』が発行されていて、私は、この増補史料大成『台記』を参考にした。

ところで、公卿たちの日記や物語などのほとんどは長い間に原本が散逸してしまい、写本が流布するようになる。写本は筆で一字ずつ書き写すので、誤写や行とばし、書き癖などで原文とは異なってしまうこともよくある。そこで、私は『台記』のあらゆる写本にあたってみることにした。「紅葉山文庫本」（現在、独立行政法人国立公文書館蔵）、「榊原本」（国立国会図書館蔵）、「桂宮本他、十一冊」（宮内庁書陵部蔵）すべての写本にあたったが、いずれも「余不軽承諾」と表記されていて、「余承諾不軽」ではない。

では、この『台記』の書き手である頼長とは、どのような人物であったのか。

摂関家に生まれた頼長は、西行と同時代に生きた政治家である。関白藤原忠実を父にもち、忠通とは異母兄弟にあたる。保延二年（一一三六）、父の忠実は成人した頼長の将来の安泰を祈念し、春日大社へ餝太刀を奉納している。彼は、十一歳で元服し正五位下、十二歳で従三位、十七歳で内大臣というように昇進は早かった。聡明で才気に溢れ、内外典を深く極めて独自の学風を築いたので、人びとから日本第一の大学生《だいがくしょう》と称せられた。父の計らいで氏長者となり、摂関家の中心となる一時期もあったが、父の頼長への鍾愛は、やがて兄・忠通との対立を招くようになる。二派の内紛は皇位継承問題と絡み合い、頼長は、崇徳院と共に起こした「保元の乱」（一一五六）で命を落とすことになる。

彼は保延二年（一一三六）十七歳から約二十年間の日記を残している。それが『台記』である。当時の公卿日記は、必ずしも正式な漢文の法則に従って書かれてはいない。しかし、頼長に関していえば、貴族の教養の域を超えるほど漢文に造詣が深かった。

『台記』を調べてみると、頼長が経品の名を記載する場合、例えば、康治元年（一一四二）五月二十五日条には、「写寿量品」、同二十九日条には、「依忌日読寿量品音一反訓一反」、康治二年三月十六日条には、「余写涌出品幷捧物」とある。また、法金剛院において待賢門院のため一品経十講が行われた久安二年（一一四六）五月十八日条には、「上賜古経寿量品二巻」というように、必ず「品《ほん》」を付して書いている。

「不軽品ヲ承諾ス」つまり、頼長が西行勧進のこの時に限って「不軽品《ふきょうほん》」についてのみ「品」をつけなかったとは考えられない。

現に、『久能寺経』「不軽品」の結縁者名は、「弁阿闍梨心覚」と書かれていて、頼長ではない。その他の『久能寺経』にも頼長の名は見出せない。

すると、残るのは㈣の読み方である。

㈣「余不軽承諾」（中略）余ハ不軽シ承諾ス

石田瑞麿著の『例文　仏教語大辞典』によれば、「不軽」とは「他人を尊敬し礼拝し、あなどらないことの意」とある。

一切経（五千二百五十九巻）の書写を二十三年間で成し遂げた藤原定信が頼長の邸を訪れた時のこと、頼長は口を漱《すす》ぎ、衣服を改め膝間付いて定信を仏として礼拝したという。

若くして出家し、世の人びとに褒め称えられた西行を迎えた頼長は、尊敬の念をもって、うやうやしく礼拝し、その申し出を承諾し、いずれかの品に結縁したのである。「常不軽菩薩」のようにどの

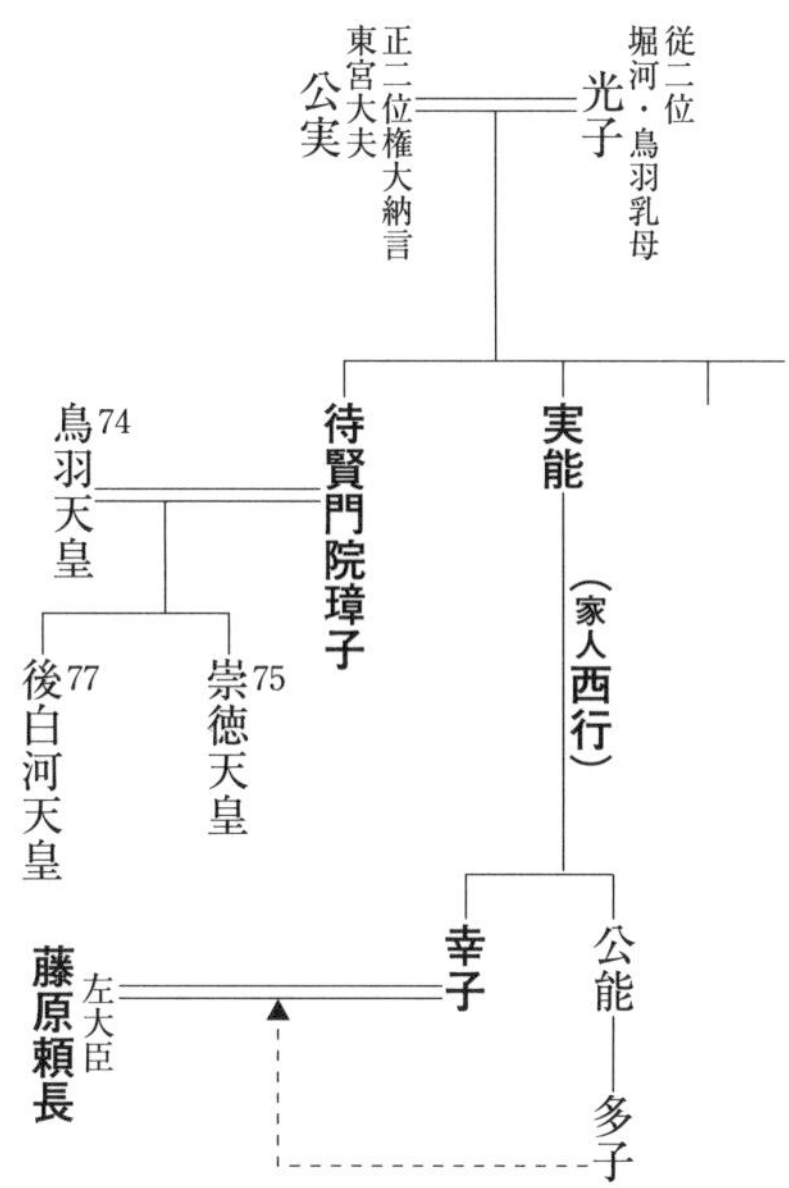

ような人に対しても常に軽んじたり、あなどることをしない、どのような人に対しても礼拝するという修行を「不軽の行」とした。この「不軽」の教えは『源氏物語』総角《あげまき》（三三）、『今昔物語集』巻第十九、『愚管抄』第三花山などの文学の世界にみられるほど、法華経を信じる当時の人びとの心に浸透していたのである。

頼長は、「不軽し承諾す」即ち、西行の申し出を礼拝して受け承諾したのである。それで次に続く一文「又余問年、答曰廿五……」、無理なく文章が続いていく。「ところで、あなたさまはおいくつになられるのですか」と……。

頼長は、長承二年（一一三三）に女院の兄・実能《さねよし》の女の幸子と婚姻し婿《むこ》として実能とも十六年間、同居している。西行が勧進のため訪れた頼長の邸は、大炊《おおい》御門《みかど》第《てい》の西の館《やかた》であった。東の館には実能・公能《きんよし》親子が住まっていた。従って、西行は実能にも一品経を推めたに違いない。おそらく頼長は、実能と共に江戸時代初期に流失した五巻のうちのいずれかに結縁したものと推測される。

今まで、史料大成『台記』の「余不㆓軽承諾㆒」にある返り点によって、解けなかった「不軽」の読みと意味、そして「不軽品」と「品」を付した間違いがわかり、ここで、はじめて自然なかたちで前後の繋がりもよく得心して「余不軽承諾」を読み下《くだ》すことができたのである。

私が何故、『台記』のこの一節にここまで執心するのか。それは、西行が待賢門院のために勧進したこの一品経こそ、駿河国久能寺に伝えられている『久能寺経』であると肯定したいからである。『久能寺経』と「西行」、そして、「待賢門院璋子」を繋《つな》ぐ重要な鍵が、この「余不軽承諾」の一節である。

二人の法華経歌

平安時代には、法華経の書写が一品経として完成すると、華々しく結縁供養が行われる。その時には、名だたる歌人が法華経に因んでの和歌を詠じるのが慣いであった。

仏教思想にもとづく「釈教歌《しゃっきょうか》」は、第三番目の勅撰集『拾遺《しゅうい》和歌集』（一〇〇六）で初めて出現し、「釈教歌」の部立《ぶだて》が確立するのは、藤原俊成《としなり》撰集の第七番目『千載和歌集』（一一八八）からである。それ以降「釈教歌」は重要な部立となり、「私撰集」や「私家集」の中にも見られるようになる。法華経は美しい言葉と豊かな内容をもつので、歌材として多彩に表現される。歌仙といわれた俊成、西行、慈円らが源となって詠み継がれていった。仏教と和歌は深い関わりがあり、信仰と共に和歌の世界も盛んになっていったといえる。

貴族や学識者の多くは歌詠みであると同時に法華信者であったから、法華経のことはもちろん知り尽くしていた。従って宮廷貴族により結縁された『久能寺経』の場合も、当然、成立時には盛大な法会が催され、当代の一流歌人の法華経歌が添えられた筈である。しかし、その記録は、どうしても見出すことができない。

ところがここに、『久能寺経』の謎を解く重要な俊成の詞書《ことばがき》がある。

康治の比ほひ、待賢門院の中納言のきみ、法華経廿八品歌結縁のため人人によますとて題を送りて侍りしかば、詠みて送りし歌　（『長秋詠藻』*下　釈教歌）

『長秋詠藻』は、詠歌されてから四十年も経った治承二年（一一七八）に仁和寺の守覚法親王《しゅかくほっしんのう》（後白河院皇子）の求めによって、当時、皇太后宮大夫であった俊成が献上した自撰歌集である。「釈教歌」を入れて編纂されている。右の詞書には、落飾（出家）された待賢門院のために中納言局が俊成に法華経の結縁歌を求めたとある。康治という年は一一四二年と四三年に当たるので、『久能寺経』成立の年と合致する。法華経歌が詠まれたということは、この頃に必ずや法華経書写も行われたと推定できる。この時、俊成は二十九歳、待賢門院をめぐる歌壇の一人となっていた。のちに幽玄新風をうちたて、六条家の藤原顕輔、清輔らに代わって、御子左家《みこひだりけ》の藤原俊成として歌界の第一人者となる歌人である。

また、これと時を同じくして詠じられたと思われる、もう一つの「法華経歌」が、西行上人『聞書《ききがき》集《しゅう》』（天理図書館所蔵）に存在する。『聞書集』には「きゝつけむにしたがひてかくべし」との注記があり、西行の歌を集めたものである。伊達家《だてけ》（仙台）に家宝として伝わっていたため世に出ず、昭和四年（一九二九）になって初めて、佐佐木信綱博士によって発見された。私は、それを天理図書館で拝見したが、掌にのるほどの小さな美しい冊子であった。「法華経二十八品」の歌を冒頭において、二百六十一首、そして連歌四句で構成されている。詞書も年次もないけれども、俊成と同じように待賢門院中納言局の求めに応えて詠じた結縁歌であろうことが、比較対照してみると明らかにわかるのである。

俊成と西行の交遊は若い時からであった。平成五年頃、冷泉家《れいぜいけ》（京都市上京区）の古文書の中に私家集の写本「のりきよ　筆」が発見され話題を呼んだ。このことから出家前の西行は、俊成がまだ顕広《あきひろ》といっていた頃の御子左家《みこひだりけ》（冷泉家）へ出入りして、和歌集の書写をしながら歌を学んでいたのではないか、と考えられる。

俊成の『長秋詠藻』と西行の『聞書集』の結縁歌は、「法華経二十八品」に開経の無量義経と結経の観普賢経を加え、更に「阿弥陀経」と「般若心経」の歌を備えている。従って、『久能寺経』も『平家納経』や『慈光寺経』と同じように三十二品揃った法華写経として結縁供養されたのではないか。二人の法華経歌の存在によっても、『久能寺経』が頼長の『台記』に記された西行勧進の結縁経であることが推定できる。『久能寺経』は、両院（鳥羽、崇徳両院）以下、貴人の方々が参加して成立している。このような宮中における結縁書写が日を置かず重ねて二度も行われたとは考えにくい。となると、やはり西行が勧進した結縁経は、『久能寺経』ということになると思われる。

ここで、くり返しになるが、落飾された待賢門院のために、まず西行が結縁法華経の勧進を発起した。それと時を同じくして、待賢門院中納言局が法華経の結縁歌を発意し歌題を俊成に送る。俊成は「法華経二十八品の歌」を詠じて応え、西行もそれに倣った。俊成の歌には、法華経と一体化させようとする巧みさがみられ、西行の歌には、仏への祈りと落飾された女院への労りが感じられる。二人の法華経歌は同じ歌題が六品あり、歌題を少し異にするものが四品ある。共通の歌題をもとに都合十品が詠じられていて、二人が共に詠ったであろうことがはっきりとみえてくる。

◇同じ歌題による六品（俊成の歌番号は『長秋詠藻』*下、西行の歌番号は『山家集』*補遺（聞書集）、後掲の四品も同じ）

授記品《じゅきほん》　第六

歌題　於未来世《おみらいせ》、咸得成仏《げんとくじょうぶつ》

俊成　いかばかりうれしかりけむさらでだに　こむ世のことはしらまほしきに（四〇八）

西行　遅ざくら見るべかりける契あれや　花のさかりは過ぎにけれども（一六四九）

授学無学人記品《じゅがくむがくにんきほん》　第九

歌題　寿命無《じゅみょうむ》有量《うりょう》、以愍衆生故《いみんしゅじょうこ》

俊成　かぎりなきいのちとなるもなべて世の　物のあはれをしれるなりけり（四一一）

西行　思ひありてつきぬいのちのあはれみを　よそのことにて過ぎにけるかな（一六五三）

勧持品《かんじほん》　第十三

歌題　我不愛身命《がふあいしんみょう》、但惜無上道《たんじゃくむじょうどう》

俊成　数ならばをしくやあらましをしからぬ　うき身ぞきけばうれしかりける（四一五）

西行　ねをはなれつながぬ舟をおもひしれば　のりえむことぞ嬉しかるべき（一六五七）

安楽行品《あんらくぎょうほん》　第十四

歌題　深入禅定《しんにゅうぜんじょう》、見十方仏《けんじっぽうぶつ》

俊成　しづかなるいほりをしめて入りぬれば　一かたならぬ光をぞみる（四一六）

西行　深き山に心の月し澄ぬれば　かがみに四方のさとりをぞ見る（一六五八）

陀羅尼品《だらにほん》　第二十六（江戸時代亡佚）

歌題　乃至夢中《ないしむちゅう》、亦復莫悩《やくぶまんのう》

俊成　うつつにはさらにもいはずぬば玉の　夢の中にもはなれやはする（四二八）

西行　夢のうちにさむるさとりのありければ　苦しみなしと説きけるものを（一六七一）

妙荘厳王本事品《みょうしょうごんおうほんじほん》　第二十七

歌題　又《う》如《にょ》一《いち》眼《がん》之《し》亀《き》、値《ね》浮《ぶ》木《もっ》孔《こう》

俊成　我やこれ浮木にあへるかめならむ　こふはふれども法はしらぬを（四二九）

西行　おなじくば嬉しからまし天の川　のりをたづねしうき木なりせば（一六七二）

◇歌題を少し異にする四品

分別功徳品《ふんべつくどくほん》　第十七（江戸時代亡佚）

歌題　若坐若経行《じゃくざにゃくぎょうこう》、徐睡常摂心《じょすいじょうせつしん》

俊成　おこたらずつねに心をさめつつ　いつかうき世のねぶりさむべき（四一九）

歌題　若坐若立《にゃくざにゃくりつ》　若経行処《にゃくきょうこうしょ》

西行　たちゐにもあゆぐ草葉のつゆばかり　心をほかにちらさずもがな（一六六一）

観世音菩薩普門品《かんぜおんぼさつふもんぼん》　第二十五

歌題　弘誓深如海《ぐぜしんにょかい》

俊成　ちかひける心のやがて海なれば　人をわたすもわづらひもなし（四二七）

歌題　弘誓深如海《ぐぜしんにょかい》　歴劫不思議《りゃっこうふしぎ》

西行　おしてるや深きちかひの大網に　ひかれむことのたのもしきかな（一六六九）

同品に　能伏災風火《のうふくさいふうか》　普明照世間《ふみょうしょうせけん》

ふかきねのそこにこもれる花ありと　いひひらかずば知らでやまましの（一六七〇）

譬喩品《ひゆほん》　第三

歌題　其中衆生《ごちゅうしゅじょう》、悉是吾子《しつぜごし》

俊成　みなしごとなに思ひけむ世中に　かかる御法のありけるものを（四〇五）

歌題　今此三界《こんしさんかい》　皆是我有《かいぜがう》　其中衆生《ごちゅうしゅじょう》　悉是吾子《しつぜごし》

西行　乳《ち》もなくていはけなき身のあはれみは　この法《のり》みてぞ思ひしらるる（一六四六）

薬草喩品《やくそうゆほん》　第五

歌題　無有彼此《むうひし》、愛憎之心《あいぞうししん》

俊成　春雨はこのもかのもの草も木も　わかずみどりに染むるなりけり（四〇七）

歌題　我観一切《がかんいっさい》　普皆平等《ふかいびょうどう》　無有彼此《むうひし》　愛憎之心《あいぞうししん》

西行　ひきひきに苗代みづを分けやらで　ゆたかに流す末をとほさむ（一六四八）

『久能寺経』の「陀羅尼品」と「分別功徳品」は江戸時代に失われているので、現在みることはできないが、「法華経二十八品」には歌が残されている。二人の法華経歌は、末尾に開経・結経をおき、次に「心経」、「阿弥陀経」という順序によって詠じられている。俊成の『長秋詠藻』には「無量義経」と「観普賢経」に歌題が添えられているが、西行の『聞書集』には見られない。『聞書集』の「化城喩品」と「普門品」には、歌題並びに歌を二首ずつ詠じている。

法華経は、御経の中で最も優れた経典であるといわれ、法華経を知ることは仏教の真髄を知ることになるという。二人共二十代の若さでありながら、仏教に深く精通していたことがわかる。与えられた歌題に対しての詠歌は作りものでなく、彼らの内から自然と湧きでたもののように思われる。法華信者として何らゆるぎのない仏の世界を詠じている。

花散る

待賢門院璋子は、保延四年（一一三八）から終焉までの八年ほどは長兄実行の三条高倉第（三条大路南・高倉小路西）を本所として、雅仁親王（後白河帝）、本仁親王（覚性法親王）と御一緒に住まわれている。女院に従って尼となった堀河局や中納言局に傅《かしず》かれ、静かな日々を過ごされていた。

女院は熊野詣でを十三回もなさるほど健やかな方であられたのに、康治二年（一一四三）に罹られた疱瘡がもとで健康の優れない日々を過ごされるようになる。久安元年（一一四五）の春頃からは病に臥される日が多くなり、鳥羽院をはじめ、崇徳上皇ゆかりの方がたが見舞われている。頼長も女院を案じて詣でていることが『台記』*（七月九日条）にみえる。八月九日条には、「待賢門院御逆修、今日結願云々」とあって、生前に女院の冥福を祈る法会が営まれ、鳥羽法皇も参られたと記されている。

その十三日後、八月二十二日に女院は崩御される。

女院は、鳥羽院や中納言局、堀河、兵衛の姉妹、安芸、新少将、加賀、小大進たちなどが見守る中、

待賢門院の花園西陵

黄泉《よみ》の国へ旅立たれた。臨終にあたって、鳥羽法皇は御自分で磬《けい》を打ち鳴らし、哭泣《こっきゅう》された。御側に仕えていた女房たちや侍臣たちもみな号泣したという。さくらの花のいのちにも似て、愛らしい莟《つぼみ》をほころばせ、光り輝く花の季を送り惜しまれながら散華されたのである。四十五年の生涯であられた。その日のうちに御入棺《ごにっかん》され、翌日には御遺言どおり「仁和寺《にわじ》三昧堂《ざんまいどう》」の下に葬られた（『台記』久安元年〈一一四五〉八月二十三日条）。そこは現在、「花園西陵」と呼ばれている。しばらくの間、崇徳上皇と雅仁親王御兄弟も闇の夜に投げ置かれたような心地がして、嘆き打ちひしがれていられたという。五十日ほど経った頃から御一緒に三条西洞院第に住まわれるようになられた。

女院が崩じられた年には、冥福を祈る法会がたびたび行われている。九月二十四日、鳥羽法皇は女院の御供養に「阿弥陀三尊」、「金泥五部大乗経」、「法華経廿部」と共に、女院の御消息の紙背に「金泥阿弥陀経」を写し奉られた（『台記』）。崇徳上皇は十月一日、御自身で「金泥弥勒経」を書写され、母后の冥福を祈られた。翌年の正月はすべての小朝拝を御物忌によりとりやめられている。八月二十二日を「国忌」と定められて、「一周忌」、「三回忌」と法会が行われ、これは、後白河法皇〈雅仁親王〉が崩御されるまで続けられた。

待賢門院によって築き上げられた勢力は磐石であり、女院崩御後も揺らぐことはないようにみえた。同母兄の実能は、保元二年〈一一五七〉には徳大寺左大臣従一位、甥の忠能は保元三年には正三位となっている。もう一人の同母兄・通季も西園寺家《さいおんじけ》の祖となり、明治時代活躍する西園寺公望《きんもち》へとその血脈は続いていく。

西行にとって女院崩御は地獄の底に落とし入れられるような譬《たと》えようもないほどの苦しみ哀しみであったに違いない。女房たちが喪に服している御所を訪ねては、亡き女院への想いを歌にして贈った。久安二年〈一一四六〉の春、女院が逝って初めての桜の季がめぐってきた。風もないのに南殿《なでん》の桜は満開を過ぎてはらはらと散り急ぐ風情をみせていた。

待賢門院、かくれさせおはしにましける御あとに、人々
またのとしの御はてまで候はれけるに、みなみおもての
花ちりけるころ、堀河の局のもとへ申しおくりける
たづぬともかぜのつてにもきかじかし花とちりにし君が行くへを
返し

ふくかぜの行くへしらするものならばはなとちるにもおくれざらまし

（『山家集*』中（雑）八五〇・八五一）

西行は花のように散って逝かれた女院を思い、「その行方をたずねても風の便りにも聞くことはできない」と詠じ、堀河局は、「吹く風が女院の行方を教えてくれるならば、花のように散った御跡を追うていきますのに」と返歌した。また、

もろともにいへをいでにしかひもなくまことのみちにたちおくれぬる

（『待賢門院堀河集*』一二三）

「御一緒に出家の道を辿ったのにまことの道に立ちおくれてしまった」と、追慕している。

夢中落花といふ事を、せか院の斎院にて人々よみけるに

春風のはなをちらすと見るゆめはさめてもむねのさわぐなりけり

（『山家集*』上（春）一五〇）

西行の散る花の行方を思う心には、無常といったようなものがみえてくる。現実と夢が一緒になり、西行の心は落ち着かなかったに違いない。女院を花とした想いは、言の葉という花片となり、花のいのちと共に舞うのである。

八月二十二日、女院の一周忌の法要は三条高倉第でしめやかに行われた。御供養は大勢の参列者のもと厳修されている。崇徳院は、

待賢門院かくれさせたまひてのち、御いみはててかたがたにかへらせたまひける日、よませ給うける

かぎりありて人はかたがたわかるとも涙をだにもとどめてしがな

と詠じられ、兵衛局は、次のように返歌された。

ちりぢりにわかるるけふのかなしさに涙しもこそとまらざりけれ

（『千載和歌集』*巻九　哀傷歌　五七八・五七九）

一連の法要がとり行われた後の法金剛院は、女房や縁のあった人びとが別れを告げて去り、すべてが淋しく変わっていった。

西行は「一周忌」の法要が過ぎるのを待って、みやこを離れ東下り（陸奥）の旅に出た。若い西行にとって、出家したからにはぜひ赴きたいのが奥州平泉であった。そこに栄えている藤原氏一族は遠い縁籍関係にあった。かねてから人びとの噂になっていた黄金に彩られた極楽浄土、中尊寺金色堂（一一〇五年創建）に詣で、修行したいという思いがあった。遠国への旅の動機として『椒庭秘抄―待賢門院璋子の生涯』で角田博士は、「待賢門院の凋落と崩御だけを直截に認むべきであって、その悲痛が陸奥の旅に彼を駆り立てた要因」とされている。

西行は、待賢門院の崩御という現実の無常に堪えがたい淋しさや悲しみに襲われる中で、修行者として己れの在り方を不動のものに定めたいと考えたに違いない。大きな旅によって今までの自分を捨て去り、鍛えようとしたのだろうか。西行は苦しい日を重ねながら駿河国、天台の名刹久能の山寺まで旅をしてきた。しずまり返った山上の塔堂の片隅で、ふと仰ぎみる空には晄々と輝く月があった。

月は忘れることのできない人の面影を宿し澄み切っていた。

するがのくに久能の山でらにて月をみてよみける

なみだのみかきくらさるるたびなれやさやかにみよと月はすめども　（『山家集』[*]下（雑）一一七三）

「なみだのみかきくらさるる」と、彼は尋常でない悲しみを訴えている。「かきくらす」というのは、かなしみに泣きしずむとか、かなしみにくれるという意味で、たんなる悲しみを詠じているのではない。張り裂けんばかりの胸の痛みを覚え涙にかきくれたのである。私はこの歌は、「真如の月」を詠じたのだと思う。女院は法名を「真如法」と号される。明月が闇を照らすように一切の迷いを捨てて、すべてをあるがままに明《あき》らけく思うことであり、みることであった。

西行にとって「憧憬の女性」、「久遠の女性」であった待賢門院への切なる祈りの言の葉は、何故、この地で詠じられたのであろうか。特別な意味合いがあってのことであろうか。彼には、「久能のやまでら」と、駿河の寺の地名を詞書に残したいという思いがあったのではないか。山寺ときけば、茅葺の庵のような寺を想像するであろうが、平安時代は山上に小規模な伽藍をもつ寺院を山寺といい、大伽藍を形成する寺院のことを山岳寺院と称した。確証できるものはないが、久能寺に施入された『久能寺経』のことを考えると、あるいは陸奥への旅とは別に、駿河のあたりまで旅をしたのではないか。それは待賢門院御出家の年であったのかもしれない。西行は確かに駿河の久能の地を踏みしめている。

他にも西行が駿河の地で詠った三首の歌がある。

きよみがた月すむ空のうきぐもは富士のたかねのけぶりなりけり
きよみがたおきのいはこすしら浪にひかりをかはす秋のよの月
おなじ月の来寄する浪にゆられきてみほがさきにもやどるなりけり

（『山家集』上（秋）三五一・三五六・三五八）

清見潟も三保崎も有度山から見渡せるところで、久能寺からほど近い所にある。また、この辺りには「西行筆捨ての池」（清水区宮加三《みやかみ》）や「西行岩」（清水区興津）などの伝説が残っている。

鳥羽法皇崩御の直後、保元元年（一一五六）七月に「保元《ほうげん》の乱」が起こる。待賢門院が崩御されてから十一年後のことで、仲睦まじかった実の兄弟・崇徳上皇と後白河天皇が相争うという思いもかけない乱であった。桓武天皇の御代に、争いがなくやすらかであれという願いのもとにつくられた平安京に、初めて流血の惨をみたのである。関白藤原忠通らによって仕組まれたという「保元の乱」の結末は、後白河天皇方である兄忠通や平清盛、源義朝らが勝利し、崇徳上皇方の弟頼長や源為義らが命を落とした。白河御所は焼け落ち、崇徳上皇は讃岐へ配流されて終わりを告げた。

三十九歳の西行は、女院の御子である崇徳帝に対しては特別な親愛の情をもっていた。この事件の打撃は尋常なものではなかった。仁安三年（一一六八）に西行は四国行脚に出て、讃岐国白峰の崇徳院御陵の御前で、心をこめて鎮魂の歌を捧げ、弘法大師ゆかりの地を巡礼している。

その後の法金剛院には、待賢門院第二皇女である統子《むねこ》内親王（上西門院）が住まわれるようになっていた。大治元年（一一二六）七月に誕生された統子内親王は、『長秋記』*（長承二年九月九日条）に「端正にして美麗なること眼の及ぶ所にあらず」と記されたほどの美しい方であった。彼女に上西門院という院号が宣下されたのは、待賢門院の没後十数年後のことである。年ごとに待賢門院に面影が似てこられ、西行はその御姿に、はっと驚くような思いをしたことであろう。

法金剛院は女院を偲ぶよすがであり、西行は時々訪れては、上西門院女房となった兵衛局たちと歌合や和歌の贈答をした。その様子は、『山家集』の数々の歌が物語っている。

十月なかの頃、宝金剛院のもみぢみけるに、上西門院おはします由きゝて、待賢門院の御時思ひいでられて、兵衛殿の局にさしおかせける

もみぢみてきみがたもとやしぐるらむむかしのあきの色をしたひて

かへし

色ふかきこずゑをみてもしぐれつつふりにしことをかけぬ日ぞなき

寄紅葉懐旧と云ふ事を宝金剛院にてよみける

いにしへをこふるなみだの色ににてたもとにちるはもみぢなりけり

（『山家集』*中（雑）八六九・八七〇・八六七）

遠い思い出となってしまった秋の日、紅葉した樹々の枝をぬらす雨は、女院を慕うて流す涙のいろに似て、色濃く紅葉する樹々に昔のことを思って泣いているのです。待賢門院崩御後すでに十数年の時が経ち、この時、西行も四十二歳になっていた。しかし、女院を慕う気持ちはいついつまでも彼の心から消えず、それどころかすべてが昨日のことのように思われたのである。

西行は『詞花和歌集』では、「よみ人知らず」として扱われたが、『後葉和歌集』や『続詞花和歌集』に撰集される頃には「西行法師」と書かれ、『月詣和歌集』、『玄玉和歌集』では「円位法師」、『未木和歌抄』では「西行上人」と記されている。俊成の『長秋詠藻』に、西行の死を耳にして記した詞書に「円位ひじり」「彼上人」という語が見出され、晩年にはそのように呼ばれていたことがわかる。藤原定家（俊成の男《むすこ》）にも支持され、後鳥羽院からも「生得《しょうとく》の歌人とおぼゆ」、生まれながらの歌詠みと評された。

なき人もあるをおもふもよの中はねぶりのうちの夢とこそみれ　（『山家集』中（雑）八二八）*

老いてゆく中で、生きることはねむりの中の夢、この世は夢のようなものにすぎないと詠じている。『平家物語』巻第三「足摺」の一節にも「夢かと思ひなさんとすれば、現《うつつ》なり、現かと思へば、また夢の如し」とある。顧みれば、人生はすべてが一片の夢であろうか。無常の大河に漂いつつ、その儚きものは、人それぞれの思念に流され、やがて消えてゆく。

西行は文治二年（一一八六）みちのくへの再度の旅に出た。目的は東大寺再建の大勧進（東大寺重源上人の依頼）であったというが、平泉の秀衡《ひでひら》と鎌倉の頼朝への勧進、それに義経のことなどが絡み、複雑な心境であったに違いない。西行の歌の中で秀歌とされる一首がある。

年たけてまた越ゆべしと思ひきやいのちなりけり小夜の中山　（『山家集』西行和歌拾遺　二二三〇）

交通の難所、小夜の中山（静岡県掛川市日坂と金谷の間）を女院崩御の後に無我夢中で越えた若き日が蘇《よみがえ》り、再び越えることが出来たわが身を「いのちなりけり」と詠いきったのである。

また、西行が「これぞわが第一の自讃歌」（慈円家集『*拾玉集』）とする歌がある。

東の方へ修行し侍りけるに富士の山を見て

風になびく富士のけぶりの空に消えて行方も知らぬわが思ひかな

（『山家集』西行和歌拾遺　二二三八）

六十九年という己れの生涯を西行は述懐している。駿河の久能寺の辺りであろうか、彼方に煙たなびく富士を見て、すべては行きつく所へいく、すべては成るようになるという達観した、悟りにも似た思いをしみじみと詠っている。

西行が河内の弘川寺の空寂上人（後鳥羽院護持僧）のもとを訪れ住まうようになったのは、入寂する前年の秋の頃であった。西行が最後に詠歌したと思われる歌二首がある。それは、平成七年になって、新潟県の星名四郎氏所蔵の手鑑《てかがみ》『毛《も》し本《ほ》久《ぐ》さ』（注・日本三大手鑑『藻塩草《もしおぐさ》』〈京都博物館蔵〉とは、別本）から発見され、『*西行全集』（久保田淳編・貴重本刊行会・三刷）に伝世尊寺経朝筆慈円家集断簡として収録されている。

円位上人十月許広川の山寺へまかりて、かれよりつかはしたりける

ふもとまでからくれなゐにみゆるかなさかりしくる丶かづらきのみね

たづねきつるやどはこのはにうづもれてけぶりをたつるひろかはのさと　西行

西行が最後に辿りついた澄み切った心境が伝わってくる。

みちのくへの長旅は、西行にとって余程大変だったとみえ、寺にこもり臥す日が多くなっていた。

ねがはくは花のしたにて春しなむそのきさらぎのもちづきのころ

（『山家集』上（春）八八）

私は、この歌をただ単に、己が死を釈迦涅槃の日にと願い、そのとおりになったというようには解釈したくない。わが肉体は、「慕い続けた花」の咲く春如月《きさらぎ》に亡びるであろう。花のもとにわがいのちを捧げようという永遠の誓いにも似た女院への想いを、この歌の中にみるのである。一筋の想いはここに至って仏法にも叶い、悟りの境地となって自らの末期を霊智として受けとめたのではないか。昔から高僧は己が死を悟ると、食や水を断ち静かに末期を迎えたという。

建久元年（一一九〇）二月十六日、西行入寂。

歌に願ったとおりに大往生した事を、人びとは讃え、感嘆した。俊成の驚きは、また格別であった。
*『長秋詠藻』下の中で西行の死について、「弘川寺で病臥していたが、病状も一時回復し年末に上洛

したいと言っていたのに、入滅してしまった」と記している。西行は、仏が神となってこの世に現れるとする「本地垂迹説《ほんちすいじゃくせつ》」（神仏同体説）にもとづき、仏道修行の最後のものとして、伊勢神宮へ歌を奉納するために「御裳濯河歌合《みもすそがわうたあわせ》」、「宮河歌合《みやかわうたあわせ》」の詠歌判定をそれぞれ俊成と定家に乞うていたのである。

ねがひおきし花のしたにてをはりけりはちすの上もたがはざるらん　俊成

（『長秋詠藻』下　六五二）

定家も驚き、従兄弟《いとこ》の徳大寺公衡《きみひら》と歌を交わし合った。

もち月の頃はたがはぬ空なれどきえけむ雲の行へかなしな　定家

返し

紫の色ときくにぞなぐさむるきえけむ雲はかなしけれども　公衡

（『拾遺愚草』*雑　二八〇九・二八一〇）

西行と親交の深かった慈円は、彼の歌に思いを寄せながら詠じている。

君しるやそのきさらぎといひおきてことばにほへる人の後の世

風になびくふじのけぶりにたぐひにし人の行へは空にしられて

ちはやぶる神にたむくるもしほ草かきあつめつつみるぞかなしき

（『拾玉集』*第五　五一五八・五一五九・五一六〇）

弘川寺・西行墳墓

西行は仏をつくる思いで、月に花に、そして、恋に数多の歌を捧げた。それは、「一切の美しきものは神の恩寵」とする真言の教理に繋がるものであったと思われる。人の想い、人の念というものは、時が流れ移ろうとも変わらない。西行が人びとの心に生き続ける限り、西行の想念も決して消え去ることはないであろう。

私は、西行を「並はずれた人」「とてつもない人」であると思う。命のある限り、すべてを詠い尽くし、女院という花と自身の内なる花をもって往生を遂げた……と。

のちの人びとは西行をしのび、出家のことをはじめとして、その生涯をまことしやかに語り継ぎ、時代を越えて心酔した人が多かった。そして時代を追うごとに、彼の影像は理想化されていった。

西行の墳墓は、大阪府富田林の近郊、弘川寺の裏山にある。いつのころにか、埋もれてしまっていたが、享保十七年（一七三二）になって、似雲（一六七三〜一七五三）により発見された。

尋ねえて袖になみだのかかるかな弘川寺にのこる古塚　似雲

西行に私淑し、「今西行」といわれていた似雲は、感動のあまり地に身を投げ打ち、涙にむせかえった（『西行管見』*（円位上人古墳記）。彼は西行塚周辺に桜樹一千本を植え、草庵を結び西行堂を建てたという。

平成十七年秋、私は西行終焉の地弘川寺へ詣でる縁《えにし》をいただいた。寺を囲む葛城の峰はすでに紅葉し始めていて、その日は小雨に煙っていた。「西行記念館」には、西行に関わるおびただしい古今の典籍類が西行文庫として収蔵されている。西行へ想いを寄せた人が、いかに多かったことかと感慨深い。

山門の石段を上がると、掃き浄められた庭に本堂が端然と構えている。脇の山道を辿ると、似雲が建立したという檜皮葺《ひわだぶ》きの西行堂がみえてくる。更に登ると広い平地に出る。そこには、桜などの雑木に覆われた西行墳墓の前に、自然石の小さな墓石が佇むように置かれていた。「西行上人之墓」と刻《きざ》まれた文字もいまや定かではない。私は、そっと歩みより祈った。突然、すき透るようなイカルの啼き声が秋山に響いた。昨年春遅く詣でた待賢門院御陵でも、「キーコーキー」と啼くイカルの囀りを耳にしている。思いもよらない偶然の重なりに、私は女院と西行とを結ぶ縁《えにし》を思わずにはいられなかった。

第六章　『久能寺経』の考察

久能寺経結縁者系図

G…奥書名

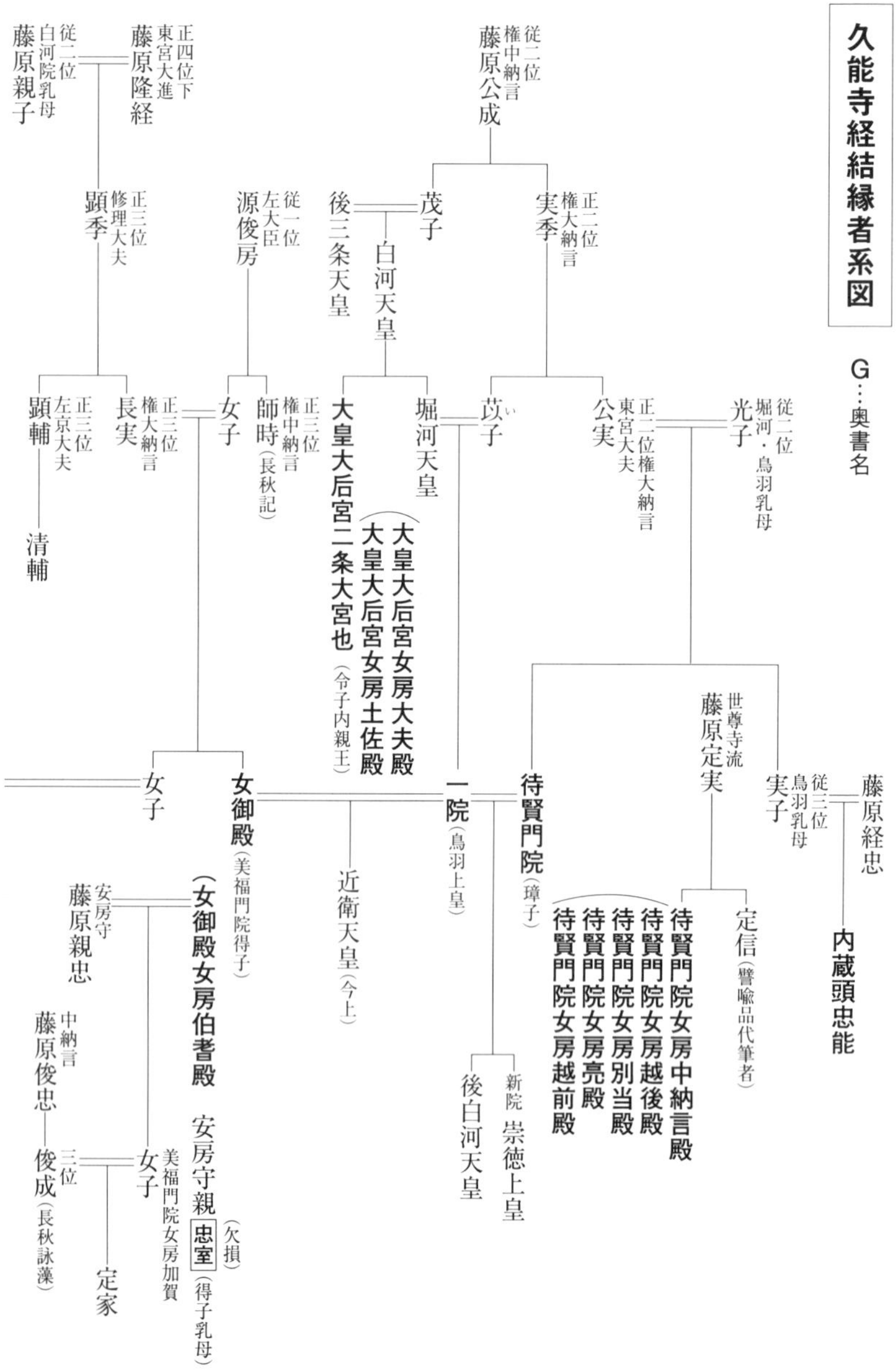

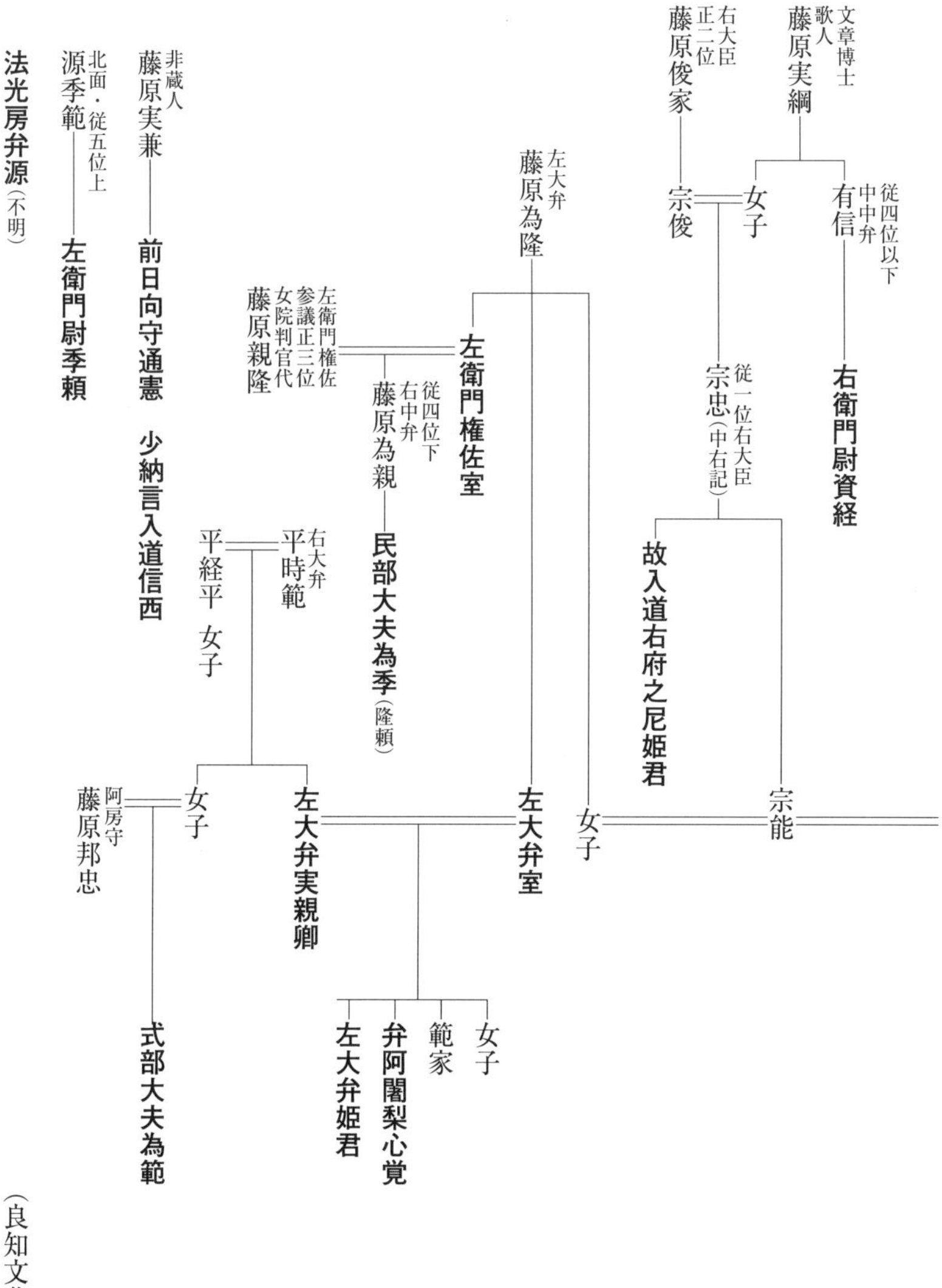
文章博士 歌人 藤原実綱
右大臣 正二位 藤原俊家
有信 従四位以下 中中弁
女子
宗俊
右衛門尉資経
宗忠（中右記） 従一位右大臣
故入道右府之尼姫君
宗能
左大弁 藤原為隆
左衛門権佐室
左大弁室
女子
左衛門権佐 参議正三位 女院判官代 藤原親隆
藤原為親 従四位下 右中弁
民部大夫為季（隆頼）
平時範 右大弁
平経平　女子
女子
阿房守 藤原邦忠
左大弁実親卿
女子
範家
弁阿闍梨心覚
左大弁姫君
式部大夫為範
非蔵人 藤原実兼
前日向守通憲
少納言入道信西
北面・従五位上 源季範
左衛門尉季頼
法光房弁源（不明）

（良知文苑編）

縁を結んだ人びと

『久能寺経』は、共に仏と縁《えにし》を結ぼうとした三十人が、一品《いっぽん》ずつ法華経を書写したものである。写経料紙には思い思いの装飾を施してあり、経巻の巻末には結縁者名《けちえんしゃめい》や官名が記されている。待賢門院を中心として、鳥羽院や女御、白河法皇の皇女、また、彼らに仕えた女房や廷臣等ゆかりの貴人たちの名がみえる。

紙本墨書　装飾法華経　『久能寺経』二十八品、開経、結経の内容と結縁者名

（法華経の内容解説——立正大学教授・庵谷行亨《おおたにぎょうこう》）

◇**無量義経《むりょうぎきょう》**（法華経を開く経）　東京国立博物館蔵

内　容　仏の功徳と無量義の法門（すべてのものは一から出て一に帰結する）が説き明かされる。

結縁者　左大弁実親《さねちか》卿（一〇八七～一一四八）。父は右大弁平時範《ときのり》、母は平経平《つねひら》女。待賢門院の重臣、天治元年（一一二四）待賢門院判官代《ほうがんだい》。男範家《のりいえ》と親子二代にわたり待賢門院御所に勤める。三十四歳で昇殿を許され四十七歳頃には公卿《くぎょう》に列す。保延二年（一一三六）から保延七年まで左大弁、その後、大宰大弐、勘長官、従三位。

◇序品《じょほん》第一（御経の始まり）　五島美術館蔵

内　容　釈尊が法華経を説かれるにあたり、釈尊の様子やそこに集まっている聴衆などについて説き示す。

結縁者　記名無し。

◇方便品《ほうべんぼん》第二（真実の教えを説く）　鉄舟寺蔵

内　容　すべてのものは平等に存在し、存在そのものに真実なるすがたを表しているという釈尊の悟り（一乗の教え）と、一切の人びとをそこへ導こうとされる釈尊の願いが説かれる。

結縁者　左衛門尉　季頼《ときより》（一一一一～五一）。父は源季範《すえのり》。永治元年（一一四一）左衛門尉に昇任。常に鳥羽院の雑事に携わった随一の寵臣、左大臣頼長さえ一目置くほどの権威をもっていた。鳥羽院と共に結縁する。

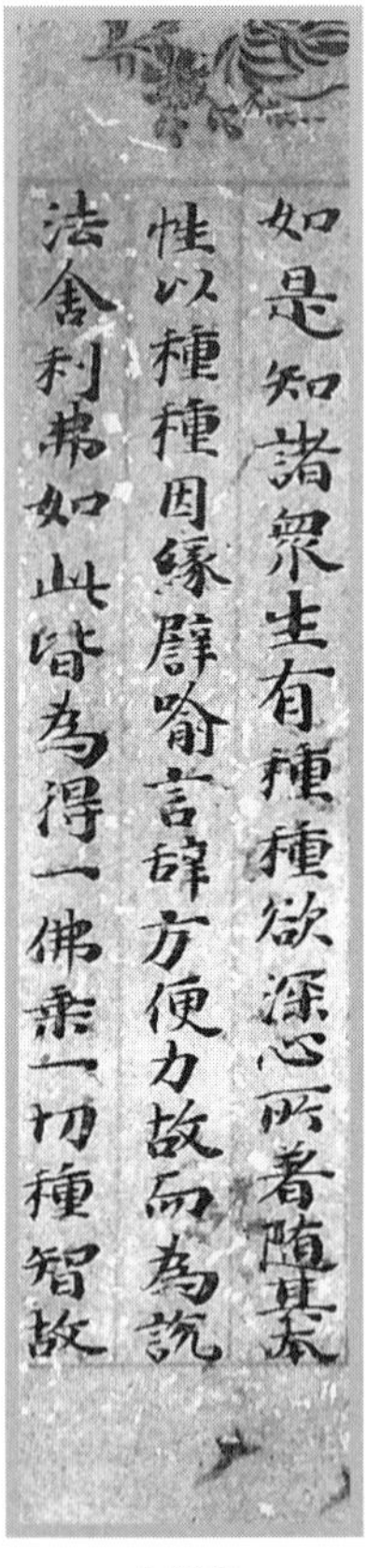
如是知諸衆生有種種欲深心所著隨其
性以種種因縁譬喩言辞方便力故而為説
法舎利弗如此皆為得一佛乗一切種智故

方便品

◇譬喩品《ひゆほん》第三（一切衆生を救うための譬喩）　鉄舟寺蔵

内　容　この世の中はあたかも燃え盛る家のように、あらゆる苦しみに満ちている。存在の本質（一乗の教え）を体得すれば、その苦しみから逃れることができる。
結縁者　待賢門院。藤原璋子（一一〇一〜四五）。父・藤原公実、母・藤原光子。鳥羽中宮。崇徳院、後白河院御母。康治元年（一一四二）二月二十六日落飾、真如法《しんにょほう》と号される。久安元年（一一四五）八月二十二日崩御。
代筆者は、当代随一の能書、藤原定信（世尊寺流第五代）で、姉の中納言局が代筆を依頼したものと思われる。

◇信解品《しんげほん》第四（菩薩の道への教え）　鉄舟寺蔵
内　容　父なる長者とその子供である窮子の譬えを通して、すべての人びとは仏になることができると説く。
結縁者　民部大夫　為季《ためすえ》（生没年不詳）。父は、右中弁藤原為親。祖父は、左衛門権佐親隆。祖母は、左大弁藤原為隆女で、左衛門権佐室として、「宝塔品」に共に結縁している。待賢門院近習として仕え女院の推挙により民部大夫に任用される。のち、隆頼と改名している。

◇薬草喩品《やくそうゆほん》第五（修学のための教え）　武藤家蔵

内　容　降る雨は万物を平等に潤す。仏の慈悲もこれと同じで、すべての人びとに平等に降り注ぎ普く救い取る。

結縁者　右衛門尉 資経《のりつね》（生没年不詳）。父は藤原有信。長承元年（一一三二）に鳥羽院、待賢門院の熊野御幸に供する。鳥羽院に従って結縁したものと思われる。

◇**授記品第六**《じゅきほん》（仏性を開かせる教え、仏になること）　鉄舟寺蔵

内　容　釈尊は、一乗の教えを信解（信仰に立脚した理解）した四人の仏弟子たちに、未来の世における成仏を保証される。

結縁者　待賢門院女房越後殿。出自不詳。

◇**化城喩品第七**《けじょうゆほん》（精進を持続させる譬え）　鉄舟寺蔵

内　容　釈尊は、一切の人々との遠い過去からの深い結び付きを明かし、幻の城の譬えを通して、真実の世界（法華経の一乗の教え）に至ることの大切さを説き示す。

結縁者　待賢門院女房別当《べとう》殿。父は藤原通基《みちもと》、母は上西門院女房乳母一条。父は、大治五年（一一三〇）別当、法金剛院の三重塔や八角経蔵の造営に尽力し、待賢門院との関わりは深い。

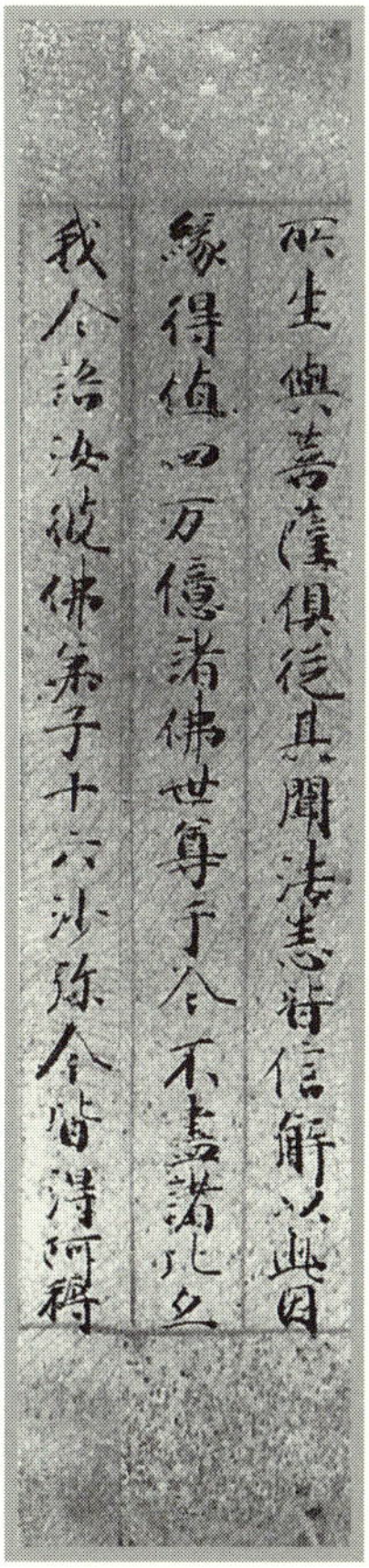
所生與菩薩俱從其聞法悉皆信解以此因
縁得値四万億諸佛世尊于今不盡諸比丘
我今語汝彼佛弟子十六沙弥今皆得阿耨

化城喩品

◇五百弟子《ごひゃくでし》受記品《じゅきほん》第八（生得の仏性を開く）

（江戸時代初期亡失のため結縁者は不明）

◇授学無学人記品《じゅがくむがくにんきほん》第九（仏道を学ぶには）　鉄舟寺蔵

内　容　釈尊は阿難《あなん》と羅睺羅《らごら》をはじめ二千人の仏弟子たちに、未来の世における成仏を保証される。

結縁者　内蔵頭《くらんどがしら》忠能《ただよし》（一〇九四～一一五八）。

父は中納言藤原経忠《つねただ》、母は公実女従三位藤原実子《じっこ》、鳥羽院乳母。待賢門院の甥、大治四年（一一二九）駿河守兼右馬頭《うめがしら》、長承二年（一一三三）駿河守、左京大夫、兵部少輔、従三位、元内蔵頭、修理大夫、皇后宮大夫、正三位。

◇**法師品《ほっしほん》第十**（法華経を説く）　東京国立博物館蔵

内　容　法華経を修行する者の五種類の心構えと、十種類にわたる法華経供養の功徳をあげ、釈尊の入滅後に法を弘めようとする者を督励する。

結縁者　大皇大后宮女房大夫殿。二条大宮・令子《よしこ》内親王（鳥羽院准母）に仕え、のち出家。

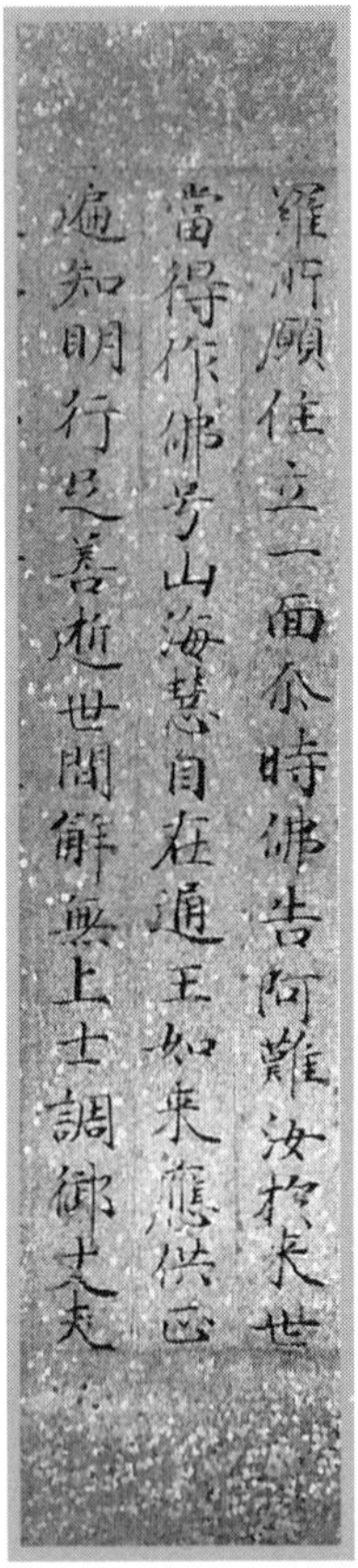
羅所願住立一面尒時佛告阿難汝於来世
當得作佛号山海慧自在通王如来應供正
遍知明行足善逝世間解無上士調御丈夫

人記品

◇**見宝塔品《けんほうとうほん》第十一**（宝塔が出現）　鉄舟寺蔵

内　容　大地から宝塔が湧き上がり、その中から「釈尊の説法は真実である」との多宝如来の声が聞こえてくる。釈尊は空中の多宝塔に入られ、人びとに法華経を弘めることを勧められる。

結縁者　左衛門権佐室《さえもんごんのすけしつ》。左大弁藤原為隆女、左衛門権佐藤原親隆妻、平実親室の姉妹。夫の親隆（一〇九九〜一一六五）は待賢門院の従兄で、待賢門院判官代、左衛門権佐として法金剛院南堂造営に尽くす。

◇**提婆達多品第十二**《だいばだったほん》（すべてのものが仏になれる）　鉄舟寺蔵

内　容　釈尊に敵対した悪人提婆達多の成仏と、八歳の竜女の成仏を説いて、どのような人びとも普《あまね》く仏に成れることを明かす。

結縁者　女御殿。

美福門院得子《なりこ》、父は藤原長実、母は源俊房女。鳥羽院に入内し近衛帝の母后のち皇后となる。

◇**勧持品第十三**《かんじほん》（不惜身命の決意）　鉄舟寺蔵

内　容　見宝塔品の法華経弘通の勧奨を承けて、多くの菩薩たちが、いかなる苦難にも耐えて法を弘めることを釈尊に誓う。

結縁者　待賢門院女房亮《すけ》殿。

出自不詳。

◇**安楽行品第十四**《あんらくぎょうほん》（自らを律する四つの教え）　東京国立博物館蔵

内　容　修行を開始して間もない菩薩のために身の処し方、説法の仕方、心のもち方など安穏な布教の心得などについて説き明かす。

結縁者　待賢門院女房中納言殿。

父は藤原定実（世尊寺流四代目）、待賢門院の代筆者・定信の姉。待賢門院に一番親侍した女房。

◇**従地湧出品《じゅうじゆじゅっぽん》第十五**（大地より湧出せる菩薩）　武藤家蔵

内　容　大地の下から大勢の菩薩が湧き出でる。釈尊は、この菩薩は久遠の過去世に教化した弟子であることを明かされる。

結縁者　女御殿女房伯耆《ほうき》殿　安房守親忠室（欠損）。

安房守藤原親忠（一〇九五～一一五三）室、美福門院得子乳母。夫の親忠は、康治二年（一一四三）安房守、久安二年（一一四六）摂津守、美福門院乳父として「天下無双幸人」と評される。

◇**如来寿量品《にょらいじゅりょうほん》第十六**（永遠の仏の生命）　個人蔵

内　容　釈尊は、自身は久遠の過去からすでに仏であることを明かし、過去・現在・未来にわたって人びとを教え導く永遠の仏であることを説き示す。

結縁者　一院。

鳥羽院（一一〇三～五六）。父は堀河院、母は藤原苡子《い》。永治元年（一一四一）御出家、法名は空覚《くうかく》。

◇**分別功徳品《ふんべつくどくほん》第十七**（信仰による無限の宝蔵）

（江戸時代前期亡失につき結縁者は不明）

◇随喜功徳品《ずいきくどくほん》第十八（教えに従う喜び）　武藤家蔵

内　容　釈尊は、法華経を聞いて喜びの心を起こし、更にその教えを他の者に伝え、次から次へと伝えて五十人に及んだ場合、その第五十人目の人の起こす喜びの功徳もまた甚大であることを説き、随喜の功徳が絶大であることを明かす。

結縁者　故入道右府尼姫君。父は藤原宗忠（『中右記』の著者）。永治元年（一一四一）父の死に際し落飾、出家。

◇法師功徳品《ほっしくどくほん》第十九（教えを説き広める功徳）　五島美術館蔵

内　容　五種類の法華経の修行を成就した者の功徳を説く。眼・耳・鼻・舌・身・意（心）の六つの感覚器官が清浄となり、あらゆるものを見通し、あらゆる音声を聞き、あらゆる教えを理解することができることを明かす。

結縁者　記名無し。

◇常不軽菩薩品《じょうふきょうぼさつぽん》第二十（われ深く汝らを敬う）　鉄舟寺蔵

内　容　誹謗中傷されても、ただひたすら人びとを礼拝し敬いぬいた常不軽菩薩の事績をあげて、法華経の行者を謗《そし》ることの罪と法華経を受け持つことの功徳を説き示す。

結縁者　弁阿闍梨心覚（一一一七～一一八〇）。父は平実親、母は藤原為隆女。西行と共に高野山にいた高徳の一人で、父母、妹、親族らと共に結縁経に参加。

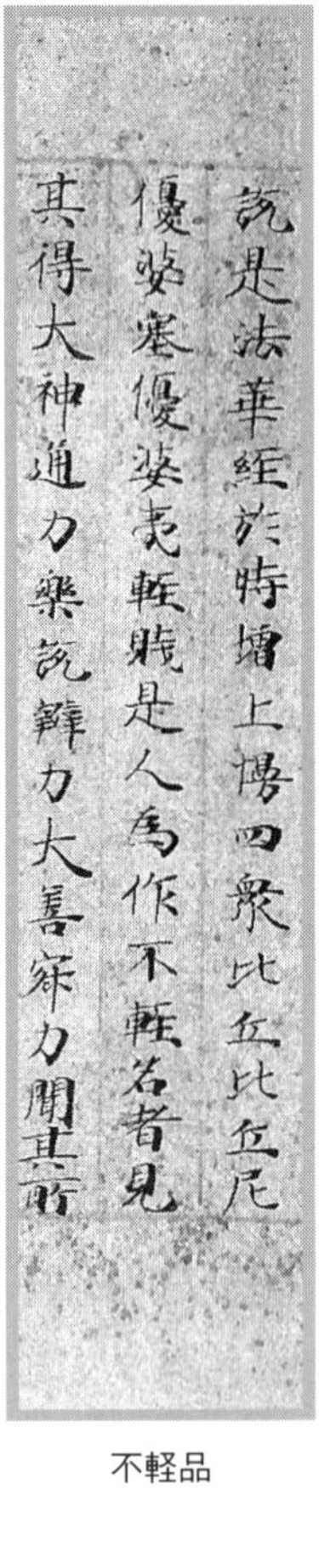
說是法華經於時增上慢四衆比丘比丘尼
優婆塞優婆夷輕賤是人爲作不輕名者見
其得大神通力樂說辯力大善寂力聞其所

不軽品

◇**如来神力品《にょらいじんりきほん》第二十一**（光は真理の譬え）　鉄舟寺蔵

内　容　大地から湧き出た菩薩は釈尊滅後の弘経《こうきょう》を誓う。これを受けて釈尊は十種類の神通力を現し、大法をこの菩薩に付属される。

結縁者　左大弁姫君。

父は左大弁平実親、母は藤原為隆女。平実親家の一員として共に結縁経に参加。

◇**嘱累品《ぞくるいほん》第二十二**（得難き教え）　鉄舟寺蔵

内　容　釈尊は、多くの菩薩方の頭を摩《な》で、法華経の布教を委嘱される。付属の儀式が終わると、多宝塔の扉が閉じられ、諸仏はおのおの本土に帰られた。

結縁者　式部大夫為範（生没年不詳）。

父は阿房守藤原邦忠、母は右中弁平時範女。平実親の甥。待賢門院御所の警固にあたり待賢門院の寵愛を蒙る。

（奥書名は貼紙に書かれ、他の経巻の奥書の筆とは異なる）

◇**薬王菩薩本事品第二十三**《やくおうぼさつほんじほん》（教えを実行すること）　鉄舟寺蔵

内　容　過去の世において、薬王菩薩が身を焼いて仏を供養したことなどが紹介され、法華経の優秀性や法華経修行の功徳が説き示される。

結縁者　左大弁室。

平実親室、藤原為隆の女。範家母。左衛門権佐室の姉。しかし、左大弁室とされる人は保安元年（一一二〇）に亡くなっているので左代弁室の遺族による代筆か。

◇**妙音菩薩品第二十四**《みょうおんぼさつぼん》（姿をかえて衆生を救う）　鉄舟寺蔵

内　容　娑婆世界の釈尊のもとにやってきた妙音菩薩の、過去の世における法華経修行のすがたを説く。妙音菩薩は三十四種に身を変現させて人びとを救う。

結縁者　待賢門院女房越前殿。

出自不詳。

◇**観世音菩薩普門品第二十五**《かんぜおんぼさつふもんぼん》（観音経の功徳）　鉄舟寺蔵

内　容　補陀落浄土から娑婆世界の釈尊のもとにやってきた観世音菩薩が、三十三種に身を変現させて人びとを救うことが説かれる。人びとは、観世音菩薩の名号を称えることによって、あらゆる苦難から救われる。

結縁者　法光房弁源。

出自不詳。『中右記』、『本朝世紀』の「法会番論議出講」に記名がある人物。

◇陀羅尼品《だらにほん》第二十六（神呪を唱える功徳）

（江戸時代初期亡失のため結縁者は不明）

◇妙荘厳王本事品《みょうしょうごんのうほんじほん》第二十七（子が父を導く）　鉄舟寺蔵

内　容　仏教を信仰している母親とその二人の子供が、法華経の功徳によって、父親を法華経に導き入れた。それによって、親子ともども成仏の保証を得た。

結縁者　大皇大后宮女房土佐殿。

父は土佐守藤原盛実。二条大宮（令子内親王）に仕える。藤原頼長の伯母。

◇普賢菩薩勧発品《ふげんぼさつかんぼっぽん》第二十八（一切衆生を救う）　武藤家蔵

内　容　東方の国からやってきた普賢菩薩は、法華経を受持する者を守護することの誓いを述べ、陀羅尼を唱える。仏は法華経受持の功徳と誹謗《ひぼう》の罪報をあげ、法華経を信仰することの大切さを説き示す。

結縁者　大皇大后宮二条大宮也。

父は白河法皇、母は藤原賢子。白河法皇第三皇女・令子《よしこ》内親王、待賢門院と親しい間柄。

白河法皇崩御後、出家。

◇**観《かん》普《ふ》賢《げん》菩《ぼ》薩《さつ》行《ぎょう》法《ほう》経《きょう》**（法華経を結ぶ経）　鉄舟寺蔵

内　容　普賢菩薩の姿を観じ懺悔滅罪することの功徳を説く。

結縁者　前日向守《さきのひゅうがのかみ》通憲《みちのり》　少納言入道信西《しんぜい》。
父は藤原実兼《さねかね》、母は源有家女。藤原通憲は学殖抜群、待賢門院判官代、従五位下、鳥羽院判官代、日向守、鳥羽院に近侍し正五位下、法名は円空、のち信西と改む。天養元年（一一四四）少納言。

『久能寺経』に結縁している人びとを調べてみると、『久能寺経』が待賢門院のために書写されたものであることがわかる。

御経は自筆で書かれたと思われるものが多く、それぞれが個性のある写経スタイルをもっているところから、西行が勧進する時に「只可用自筆」（『台記』）といったことに従っていると考えられる。当時の公卿の日記や記録をみると、法会や写経が日常的に行われている。待賢門院が御出家された前後の法会に注目すると、永治元年（一一四一）三月十日、鳥羽院御出家にあたり結縁供養が行われている。

「『久能寺経』は、鳥羽院御出家の折、成立」とする説があるが、「寿量品」の奥書には、「一院」と記されている。院政時代に院が二人おられるときには、前の院のことを「一院《いちのいん》」と呼び、新しく院となられた方を「新院《しんいん》」と呼ぶ。鳥羽院が一院、崇徳帝が新院となられたのは、鳥羽院御出家から九カ月後の同年十二月七日のことである。よって、『久能寺経』は鳥羽院御出家供養の時ではなく、それより後に成立した結縁経と考えられる。しかも、結縁者のほとんどが待賢門院ゆかりの方々によって占められていることから、待賢門院落飾時における逆修供養のための一品経であったと思われるのである。前にも述べたとおり、待賢門院が出家された時（一一四二）の結縁供養の記録はどこにも見出せない。『久能寺経』のように立派に荘厳された法華経であれば、必ずや供養の法会が行われる筈である。

待賢門院が崩御された翌年（一一四六）五月二十六日に、法金剛院で女院追善の一品経十講が行われた（『台記』）が、『久能寺経』には御自身が譬喩品に結縁されていることから、この一品経供養は『久能寺経』とは別のものである。

もう一度、考えてみたい。西行の勧進で、鳥羽院や崇徳院をはじめ貴族たちが、それぞれ自筆、または代筆によって御経を書き写されたことは明らかである。奥書名のない二巻の経品や行方のわからない経品には、どのような方が結縁されたのか。璋子の兄・徳大寺実能や、六条藤原家の人びと、頼長はもちろん、あるいは俊成も、と想像される。

開経である「無量義経《むりょうぎきょう》」を受けもっている左大弁平実親は、親族がこぞって結縁経に参加していることから『久能寺経』結縁に大きな関わりをもっていたと思われる。実親は順当に昇進の道を辿った温厚な人物で、待賢門院が崩御されて間もなく没している。

鳥羽院は、法華経の経典の中でも、心臓部ともいわれる「寿量品《じゅりょうほん》」を受けもっている。これは、明治時代に鉄舟寺から流出した経巻八品のうちの一巻である。鳥羽院について、『今鏡』*（すべらぎの中　第二、白河の花の宴）は、温厚な方で容貌も美しく、父君の堀河院にも劣らないほど笛などを見事に奏され、魅力的ですがすがしくあられたと述べている。『大日本史』*（巻之四六）によると、「上皇は色を好みて間嬖《かんぺい》多く、また、男寵《だんちょう》に耽《ふけ》りたり」とある。平安時代をいろどる「色好み」の世界である。鳥羽院は三十九歳で出家された。病もないのに出家されたことを、世の人びとは涙がこぼれるほどもったいなく思ったと、『今鏡』*（すべらぎの中　第二、鳥羽の御賀）は述べている。鳥羽院は、白河法皇が崩御された大治四年（一一二九）の秋から長承二年（一一三三）の夏にかけて、待賢門院と御所を同じくされた。鳥羽院にとってはばかられるような人物は誰一人もなく、何事も意のままに進められ、二十八年間にわたり権勢の座にあった。信仰に篤く仏道に心を寄せ、堂塔の建立や一切経供養などもよく行われた。

「勧発品《かんぼっぽん》」に結縁されている白河法皇の皇女・令子《よしこ》内親王（太皇太后宮二条大宮）は、待賢門院と親しい間柄であった。二条大宮の御殿では『源氏物語』などが盛んに読まれていて、「賢木《さかき》は素晴らしい」とか、「葵《あおい》はこうだった」などいう話し声が門の外まで聞こえてきたりした。彼女のもとには女流の歌人として名高い摂津《せっつ》の御《ご》や、六条、肥後《ひご》、大弐《だいに》、式部《しきぶ》などの女房たちが数多仕えていた。箏《そうのこと》のつまびきも奥の間からかすかに聞こえたり、碁石を使う遊びの音も賑やかであったと『今鏡』*（むらかみの源氏　第七、有栖川）にみえる。

二条大宮と共に、女房土佐局は「厳王品《ごんのうほん》」に、女房大夫は「法師品《ほっしほん》」に結縁参加している。

待賢門院の女房として結縁に加わったのは、いつもお側近くに仕えていた中納言局、別当、越後、亮、越前の五人を数える。中納言局が受けもった「安楽行品《あんらくぎょうほん》」の文字は、強い個性をもち自由闊達な筆使いがみられる。さすが世尊寺流四代目・定実《さだざね》の女《むすめ》だけあり、女院への想いを込めながらの筆の跡と思われる。彼女は、待賢門院が崩御されてから一年間は法金剛院に住み、女院を弔い、その後は小倉山の麓に草庵を結び余生を送っている。

　待賢門院中納言の局、世をそむきて小倉山のふもとにすまれけるころ、まかりたりけるに、ことがらまことにいうにあはれなり。風のけしきさへ、ことにかなしかりければかきつけける

やまおろすあらしのおとのはげしさをいつならひける君がすみかぞ　（『山家集』*中（雑）八一四）

堀河局も、中納言局と共に黒髪を断ち終生を待賢門院に捧げている。堀河局の名は現存する『久能寺経』奥書の中には見出せないが、必ずやいずれかに結縁したと思われる。

　待賢門院かくれさせ給ひける御いみのほどに、やはたの

行幸ときこえける日雪のふりけるに、さきざきまゐる人
もみえざりければ、三条内大臣左衛門督に侍りける時、
だいばん所よりとてかのもとにつかはしける
たれもみなけふのみゆきにさそはれてきえにし跡を問ふ人ぞなき
（『続拾遺和歌集』[*]巻十八　雑歌下　一三〇七）

堀河がなき女院へ寄せる想いの深さを知ることができる。

女房の敬称「殿」

『久能寺経』には、解明されていないことが幾つかある。その一つに、奥書名がある。経巻の巻末に書かれている奥書名（結縁者名）は、尊称を用いる人、敬称を付す人、呼び捨ての人、と三様になっている（奥書のままの表記とする）。

尊称が用いられている人

一院（如来寿量品）
待賢門院（譬喩品）
大皇大后宮二条大宮也（普賢菩薩勧発品）

敬称を付している人

女御殿（提婆達多品）
左大弁実親卿（無量義経）
左大弁室（薬王菩薩本事品）
左大弁姫君（如来神力品）
故入道右府之尼姫君（随喜功徳品）
左衛門権佐室（見宝塔品）
待賢門院女房越後殿（授記品）
待賢門院女房別当殿（化城喩品）
待賢門院女房亮殿（勧持品）
待賢門院女房中納言殿（安楽行品）
待賢門院女房越前殿（妙音菩薩品）
大皇大后宮女房大夫殿（法師品）
大皇大后宮女房土左殿（妙荘厳王本事品）
女御殿女房伯耆殿　安房守親［忠室］（欠損）（従地湧出品）

呼び捨ての人

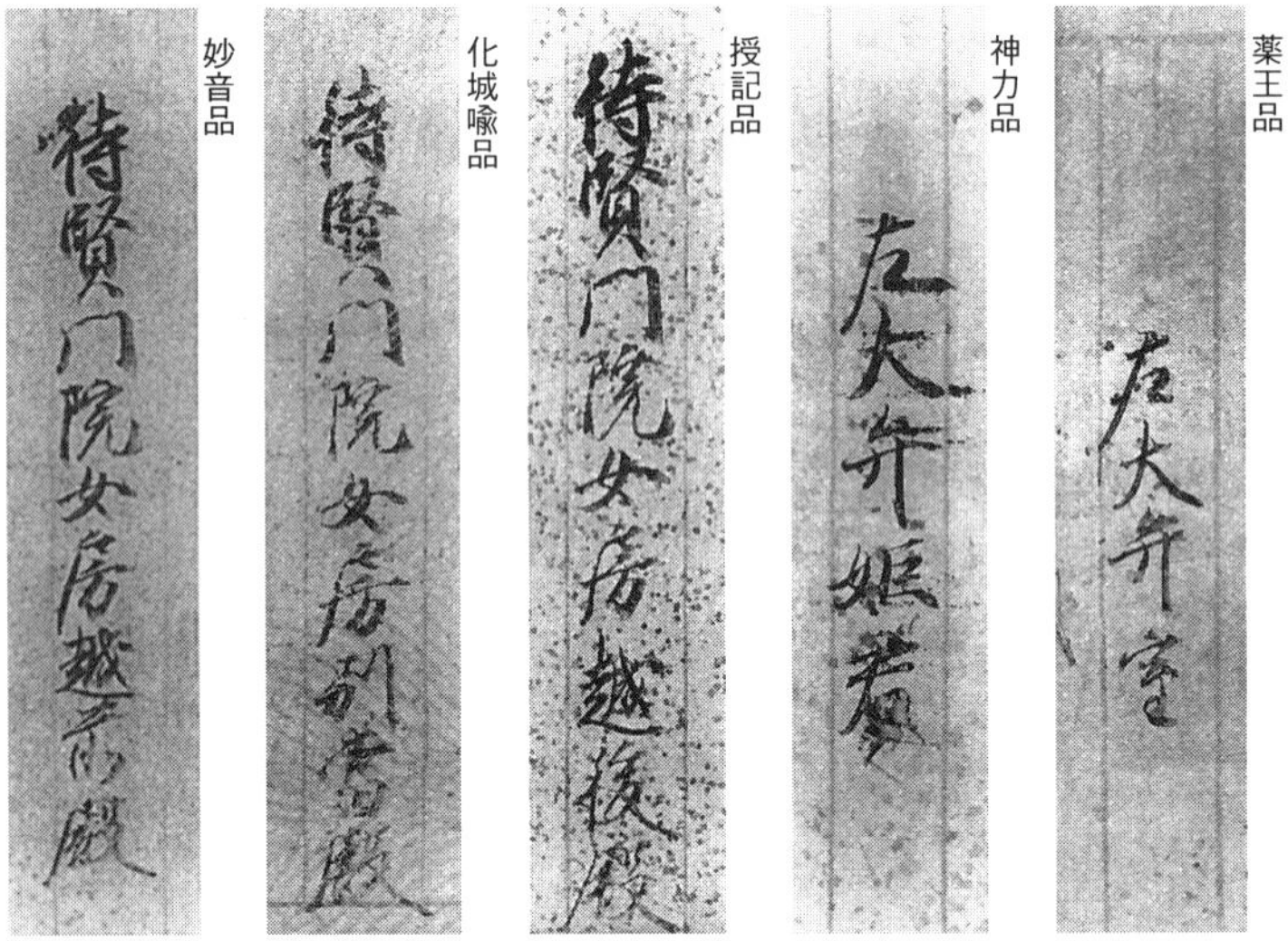

経品の奥書名

内蔵頭忠能（授学無学人記品）
左衛門尉季頼（方便品）
民部大夫為季（信解品）
右衛門尉資経（薬草喩品）
式部大夫為範（嘱累品）
前日向守通憲　少納言入道信西（観普賢菩薩行法経）
弁阿闍梨心覚（常不軽菩薩品）
法光房弁源（観世音菩薩普門品）

尊称が用いられているのは、法皇、中宮、太皇太后宮である。敬称が付されているのは、卿、室、姫君、殿である。近侍者である北面の武士たちには立場上、敬称はつけられていない。

「殿」という敬称をつけているのは、女御と女房だけである。「女御」は尊称ではないから、「殿」を付したと考えられる。では何故、女房に「殿」とい

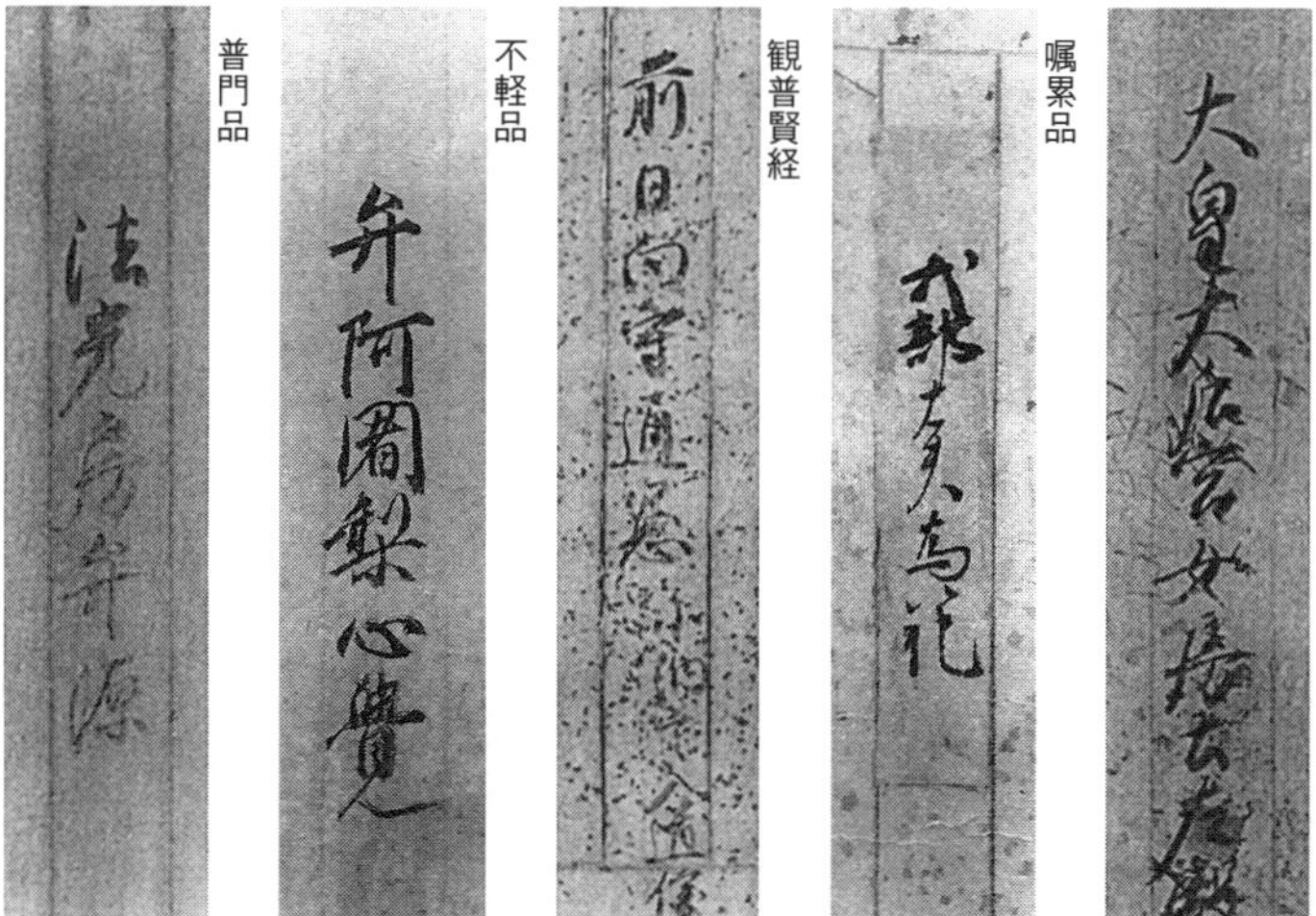
厳王品　嘱累品　観普賢経　不軽品　普門品

う敬称がついているのか。『久能寺経』に「殿」をつけて書かれた女房は、一体どのような地位にあったのであろうか。

平安中期頃から宮中に部屋を賜って住む上級の官女は女房と呼ばれ、多くの女官を従えていて男性の高官と肩を並べるほどの地位にあった。高位の女房たちは、五位以上の位を叙され「位田《いでん》」を賜っている。宮中で「位階《いかい》」は重要であり、席次も、輿車《よしゃ》に乗る順序もこの位階によって定まっている。

女房の地位は家の格や身分によって定められる。大納言、大臣《おとど》、公卿《くぎょう》などの門閥《もんばつ》ある家柄の妻や女《むすめ》は、宮廷の女房となり高位をしめた。藤原氏や村上源氏が権力を握っていた時代には、当然高位高官のほとんどを藤原氏、村上源氏がしめていた。しかし、同じ藤原氏の中でも北家の流れが摂政関白を継いでいくというように、正統と庶流の区別があった。皇后や中宮は天皇に準ずる高い位であるから、そこに仕える女房たちの位も必然的に高いものとなり、相当な権勢をもっていた。上流の女房は、君《きみ》、殿《どの》、御前《ごぜ》、御前《おんまえ》、方《かた》といった敬称をつけて呼ばれている。御所にある局の位置によって、東の御方《おんかた》とか、西の御方、廊《ろう》の御方などといわれた。身分による階級は絶対的なものであり、この定めは明治維新まで続くのである。

延喜・天暦時代（十世紀前半）頃から女房を実名では呼ばず、「候名《さぶらいな》」をつけて呼ぶ風習が始まっている（『日本の女性名』*上　角田文衞博士）。『久能寺経』の女房名も、亮《すけ》殿、越後殿、別当殿などのように「候名」が使われていて、本名はわからない。「候名」は、祖父、父、夫、兄弟などの官職名からつけられた。例えば、和泉式部、紫式部、清少納言などがそれである。また、国名や名所、小路名、里第に因んでつけられることもあり、堀川殿とか、三条殿、冷泉殿などがそれにあたる。

女房の階級は、家の格や身分によって「上﨟《じょうろう》」、「中﨟《ちゅうろう》」、「下﨟《げろう》」に三分されて、「上﨟、中﨟」には殿がつけられている（日記『たまきはる』*、また『建春門院中納言日記』ともいう。著者は、藤原俊成女・健御前）。「下﨟」の女房は、丹後とか大和などといい「殿」をつけない。「殿」は、男性の「卿」、「朝臣」や「ぬし」にあたるような呼び方であった。

『長秋記』*大治四年（一一二九）九月二十八日条に、白河法皇追善のための法会が営まれたことが記録されている。経品に結縁した人の名が記載されていて、女房には別当《べとう》殿、衛門督《えもんのかみ》殿、卿《きょう》殿と「殿」をつけている。これは、『久能寺経』の女房たちの奥書名と全く同じ形である。『久能寺経』の奥書名の女房につく敬称「殿」については、今まで疑問とされていたが、女房の格によることが諸文献によってわかったのである。

奥書名の筆跡

『久能寺経』の巻末には、結縁した人の名が書かれている。その書体は、経文を写した人の筆とは全く異なっているので、別人の筆によることがはっきりわかる。奥書名は一体、いつ、誰の手によって書かれたものであろうか。その時期は不明であるが、本章冒頭の「縁を結んだ人びと」（一六五頁～一八一頁）を参照しながら考えてみたい。平実親《さねちか》が左大弁《さだいべん》であったのは、保延二年（一一三六）から保延七年（一一四一）までである。源季頼は、永治元年（一一四一）左衛門尉に昇任している。女御殿女房伯耆《ほうき》の夫の親忠《ちかただ》は、康治二年（一一四三）に安房守、久安二年（一一四六）には摂津守となっていることから、康治二年以前とみられる。前日向守通憲《さきのひゅうがのかみみちのり》少納言入道信西《しんぜい》は、康治二年に出家し法名を円空改め信西としていて、天養元年（一一四四）に少納言となっている。以上から、奥書名の書かれた大体の時期が推測できるような気がする。役職と年号が合わない場合もあるが、奥書名を書いた人の記憶違いもあるかもしれない。

奥書名は、経品の上部に書かれたものと下部に書かれたものとがある。また、「嘱累品《ぞくるいほん》」だけは別の人によって別紙に書かれたものが貼られている。上部の奥書名は、一院（寿量品）、待賢門院（譬喩品）、女御殿（提婆品）、待賢門院女房亮殿（勧持品）の四品である。ただし、寿量品についてはいまだ拝していない。残る二十巻は、巻末の中ほどから下方に書かれている。この奥書名の位置の違いは、身分を示唆するものと思われるが、「大皇大后宮二条大宮也」（勧発品）は令子《よしこ》内親王のことであり、下方に書かれていることに疑問が残る。

平清盛が厳島神社へ奉納した『平家納経』は、三十二品のうち四品だけ奥書名（清盛以下盛国、重康、盛信）を記している。別に清盛の「願文」を一巻添えている。この『平家納経』については、本来二具（二通り）あったものを一具にしたのではないかという説がある。

鎌倉時代初めに書写された『慈光寺経』（埼玉県比企郡東幾川《とき》村〈現在、ときがわ町〉西平　慈光寺蔵）は、奥書名の記入はなく、「結縁者名目録」（文永七年〈一二七〇〉）を添えて施入されている。書写されてから七十年ほど後の目録であるから、結縁者の名は定かとはいえない。

古代から富士山は霊験所として人びとに知られていた。久安五年（一一四九）五月十三日、山頂に『一切経』の埋納供養が行われた。『一切経』五千二百九十六巻のうち、四千六百九十六巻は富士上人末代《ふじしょうにんまつだい》（山頂の大日寺の僧）が東海、東山道の人びとを勧進し、残り六百巻は鳥羽法皇と宮廷の人たちが書写した。およそ八百年後にあたる昭和五年（一九三〇）、富士山頂三島ヶ岳の南麓から『一切経』の一部が偶然に発見された（「富士山頂埋経について」足立鍬太郎『静岡県史蹟名勝天然記念物調査報告書』）。ところがその後、遺物は行方知れずとなり所在が明らかでないのが残念である。

『久能寺経』には、何故後から結縁者名の書き込みがなされたのであろうか。誰の手によるものであろうか。平安時代の上流貴族による荘厳極まる御経に手を加えられるのは、相当の位にある人物でなければならないと思われる。この結縁経に深く関わり采配を振った人物であろうか。

私は、『三十六人家集と久能寺経』*（京都国立博物館編）の写真で、結縁者名の筆を確かめてみた。考察するために拡大コピーをしてみると、はっきりした筆跡がみえてくる。全体の特徴は、引きしまった形で書かれ点画もしっかりしていて、終筆にも厳しささえ感じられる。藤原行成を祖とする「世尊寺流」の筆とは違うような気がする。このような筆跡をもつ人物として、私の脳裡をよぎるものがあった。関白藤原忠通《ただみち》（一〇九七〜一一六四）である。彼の書は法性寺様《ほっしょうじよう》とか法性寺流といわれ、その祖として広く知られている。康治元年といえば、忠通四十七歳の時である。

昭和五十八年（一九八三）、小松博士によって『勧学会記《かんがくえのき》』が見出された。私は、その筆跡が『久能寺経』の奥書名の筆跡と、字型がどこか似ているのではないかと思ったのである。しかし、待賢門院を中心とした『久能寺経』に、生涯確執の続いた（一三二頁）かの忠通が果たして筆をおろすであろうか。忠通の書は決して流麗な筆とはいえないが、その線質は粘りのある充実した力強さをもっている。彼の能書を物語っているのは、『今鏡』*（ふぢなみの中　第五、御笠の松）である。忠通は若い時から貴族たちの御願寺が建立されると、その御堂の色紙形や額に数知れず揮毫を行っている。また、「古きをばうつし、うせたるをばさらにかかせ給ふとぞ……。」とある。それが、忠通の筆による『勧学会記』なのではなかろうか。私は、『久能寺経』の奥書と忠通の書翰から筆跡の似ている文字を拾い出し、比較対照してみた。また、『日本名跡大字典』（角川書店）から参考までに他の人による文字を掲げ結体《けったい》（形）をみてみた。その結果、「御」の字型は忠通の書翰に全く類似している。「殿」についても同様で、左右の払いも伸びやかに動感をもっている。「大」についても似ているようにみられる。しかし、何処か細かいところで、異なっているようにも感じられるのである。

平成六年のある日、東京国立博物館の一室で鉄舟寺から寄託されている『久能寺経』「譬喩品《ひゆほん》」を拝した。手にとり巻末に至った時、私は一瞬胸の押しつまる圧迫感を覚えた。やはり、忠通の筆とも違うような気がする。写経の文字は濃墨である。奥書のそれは淡墨である。素直な粘りの少ない筆遣いをしている。一見して淡白な感を受けるが、その筆は力強い。筆と料紙によって書風は微妙に変化する。藤原教長による『入木抄《じゅぼくしょう》』に「筆は、用筆、料紙により候なり」と述べられ、用いる紙によってそれぞれ筆が選ばれた。「譬喩品」の料紙は、装飾が施されているために墨がはじかれている箇所も見受けられる。墨を吸い込みにじみが出る厚手の紙と、墨を吸わない紙に書いた場合とでは、同じ人の筆であっても別人のように変化する。私自身も筆をとった時に経験することである。忠通のはじめた法性寺流は、当時の書の世界を塗りつぶしたというほどの勢いであったから、人びとはそれを範としたであろう。男の兼実《かねざね》は法性寺流を継承し、孫の良経は後京極流を、その子の教家は弘誓院流《ぐぜいいんりゅう》（のち中絶）をと続いたのであるから、忠通の筆跡と似た書があって当然なのかもしれない。『久能寺経』の奥書を関白忠通の筆ではないかとした私の推理は、印刷のなせるいたずらであったのだろうか、しかし今もなお、その思いを消すことができないでいる。

「質侶荘《しとろのしょう》」と「益頭荘《ましずのしょう》」

白河法皇は大治三年（一一二八）、二十八歳の璋子のために白河の地に円勝寺《えんしょうじ》を建立された。璋子は法皇をバックにしていたから、彼女の勢威を頼りにして円勝寺に所領を寄進する者が多かったという。その一つに、駿河国の隣国の遠江国《とおとうみのくに》榛原郡《はいばらぐん》に「質侶荘《しとろのしょう》」（大治三年）という荘園があり、いま一つ、駿河国には「益頭荘《ましずのしょう》」（大治五年立荘）があった。

荘園とは、租税を納めない特権をもつ貴族や寺社の所有する土地のことである。奈良時代末期から始まり院政時代に増大し、貴族たちの私的な経済基盤となっていた。彼らが私費を投じ、宮廷の造営や社寺の新築・修造などを請負えば、その功により官位が与えられた。受領職を得ることのできるのは、特定の院の近臣のみである。貴族にとって受領職は、経済的に恵まれることであった。しかしその反面、荘民たちは上納しなければならない年貢と公事《くじ》に苦しい生活を強いられたのである。

「質侶荘」の場合、遠江守として赴任していた大江公資《きみのり》が開発した質侶牧《しとろのまき》を、藤原道長の六男・長家に寄進した。やがて、右大臣藤原宗忠《むねただ》（『中右記』著者）にゆずられたが、天永三年（一一一二）には文章博士の藤原永実《ながざね》に売却している。永実は待賢門院が立后される時、「宣命の詔《みことのり》」を起草した人物である。彼はその男の永範《ながのり》に継がせた。永範はこの「質侶荘」を待賢門院の御願寺である円勝寺へ寄進したのである。その代償は、子孫代々が領家職《りょうけしょく》を継承していくことにあった。毎年質侶荘から集めた年貢から三百石を待賢門院の院庁へ納めることにしたのである。大治三年八月の「永範の寄進条案」によると、質侶荘の四至《しいし》は、東限「中河」、南限「坂口、中山、真野崎」、西限「粟峯《あわがみね》」、北限「鷹《たか》駒《こま》」となっている。榛原郡《はいばらぐん》の三郷（質侶郷《しとろごう》、湯日郷《ゆいごう》、大楊郷《おおやなぎごう》）を合わせた広大な土地であり、待賢門院にとっては大きな財政基盤となった。

さて、「翌大治五年、待賢門院が駿河に荘を立てられた（志太山を除く）」と『長秋記』（大治五年十一月二十二日条）にみえるそれが、いま一つの「益頭荘」であり、現在の焼津市中部から藤枝市東部一帯の地域である（『焼津市史』）。「志太山を除く」とあるのをみると、この時の駿河守藤原忠能《ただよし》が、公領（私領を含む）であった益頭郡の志太山を円勝寺領にすることに対して何らかの理由をもって除いたものと思われる。ともあれ、大治五年といえば、白河法皇崩御後のことであり、待賢門院の権勢がいかに大きかったかを物語っている。

私は、「質侶荘」を訪ねることにした。静岡から藤枝バイパスを走り大井川の流れを見ながら、大《おお》代《しろ》インターで降りると金谷町《かなやちょう》（平成十七年五月に島田市となる）に出る。北の「鷹駒《たかこま》」は、現在「金谷町大字高熊《おおあざたかくま》」という。眼下に大井川の流れがあり家山、川根方面へ山道が通じている。近く第二東名高速道路が建設される。小掘遠州が「遠州七窯」として愛した「志戸呂窯《しとろかま》」の遺構がある。志戸呂焼は茶褐色の硬い地肌に渋味のある独特の雰囲気をもつ。南には「坂口、中山、真野崎」があり、「星久保古墳群《ほしくぼこふんぐん》」や「縄文時代海戸《かいと》遺跡」がある。西をみると、高々とした「粟峯」（粟ヶ岳）が望まれる。このあたりは一面に広々とした田畑が続いている。東に向かうと「中河《なかがわ》」があり、静かな田園に民家が立ち並んでいる。昔、大井川河口には「中河の渡し」があったという。東下りの道筋は、「大井川の渡し」の他にこの中河からのルートもあった。

牧ノ原台地に立つと眼前に金谷の街が一望される。美しく刈り込まれた茶畑が、見渡す限り続き、ゆたかで広々とした大井川の流れの向こうに現在の発展した島田市、藤枝市、焼津市、静岡市の平野が続く。彼方に聳え立つ富士の雄姿、駿河の海に伊豆半島が横たわり、背後には遠く南アルプスの嶺々が望まれる。なんと広大な眺めであろうか。「質侶荘」や「益頭荘」は、待賢門院の院庁の管理のもとにあって、みやこへ行く道筋も完備していた。法皇を背景とした待賢門院璋子の権勢をまざまざとみる思いであった。

天治元年（一一二四）十一月、璋子が院号を賜った時に待賢門院の院庁を運営する三役（二十二人の別《べ》当《とう》・判官代《ほうがんだい》・主典代《しゅてんだい》）が置かれ、璋子の兄の藤原実行《さねゆき》、実能《さねよし》を筆頭にして、堂々たる顔触れが立ち並んでいた。白河法皇や鳥羽上皇に取りいることにより昇殿を許されるようになったという平忠盛（清盛の父）も、名を連ねている。その中に藤原忠能《ただよし》の名がみえる。駿河守兼右馬頭《うめがしら》という役職にあったが、大治四年（一一二九）、成功によって駿河守に重任《ちょうにん》され、藤原氏の氏神・大原野社《おおはらのしゃ》（京都市西京区大原野）修造の宣旨が下されている（『静岡県史　資料編4』）。彼は『久能寺経』の結縁者であり、待賢門院璋子の甥であることから、『久能寺経』を駿河に繋ぐ際の重要人物と思われる。

藤原俊成は、保延三年（一一三七）遠江守となり、二期目の康治元年（一一四二）にも望んで重任されている（『静岡県史*　通史編3』）。

駿河に隣接する初倉《はつくら》の地（島田市）は、藤原忠実が女の高陽院泰子《かやのいんやすこ》に譲与し、泰子は鳥羽上皇御願の宝荘厳院が建立される時、鳥羽上皇のもとに寄進している。やがて、この地は美福門院得子《びふくもんいんなりこ》に伝領され、「初倉荘《はつくらのしょう》」と呼ばれた。また、駿河国「羽鳥荘《はとりのしょう》」は、美福門院から皇女・八条院へ伝領されている。

静岡県榛原郡相良町《はいばらぐんさがらちょう》大沢の般若寺《はんにゃじ》（曹洞宗、草創一四六五年）は、鳥羽院政時代に書写された『大般若経』六百巻のうち、六十五巻を所有している。興味深いことに第四百六十一巻の奥書には、「久能寺に於いて、およそ未時《ひつじのとき》に書き了った」と記されている。

久安三年（一一四七）七月十日　於久能寺未時許書了

願主筆師　覚智也

保元元年（一一五六）五月二十五日一校了　栄秀

願主覚智について調べると、同時代には四人の覚智が確認できる。その中で藤原知房《ともふさ》の男である園城寺の僧に注目したい。藤原忠通とは昵懇《じっこん》であり、聖子や兼実の信任を得ていたというが、この僧と確証するまでの根拠はない。久安三年といえば、待賢門院が崩じられてから二年後にあたり、その前年頃、西行は陸奥への旅の途次、久能寺に歩をとどめて女院を偲び一首を遺しているので、覚智と遭遇していたとも考えられる。その後、駿河国では久能寺を中心にして『大般若経』の書写という大事業が進められていた。静岡市興津区の清見寺にも平安時代に書写された『大般若経』が所蔵されている。

ここで、『久能寺経』施入の経緯をもう一度追ってみよう。

まず、西行は出家された待賢門院璋子のために待賢門院女房中納言局と相談し、一品経勧進《いっぽんきょうかんじん》を発意する。両院をはじめ璋子周辺の方がたを訪ねては、結縁経を勧進して歩いたのである。璋子の甥であり、駿河守であった忠能からも「人記品」への結縁を得ている（一六九頁参照）。一方、中納言局は結縁供養のために、法華経の歌題を当時遠江守であった俊成に送り詠歌を依頼する。西行も俊成と同様に「法華経二十八品歌」を詠じている。駿河国久能寺は、待賢門院の院庁の管理する益頭荘や質侶荘の近くに位置している。しかも、そこはみやこ人が「東の補陀落」とみなし、観音浄土としてあこがれた地であった。

これらの一つ一つに思いをおくほどに、西行勧進の「結縁法華経」と駿河の「久能寺」を繋《つな》ぐ糸がみえてくるような気がする。

第七章　王朝の華

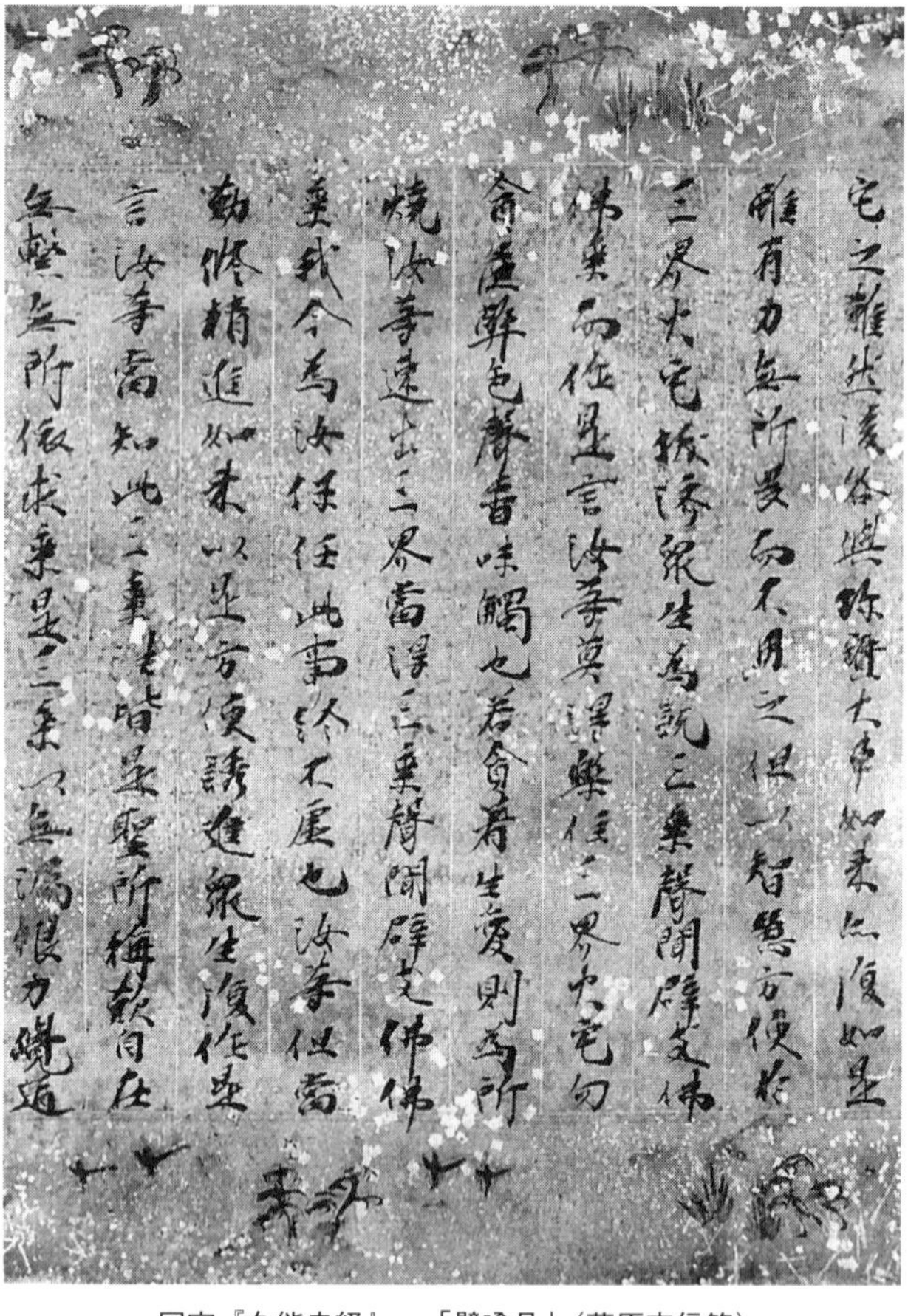
宅之難然後各與珍寶大車如來亦復如是
雖有力無所畏而不用之但以智慧方便於
三界火宅拔濟衆生爲説三乘聲聞辟支佛
佛乘而作是言汝等莫得樂住三界火宅勿
貪麁弊色聲香味觸也若貪著生愛則爲所
燒汝等速出三界當得三乘聲聞辟支佛佛
乘我今爲汝保任此事終不虚也汝等但當
勤修精進如來以是方便誘進衆生復作是
言汝等當知此三乘法皆是聖所稱歎自在
無繋無所依求乘是三乘以無漏根力覺道

国宝『久能寺経』―「譬喩品」（藤原定信筆）

定信《さだのぶ》の筆「譬喩品《ひゆほん》」

『久能寺経』の中でも、待賢門院璋子が結縁されている「譬喩品《ひゆほん》」を拝することが、私にとっての総括であると思われた。鉄舟寺所蔵の国宝『久能寺経』十九巻（後世補入品二巻含む）は、現在、東京国立博物館に寄託されている。

平成六年（一九九四）七月、博物館の一室で「譬喩品」を「熟覧」という形で開かせていただいた。「譬喩品」は、紫の霞様に染められたうすい料紙が使われている。紫といっても部屋に射し込む光の中で、赤紫、濃紫、または、渋紫にというように一彩ではない。大小の金銀切箔、砂子、野毛が鏤《ちりば》められている。天地には紫を含む墨色《すみいろ》、淡い緑や青、銀泥などで松の木や草、極楽鳥などが描かれ、「罫《けい》」（界線）は金泥《きんでい》で引かれている。長さ、七、八ｍに及ぶ経巻は金銀の光が織りなして、華麗な世界を繰り展《ひろ》げている。

「譬喩品」は、安政五年（一八五八）の水野忠央《ただなか》の調査によれば（二二四頁参照）、表紙は銀地に緑青の宝相《ほうそう》華《げ》唐草文《からくさもん》で、すでに見返し絵は失われていたという。元治元年（一八六四）、板橋貫雄《つらお》が五巻（嘱累品、寿量品、譬喩品、観普賢経、信解品）の摸写を行っている。「譬喩品」の料紙の装飾について「紫村濃《むらご》、金砂子、ギンノゲ、銀モン」（紫の隈ぼかし、金砂子、銀野毛、銀泥の文様）と書かれている。このことから料紙の部分は、平安時代に書写された当時のまま伝えられていたことがわかる。

『久能寺経』は、国宝に認定された明治三十三年（一九〇〇）から古社寺保存会の前田健次郎総指揮のもと、日本美術院によって修理が行われた。新しく補われた「譬喩品」の見返し絵は、赤茶の地色に波が描かれ松の小枝を喰えた鳥が飛び交い、大小の金銀切箔をおいている優しい絵である。新しい見返し絵も、考えてみればすでに百年余りの歳月を経ているわけであるけれども、残念なことに平安時代に描かれた本紙（写経の文字がかいてある部分）の雰囲気とはやや異なった趣である。また、「表紙」には補修の時のものと見られる赤色の「題簽《だいせん》」がついている。「帯《たい》」は他の経巻と全く同じ新しいものがつけられている。鍍金《ときん》された「軸端《じくばな》」についても、やはり他の経巻と同じ宝相華唐草文様《ほっそうげからくさもんよう》が細く彫られている。

経品の裏側には、本紙と同じような装飾が施されている。平安時代に書写されたままで、その美しさは現在も失われていない。紫、濃紫の隈ぼかしに、松に草、飛ぶ鳥の文様が描かれ、ところどころに銀泥のぼかしが施されている。金銀の切箔、野毛、砂子を撒きちらし、全体に金よりも銀を主体としている。この優麗な雅趣により、平安の人びとが切に願った極楽浄土の世界へ誘われるのを覚える。

経巻を端から繰っていく。御経の文字は先学による考証の結果、藤原定信（一〇八八～一一五六）の筆とされている。専門の写経生の筆とは異なる書風で、形にとらわれない速筆である。料紙の華麗さに負けない洗練された技で、あたりを払うような威圧感をもつ。まさに屈指の名筆である。康治元年（一一四二）といえば、定信五十五歳の時である。円熟した筆跡には、情熱のほとばしるような一種の凄さがただよっているのを感じた。経文の第一紙目は、永い歳月で損傷し筆の跡もかすれてさだかではないが、全紙を見渡すと、或る所は躍動するようなリズムにのった軽妙な筆遣い、また、或る所は重厚な筆致と変化に富んでいる。それでいて品格を失わず、むしろ現代書を思わせるような風情がみられる。速書《はやがき》の定信がもつ筆の特徴が余すところなく出ている。右肩上りの彼の筆は、後の人から「定信様《さだのぶよう》」といわれ、写経スタイルの規範として仰がれている。『平家納経』にも類似する経品がみられる。料紙の金銀の砂子振りの部分には、墨がはじかれたと思われる筆の跡が見られ、その用筆にも魅力が感じられる。

日本独自のかな文字は平安中期から後期にかけて完成した。おびただしい名筆が生まれ、私たちはこれを「古筆《こひつ》」と呼んで尊んでいる。中でも定信の筆跡は、かなりの数にのぼる。宮仕えであったから公的な願文の清書や記録、また、門額にも腕をふるった。定信といえば、特に『一筆一切経《いっぴついっさいきょう》』が著名で、五千四十八巻の写経を二十三年で成し遂げたという。誰一人まねのできない神技と人びとを驚かせた。その大願を立てたのは大治四年（一一二九）四十二歳の時、この年は白河法皇が崩御された年にあたり、彼が一切経書写を決意するきっかけとなったのではないだろうか。それにしても二十三年もの間、写経に徹することは容易なことではない。彼がいかに速筆であったとしても、ひたすらな信仰の心と強い精神力がなければ成就しないであろう。気の遠くなる思いがして想像さえしがたい。一切経は、春日大社に華々しく奉納された。定信は六十四歳になっていた。『本朝世紀*』（仁平元年〈一一五二〉十月七日条〉には、「院宮諸家多有㆓贈物㆒」とある。鳥羽法皇や摂関家の人びとはその偉業を讃え、たくさんの贈物をしたという。この一切経は供養された後、興福寺に経蔵が建立され納められるが、その三年後、平重衡《しげひら》の兵火によって炎上してしまう。

定信の筆による「譬喩品」の奥書名には、待賢門院と書かれている。「譬喩品」は、信仰からなる装飾料紙と定信のゆるぎない筆とが一体となり、清らかな気品と美しさをただよわせ、『久能寺経』の価値を高めているといえる。筆の線の裡《うち》にある不思議な生命の力とでもいおうか、定信のもつ呼吸が伝わってきて、切なる浄土への思いを理屈でなく感じとれるように思われた。まさに浄土への祈り、信仰の結晶ともいえよう。

突然、おそれにも似た思いに襲われた。これまでの私は、人びとの祈りである経品をたんなる芸術品としてみていたのではないか。一瞬たじろぐような思いで、うやうやしく拝したのであった。

平安時代の見返《みかえ》し絵

明治政府の神仏分離令による廃仏毀釈《はいぶつきしゃく》で日本国中の寺が翻弄された時、久能寺でも『久能寺経』の八巻が流出してしまった。おそらく久能寺に関わった者が、美しい見返し絵のある経品を持ち出したのであろう。その後、大阪から東京へもたらされたこれらの経巻は、流転《るてん》の道を辿るのである。

流出した八巻のうち、現在武藤家が所蔵しているのは「薬草喩品《やくそうゆほん》」、「湧出品《ゆじゅっぽん》」、「随喜功徳品《ずいきくどくほん》」、「勧発品《かんぼっぽん》」の四巻で、平安時代に製作された形のままの経巻は、この四巻のみである。貴重なこれらの見返し絵をよく見ると、それぞれの経品の内容を絵で表現しようと工夫されていることがわかる。西行と俊成の法華経歌も経品の内容を歌で表現しようとしている。『長秋詠藻』*の詞書（一四一頁、参照）が示す結縁の歌との関連を探っていくことによって『久能寺経』*のことが、いくらか解明できるかもしれない。（俊成の歌番号は、『長秋詠藻』*下、西行の歌番号は『山家集』*補遺（聞書集））

薬草喩品《やくそうゆほん》　第五　右衛門尉資経《のりつね》

（口絵参照）

『三十六人家集と久能寺経』*には、原本に近い色彩をもつ見返し絵の写真が貼られていて、書写当時がうかがわれる。銀色の地に銀野毛《のげ》と小さな金切箔《きんきりはく》を一面に置いている。一つ傘に背を寄せて座る烏帽子《えぼし》姿と冠姿の二人の貴公子が描かれている。冠の人物は、頬がふっくらして少年のように見える。顔の輪郭をやや下ぶくれとするのは大和絵《やまとえ》の特徴である。経文に説かれる「三草二木《さんそうにぼく》の喩《たと》え」として、片輪車や旅の荷、葦、三羽の飛ぶ鳥が描かれている。よく見ると、細かい雨が降っていて木や草や傘の先からも雨の滴《しずく》が落ちている。顔や手は肌色、傘は金泥を含んだ黄土色である。衣は黒がかった緑、遠くに洲浜を置き、木の葉や草は緑青に黒を加え落ち着いた色合い、淡墨で雲を描いている。物淋しく哀しげな感傷をたたえた絵で、素朴な印象を受ける。

経典の内容は、「仏が与え給う愛も教えも人びとに平等で差別はない。雨が降りそそいですべての自然をうるおして緑を育てるように、世の人びとに仏の教えがゆきわたる」というものである。待賢門院中納言局から俊成へ結縁歌として求めた歌題は、「無有彼此《むうひし》　愛憎之心《あいぞうししん》」（一四六頁）であった。俊成は、次のように詠じている。

春雨はこのもかのもの草も木もわかずみどりに染むるなりけり　（四三七）

見返しの絵は、この歌をもとにして、ことばの音《おん》を絵の中にとり込んで描いていると思われる。この歌に詠じられている「このもかのも」は「二人の貴公子」、「片輪車」は「わかず」を意味し、「三羽の鳥」は「緑」というように、物の意と言葉を重ねて描いたようにみえる。歌と絵が一体となっているけれども、果たして歌と絵のいずれが先なのであろうか。

『聞書集』の西行は、「我観一切《がかんいっさい》　普皆平等《ふかいびょうどう》　無有彼此《むうひし》　愛憎之心《あいぞうししん》」の歌題に対して

ひきひきに苗代みづを分けやらでゆたかに流す末をとほさむ　（六四八）

（世尊は万物に等しく降る雨のように人びとに平等に法を説かれた。苗代の田に各々水を分け入れるように、すべての者に世尊の説き給う法がゆきわたるでありましょう）

と詠じた。

「薬草喩品」の貴公子は、『源氏物語絵巻』「蓬生《よもぎう》」に描かれている光源氏の面差しによく似ているといわれている。傘と烏帽子姿からも同じような絵に見えるのである。引き目かぎ鼻は、当時の絵巻

物に出てくる貴族の顔としてよく描かれている。『久能寺経』より百年ほど前に成立した『源氏物語』は、貴族の間で次々に読まれ、賞翫《しょうがん》されていた。師時の『長秋記』*に、「源氏物語絵」が、この頃から描かれていたことがわかる記述がある。

参中宮御方、以中将君被仰云、源氏絵間紙可調進、申承由、又上皇仰云、画図可進者、同申承由

（中宮ノ御方ニ参ル、中将ノ君ヲ以テ仰セラレ云フ。源氏絵ノ間紙ヲ調進スベシト申シ承ル由、又上皇仰セ云フ。画図進ムベシト、同ジク申シ承ル由）　（元永二年〈一一一九〉十一月廿七日条）

中宮の御方とは待賢門院（十九歳）のことであり、上皇は白河法皇（六十七歳）のことである。皇后宮権大夫源師時は、参議として待賢門院の御所に仕えていた。その師時に中将の君は、「待賢門院さまが源氏絵をおつくりになるから紙を調達するようにと、また、上皇からは早く絵の画図の構想を進めるようにと仰せられたので、同じように承知申し上げた」という。「中将の君」というのは当時十七歳の源有仁のことで、この日、三位中将中納言に任ぜられている（『公卿補任』*第一篇）。

『源氏物語絵巻』は、隆能《たかよし》源氏と呼ばれていたが、その後研究の結果、絵は待賢門院に仕える紀《きいの》局《つぼね》や土佐局、長門局《ながとのつぼね》など絵心のある女房たちによって描かれ、詞書《ことばがき》は源有仁、藤原忠通、藤原伊通《これみち》が筆をとったとされている。絵巻の絵と詞とは別々の料紙で、段落式に二十巻本として製作されたといわれている（『源氏秘義抄』*）。師時の絵は素人の域を脱し、「貴族絵師」として高い評価を得ていたようである。彼は絵心のある女房たちに対して指導的な役割をしていたとみられる（『長秋記』*長承三年

〈一一三四〉十二月四日条）。

これらの事柄から、『源氏物語絵巻』は白河法皇と待賢門院璋子によって発案され製作されたのではないかと思われる。「物語絵」は、美しきものとして信仰の世界にとり入れられている。昭和九年（一九三四）に愛媛県奈良原《ならはら》神社の経塚から平安末期の「檜扇《ひおうぎ》」が出土した。写経と共に埋納されていたものであるが、その絵が『源氏物語絵巻』の「蓬生《よもぎう》」と類似している。当時流行した物語絵を描いたとみられる。また、高陽院泰子《かやのいんやすこ》が奉納したといわれる四天王寺の『扇面法華経』（冊子本）も、物語絵の上に法華経を書写している。また、経絵をもつものに『観普賢経冊子』（五島美術館蔵）がある。

従地《じゅうじ》湧出品《ゆじゅつぽん》　第十五　女御殿女房伯耆殿《ほうき》　安房守親忠室（口絵参照）

田中親美翁は、湧出品の表紙には表題がじかに書かれてあった。表題のあるのは、ただ湧出品一巻だけで、これは他の経巻にはみられないものであり、金泥で経品の題が書かれ、紗のような絹の透けた布を通して表題が見えるようになっていたと述べておられる（『田中親美』*）。おそらくこの経品も随喜功徳品と同じ様に、表紙に羅《ら》のような透ける織物をかけ、その上に彩色で文様が描かれていたが、長い歳月で大部分が腐蝕してとれてしまったと思われる。

見返し絵は、一面に金銀の切箔、砂子を撒き、ところどころに大きな金の箔を置いている。銀泥で蓮池を描き蓮華を散らし、飛び交う鳥や蝶を描いている。

経典の内容は、「法華経の教えを世に広めるために多くの菩薩たちが地より湧き出る」というもの

である。俊成は、「従地而湧出《じゅうじにゆじゅつ》」の歌題に対して、

池水のそこよりいづる蓮ばのいかでにごりにしまずなりけん　（四一七）

（蓮の花は泥の中より生まれるのに、どうして汚濁にも染まず、香気に溢れているのだろうか）

と詠じた。

西行は、「我於伽那城《がおかなじょう》　菩提樹下座《ぼだいじゅげざ》　得成最正覚《とくじょうさいしょうかく》　転無上法輪《てんむじょうほうりん》」の歌題に対して、次のように詠じている。

夏山の木蔭だにこそすずしきを岩のたたみのさとりいかにぞ　（一六五九）

（釈迦は伽那城の菩提樹の下に坐し、清らかな境地で正しい悟り、つまり正覚に到達された。信ずることで正しい悟りが得られる）

随喜功徳品《ずいきくどくほん》　第十八　故入道右府尼姫君　（口絵参照）

『久能寺経』は、結縁者が女性の場合には装飾が華やかで色彩も美しい。「随喜功徳品」は、そのよい例である。表紙は羅と呼ばれるうすものの布を上にかけ、下の絵文様が透けてみえるように凝ったつくりである。淡い紅紫色の地に金銀の霞引きを施し、群青や緑青、紅色などで水波、蓮葉の文様を散らしている。このように羅を貼った表紙としては、唯一完全な遺品である。

見返し絵は、紫の打曇を漉き入れた料紙に、金銀の切箔や砂子を撒き散らし、水の流れに蓮華や鳥を描いている。「水」、「め」、「と」などの文字を岩や水の流れに擬して描き入れるいわゆる葦手絵《あしでえ》と

いう手法が使われている。磨き抜かれた繊細な感覚は、華麗そのものである。

経典の内容は、「法華経の教えを知る功徳がいかに偉大であるか」を説いている。

俊成は、歌題「最後《さいご》第《だい》五十《ごじゅう》　聞《もん》一《いち》偈《げ》随喜《ずいき》」に対して、

　谷川のながれの末をくむ人もきくはいかがはしるしありける　（四二〇）

と詠じている。

歌題の意は、最初に釈尊の教えを聞いた人から数えて五十番目の人、すなわち最後の人も、その教えの一つを聞き得ただけでも随喜し、仏の功徳をいただけるということである。

西行は、歌題、「如説《にょせつ》而《に》修行《しゅうぎょう》　其《ご》福《ふく》不《ふ》可限《かげん》」に対して、

　からくにや教へうれしきつちはしもそのままをこそたがへざりけめ　（一六六二）

と、中国の故事（「つちはし」は、漢の名臣・張良が兵法を求道精進した所）を引用して詠っている。

普賢《ふげん》菩薩《ぼさつ》勧発品《かんぼっぽん》　第二十八　大皇大后宮二条大宮也　（口絵参照）

「法華経を信じる者に普賢菩薩の護りがあること」を説いている。

見返し絵は、一面に銀泥の霞引きを施し、金銀の砂子、箔を撒き、銀泥で白象に乗る普賢菩薩を描いている。左手に蓮の花を持ち、二重の光背をもつ菩薩像は、金銀切箔、砂子、野毛が振られ、おぼろに霞んでみえる。はるか遠い天上の仏として表されている。経品を手にとって角度を変えてみると、菩薩の姿が現れたりかすんだりするように描かれている。

俊成は、この経品に対して「即往兜率天上《そくおうとそつてんじょう》」という歌題を与えられ、

はるかなるそのあかつきをまたずとも空の気色はみつべかりけり　（四三〇）

（法華経の教えによって、浄土に導かれる。諸仏の救いは、空に満ち満ちている）

と詠じた。

西行は、同じ経品に対して「濁悪世中《じょくあくせちゅう》　其有受持《ごうじゅじ》　是経典者《ぜきょうてんしゃ》　我当守護《がとうしゅご》」の歌題を与えられ、

あはれみの名残をばなほとどめけり濁るおもひの水すまぬ世に　（一六七三）

（水も澄まない濁世《じょくせ》である。この経典を信じる者に法華経の恵があり、我らを守り給う）

と詠んだ。

世の中は一見平安であった。が、何か事あれば動乱になることを、西行は予知していたのかもしれない。

平安時代に描かれた四品の見返し絵を深く観《み》ることで、貴族たちの純粋な信仰心をうかがい知ることができる。見返し絵と法華経歌が一体となって荘厳された信仰の世界がそこにある。内奥に秘めた美に対する感覚の高さと想像力の豊かさが感じられる。現代に生きる多くの人びとの心は、平安時代の信仰の世界からは程遠くなってしまっているかのように思われる。

料紙《りょうし》と装飾《そうしょく》

〈料紙〉

経巻に用いられている和紙は薄く柔らかく、しなやかで強い。日本の豊かな風土が生み出したものである。千年余を経てもなお存在する紙に、いのちを感ぜずにはいられない。

大和朝廷には「紙戸《かんど》」が置かれ、紙づくりは秦氏の役であった。漉かれた紙は官庁や寺院などでおびただしく使われた。和紙は、中国伝来の唐紙《からかみ》を模倣することから始まって、次第に日本独自の紙漉きの技術を生み、地方へ伝えられていった。天平九年（七三七）の『正倉院文書』には、美作《みまさか》経紙《きょうし》とか越《えつ》経紙、出雲《いずも》経紙、播磨《はりま》経紙、美濃《みの》経紙などがあり、写経紙が地方の紙の郷《さと》で漉かれていたことがわかる。奈良時代には国をあげて写経が行われるようになった。料紙の原料として「麻《あさ》」が使われていたが、やがて「楮《こうぞ》」で漉かれるようになり、のちに「雁皮《がんぴ》」も用いられるようになった。

平安時代には、みやこに「紙屋院《かんやいん》」（官用の製紙所）が置かれ上質の紙が漉かれるようになる。浄土信仰が広まり、経典を書写することの功徳が説かれたので、紙の需要が更に多くなっていった。雁皮で漉かれた紙は斐紙《ひし》と呼ばれ、強い紙質と高尚な肌合、ほどよい光沢をもつ。その薄手のものを薄様《うすよう》といって貴族の間でもてはやされ、文学作品にも多く登場する。厚手の斐紙は「鳥《とり》の子《こ》」とも呼ばれている。

『久能寺経』の料紙は、楮を「打紙《うちがみ》」したものではないか、あるいは雁皮と楮とを混ぜた「斐《ひ》まじり」ではないかと推測されてきた。「打紙」というのは、漉いた紙を満遍なく木槌で打って艶を出し、なめらかにすることである。『久能寺経』の料紙には厚手と薄手があり、厚手のものは薄く漉いたものに更に二度、三度と漉きを重ねたもので、厚様独特のしっとりとした感触がある（田中重氏談）。田中家では、関東大震災直後の大正十三年（一九二四）頃、近くの古物商・中村富次郎から『久能寺経』の「提婆達多品《だいばだったほん》第十二」と「嘱累品《ぞくるいほん》第二十二」の断簡を購架された。これらの経巻の切断は、いつ行われたのであろうか。明治三十四年（一九〇一）、日本美術院によって大修繕が施された時か、あるいはそれ以前の国宝ということへの意識が未だ薄い時代であろうか。鉄舟寺所蔵の国宝「方便品《ほうべんぼん》」、「妙音品《みょうおんぼん》」にも巻末に切断された痕跡がみられるという。おそらく、同時期に行われたと思われる。

私は、平成十六、十七年と田中家で、「提婆品《だいばほん》」の断簡（縦二六㎝×横二七・六㎝）を拝観させていただく機会をもった。およそ八百六十有余年という歳月を経ているが、その装飾は技の限りを尽くしたもので、断簡といえども威厳をもっている。「「提婆品」断簡の金箔部分の切り口と、鉄舟寺蔵巻末の金箔部分の切り口とがぴたりと合い、鋭利な刃で切断されたことがはっきりわかる」と、田中重氏はいわれた。本来はつながる一巻の経品でありながら、一方は、国宝『久能寺経』「提婆品」、かたや、一片の「古写経料紙断簡」である。二つの運命の糸筋を、私は複雑な思いで眺めていた。

『久能寺経』に使われている装飾料紙の紙質については、誰もが知りたいのではなかろうか。田中

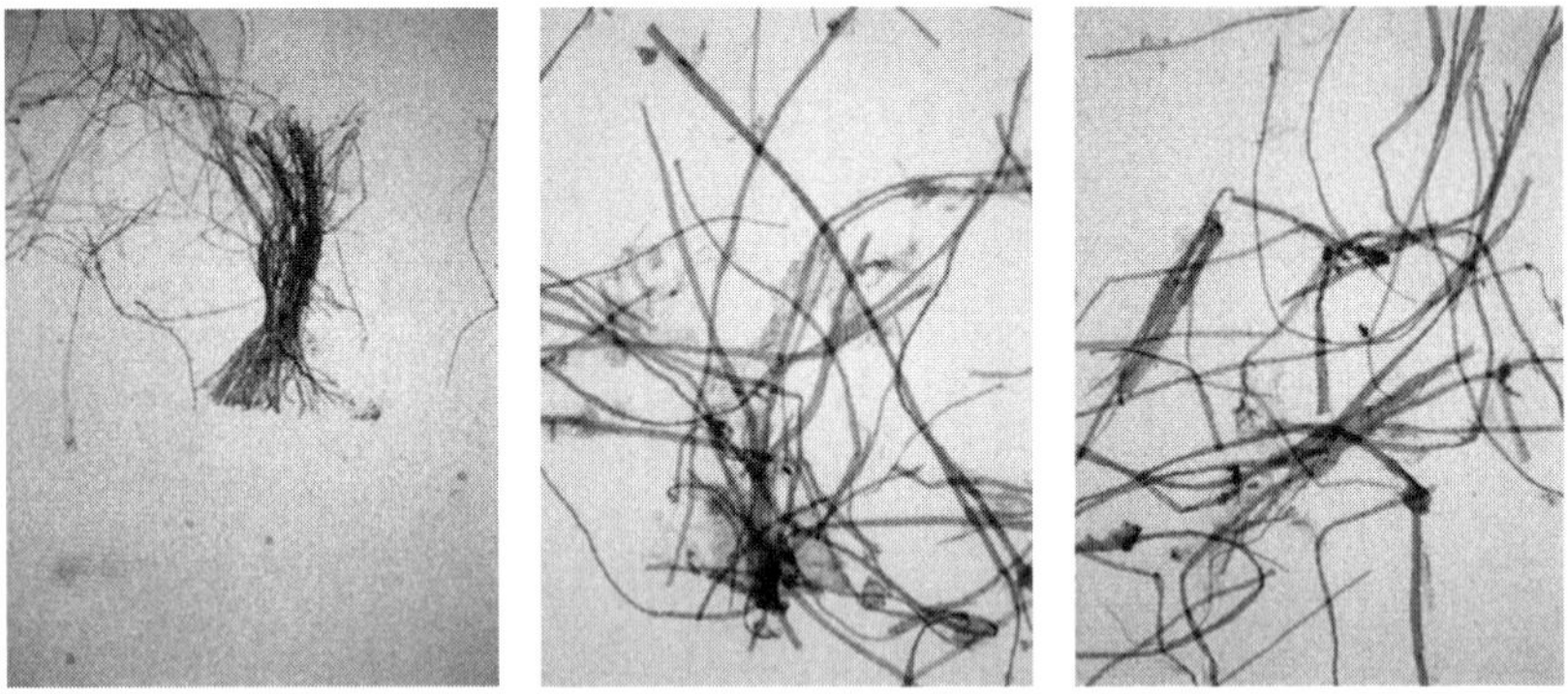

「提婆品」断簡（繊維調査—雁皮）

氏から断簡のよじれて切れかかっていた部分を数ミリいただき、紙質について検査することになり、「高知県紙産業技術センター」の大川昭典技官に依頼した。科学的調査の結果、断簡の繊維は「雁皮《がんぴ》」であることが判明した。「繊維と繊維がからまり合うことで、楮の二倍位、強靭な紙になる。雁皮紙は打紙しても変化はみられず、効果がないとあれば、『久能寺経』の料紙は打紙はしていないと思われる」といわれる。また、「平安時代の雁皮を使用した写経料紙はいくつか見ましたが、ほとんど繊維を切断して作っていました。九二七年の延喜式に紙の造紙工程が出ていまして、その工程には、(截)繊維を切る、(煮)にる、(択)ちり取り、(舂)臼《うす》で搗《つ》くとあり、楮も雁皮、麻などもすべて短く切っていました。この国の機関である紙幣寮には、年間に使用される原料や煮熟用の灰のことなど細かに記載されていますが、トロロアオイやノリウツギなどの抄紙粘剤の記述がなく、ためすきで紙を作っていたと想像されます。紙漉きには繊維の短い方が漉きやすく、臼で搗く工程も繊維を切ったものであれば、臼の中心を搗いていれば原料は自然に対流します」と教えていただいた。

西行は、頼長に料紙のよしあしは問わないといっている。この言葉から推し量ってみると、『久能寺経』の写経料紙は、結縁者によって各々撰ばれたと思われる。従って、「提婆品」が雁皮で漉かれていることが明らかになったとはいえ、それを以て他の経品すべての料紙が同じ原料、つまり雁皮と結論づけることはできない。平安貴族たちの用いた写経料紙のほとんどは、宮廷の工房で最高の紙が用意されたと思われるが、「不軽品」（弁阿闍梨心覚）の料紙をみると、金銀の散らしが施されてはいるが、他の経品に比べると地味な装飾であるので、あるいは高野の寺で用意されていた料紙とも考えられる。

〈装飾〉

紙染めのほとんどは草木染めであるが、その技術は驚くほど多様である。料紙を、隈《くま》ぼかし、吹きぼかし、雲様《くもよう》、霞様《かすみよう》に染め、その上に文様を描いたり満遍なく金銀大小の切箔、砂子、野毛を撒いたりしている。このような装飾技法は世界に類をみない日本独自のものである。『栄花物語』*（巻十六もとのしづく）でも、女房たちが「男の方がたもお誘いして御一緒に法華経を書き写して御供養しましょう」と話し合い、それぞれが担当する経品をいかにして極楽世界のように豪華に飾ろうかと心を砕いている。

紙の装飾加工は、天平十九年（七四七）の『正倉院文書』に「斐《ひ》紙《し》金銀《きんぎん》装飾《そうしょく》加《か》工《こう》紙《し》」とあるので、その頃すでに紙に金銀を施す技法が伝えられていたことがわかる。香を焚きしめたり、丁子《ちょうじ》で染めたりして香る紙も作っている。また、墨流しの技法も考案されている。十、十一世紀頃、宋の国の蜀《しょく》で文唐紙《もんからかみ》や高麗紙《こうらいがみ》が多量に作られ、日本へ渡来したというが、今ではほとんど湮滅《いんめつ》してしまっている。古筆渡来した紙から、より繊細により華麗にと豊かな美の感性によって日本独自の京唐紙をつくり、古筆の世界を彩るようになった。古筆の料紙には他に類をみないような技法を駆使したものがある。唐紙に厚様薄様の斐紙を使い、破り継ぎ、切り継ぎ、重ね継ぎなどを施した料紙も作られた。平安時代の和歌集は、美しく装飾された巻物や冊子本に当代の能書が筆をとっているので、貴族たちの調度品として珍重された。『元永本古今和歌集』や『三十六人家集』などが、それである。田中親美翁は、「問題は、こういう手法を考え出した昔の人の偉さである。こればかりは驚かずにはおられない。何のきっかけでこんな手法を考案したのか。（中略）切箔や野毛を撒いて砂子をさらにきらびやかに引立てる手法などは本当に大変な考案だ」（『田中親美*』）と語られている。

ところで、平安期には極楽をどのようなところとしてとらえていたのであろうか。『浄土三部経*』（大無量寿経・観無量寿経・阿弥陀経）という経典があり、その中でくり返し極楽浄土の光景を描いている（岩波文庫『浄土三部経　上・下』）。概略は次のとおりである。

極楽は、西方にある。七重の石垣とターラ樹（宝樹）の並木があり、黄金の鈴をつけた網で飾られ、風に吹かれて快い音色を出し、七宝（金、銀、瑠璃《るり》、珊瑚《さんご》、琥珀《こはく》、硨磲《しゃこ》、瑪瑙《めのう》）の美しい蓮池には、青、黄、赤、白の蓮華が光を放ち咲いている。池の底には黄金の砂が一面に撒かれ、鳥たちは法音を出し天の音楽となり天の花が降っている。自然は、七宝で作られ、果てしなく広がっている。講堂、精舎、宮殿、楼観みな七宝で荘厳されている。もろもろの浴池があり、池の岸には栴壇樹《せんだんじゅ》が茂り、香気が漂っている。さまざまな音楽が鳴っていて静かに吹く風は寒からず暑からず。視覚、聴覚、味覚、嗅覚、触覚などの五感を楽しませ、見事に荘厳されているところが極楽浄土であるという。そして、現世にあっては、これらのことを冥想し、観ずれば、己れを極楽浄土におくような平安の境地に達するのである。

『久能寺経』の装飾料紙には、如来によって仮作《かさく》された極楽に咲く花、囀り舞う鳥、衣を翻し舞う天女などが描かれ、草木には緑青や群青、紅など現世にはない想像の彩りを用いて極楽浄土の世界を現しているのである。

〈印象深い装飾の経品〉

◇化城喩品《けじょうゆほん》（結縁者　待賢門院女房別当殿）

波をテーマにした雲母摺《きらず》りの文様が、料紙全体に施されている。経裏《きょうり》も本紙《ほんし》と同じように満遍なく撒かれた銀砂子が重なり合っていて、銀色の波が遠い彼方から打ち寄せて来るような輝きをみせている。本紙の天地には金の切箔を撒き、茶褐色と銀のぼかしを施している。平成十八年一月、「書の至宝展」（東京国立博物館）で、宋代の「行書動止帖《ぎょうしょどうしちょう》」（沈遼《しんりょう》〈一〇三二〜八五〉）が化城喩品と共に展示された。中国の文唐紙《もんからかみ》の伝存を確認できる貴重な遺品である。この唐紙をもとに「化城喩品」の波の文様が創られたのではないか。ただ単に模倣してあるわけではなく、日本の風土、日本人の感性による雲母擢りの文様となっている。波の文様は、『源氏物語絵巻』「蓬生《よもぎう》」の詞書、『三十六人家集』の「元輔集《もとすけ》」、『平家納経』の「厳王品」の経裏に見られるが、みな意匠が同じであり、同一の版木が使われているということで大変興味深い。

◇安楽行品《あんらくぎょうほん》（結縁者　待賢門院女房中納言殿）

茶褐色のぼかしの料紙で、天地には金銀泥で蓮華や唐草を線描きし、金銀の切箔、砂子、銀野毛を満遍なく散らしてある。実に華やかでモダンな感じを受ける。経裏の文様が浮き出て、全体に濃茶の大きな蓮華唐草文様を散らしたように見える。見返しには絹が用いられている。

◇不軽品《ふきょうほん》（結縁者　弁阿闍梨心覚）

装飾は、他の経品よりすべてひかえめで地味である。僧侶の結縁経にふさわしいと思われる。薄手の料紙は淡いベージュで装飾はほとんど施されず、銀の切箔、砂子をほのかに散らしている。罫《けい》（界線《かいせん》）も薄墨で引かれている。

◇嘱累品《ぞくるいほん》（結縁者　式部大夫為範）（口絵参照）

仏の御教えを聞いて、五人の天女たちが軽やかに舞い大歓喜している様を表している。銀泥の池には、紅の蓮花とみどりの葉が伸び伸びと描かれている。他の経品と異なった個性のある表現である。

〈華やかな経品〉

◇随喜功徳品《ずいきくどくほん》（結縁者　故入道右府尼姫君）

淡い紅色の料紙全体に金銀の霞引きを施し、銀泥《ぎんでい》、緑青《ろくしょう》、紅などで蓮華、鳥、波などの文様を散らしてあり豪華である。

◇薬草喩品《やくそうゆほん》（結縁者　右衛門尉資経）

本紙は薄黄土色を霞様にぼかし、全体に銀砂子を撒いている。天地には、緑青や、群青《ぐんじょう》で秋草と竜胆《りんどう》の花や蝶を細やかに描き、金銀の切箔、砂子を散らしてある。

◇従地湧出品《じゅうじゆじゅつぽん》（結縁者　女御殿女房伯耆殿　安房守親忠室）

薄いベージュの地に鳥や蓮華を散らし、金銀砂子を撒いている。天地には、金泥で蓮華を大きく描き、群青や緑青で彩づけし金銀砂子、野毛を散らしてある。

◇譬喩品《ひゆほん》（結縁者　待賢門院）

本紙は、紫の霞様に染めた地に飛ぶ鳥や折枝、紅葉などの文様を描き、金銀砂子、野毛などをくまなく撒き散らしてある。経裏はモダンな趣きをもち、その美しさは凄ささえ漂わせる。

『久能寺経』の装飾は、贅の限りを尽くし、細かい部分まで過度と思われるほど入念に凝って造形されている。経品の結縁者が極楽往生をより確かなものにしたいと願い、最高の装飾料紙を望まれたのであろう。その製作を引き受ける者も最高の技を駆使して、浄土の世界を創り上げようとしたと思われる。

第八章　『久能寺経』流転

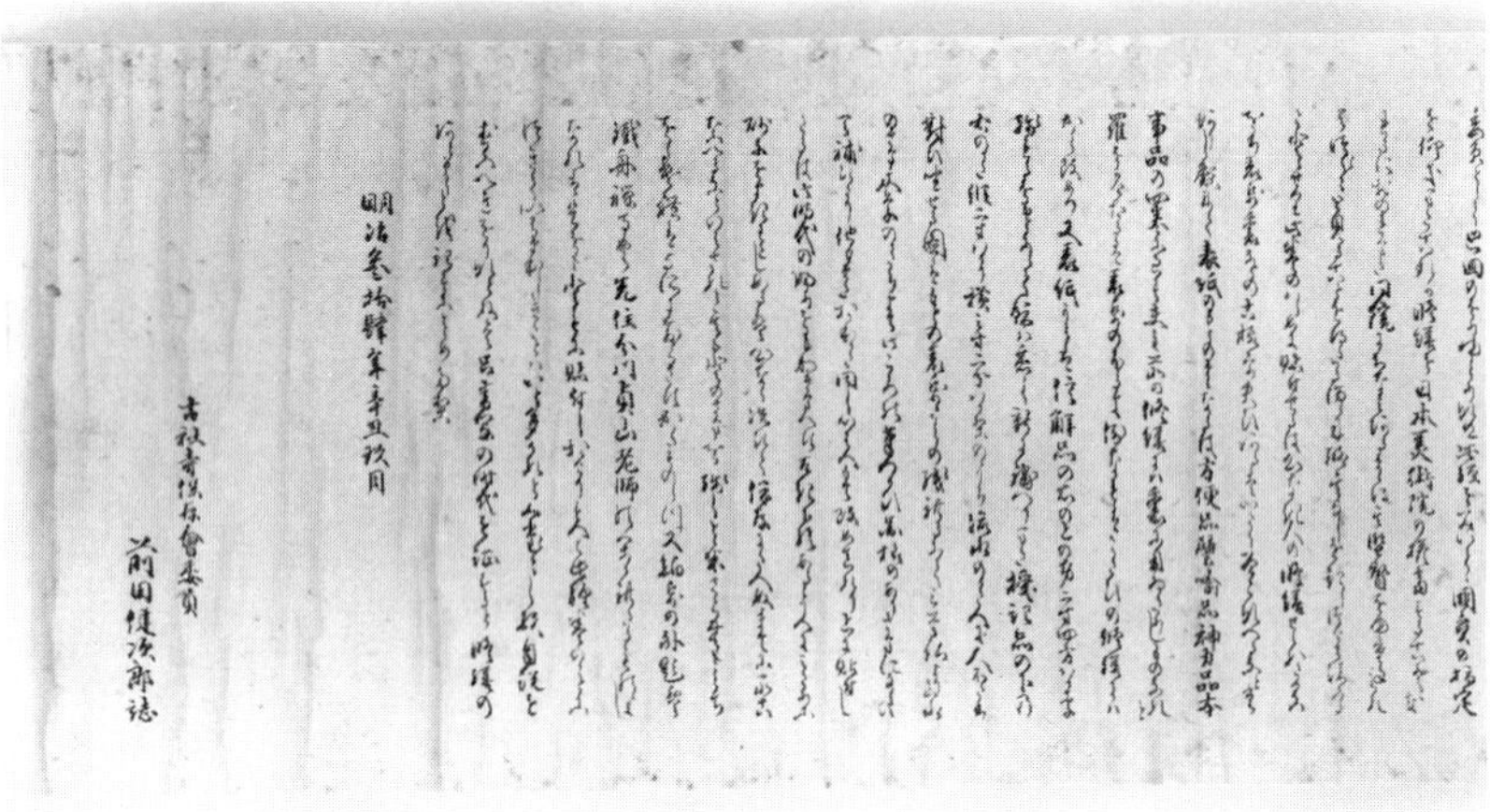

『久能寺蔵妙典考証及重修之記』

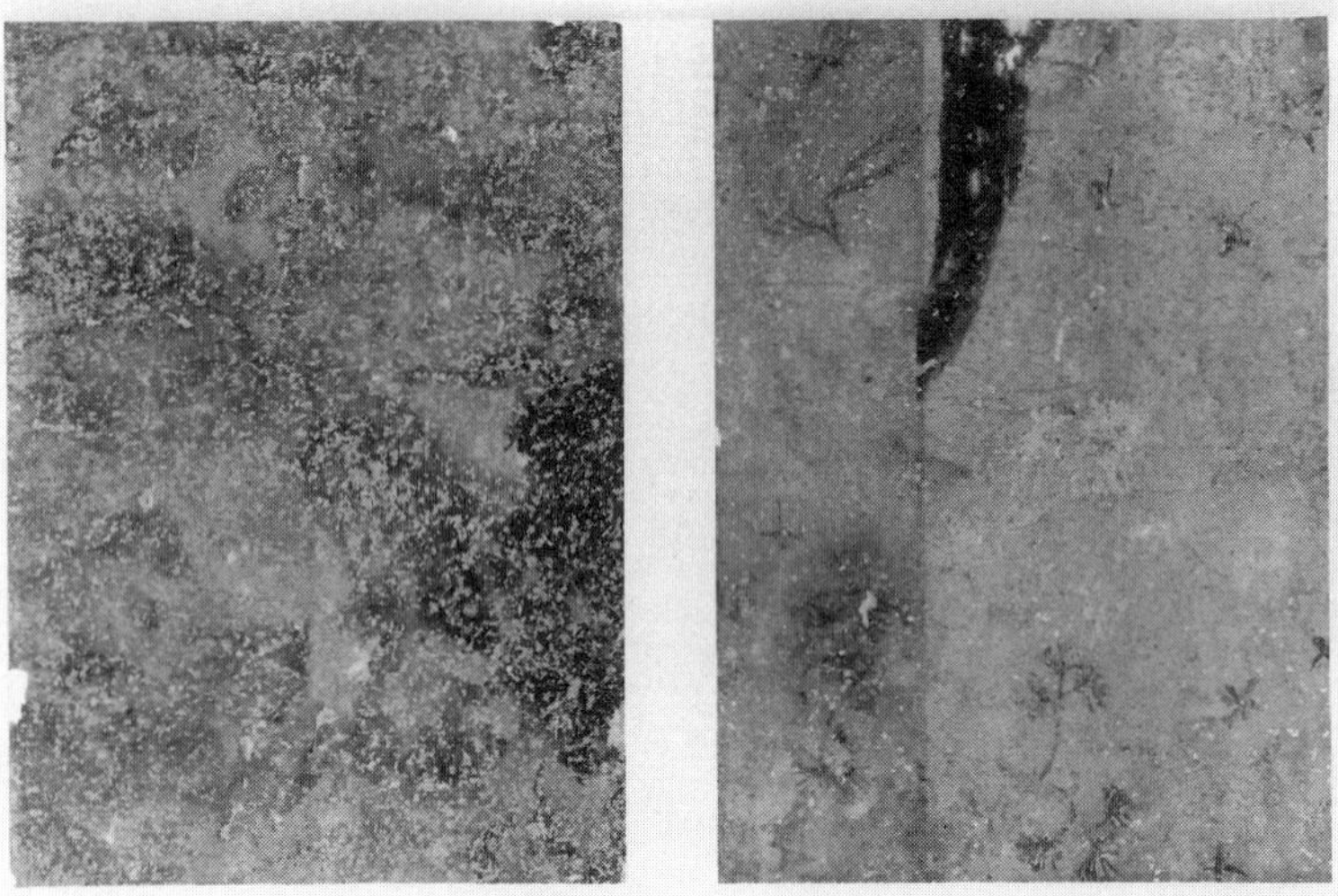

「切断された見返し絵」

切断された見返し絵

ある時、鉄舟寺の香村俊明住職から「『久能寺経』の他にもう一巻、同じような装丁の巻物が東京国立博物館に預けてあるんです」というお話をいただいた。『久能寺経』の謎を解く鍵がまだあるのかと私の心は躍った。それは、『久能寺《くのうじ》蔵《ぞう》妙《みょう》典《てん》考《こう》証《しょう》及《および》重《じゅう》修《しゅう》之《の》記《き》』と称する巻物のことであった。末尾に「古社寺保存会委員　前田健次郎誌」とある。前田健次郎は、天保十二年（一八四一）東京に生まれ、日本の工芸絵画等の美術考案家として、また、古社寺保存会委員として活躍した人物である。

　鉄舟寺に伝わる『久能寺経』が国宝に指定されたのは、明治三十三年（一九〇〇）四月七日のことであり、鉄舟寺の『温《おん》故《こ》集《しゅう》要《よう》』（全）の文書によれば「内務省ヨリ御修繕料金一千六百三拾五円四拾四銭ヲ御下賜セラル」とある。国から御下賜金があり、日本美術院の手によって『久能寺経』の大修理が行われた。長い歳月を経て傷んでしまった見返し絵が切断され、新しいものにつけ替えられた。前記の巻物は、その仕事に携わった前田健次郎が責任者として記録したものである。

　巻物を広げると、驚いたことに冒頭より幅一五cmから二〇cmほどの裂《きれ》が貼付されている。数えてみると十四枚ある。それらは古い見返し絵や表紙の裂のようであるが、一見して新しいものも混在している。裂のほとんどは彩りさえも定かではないが、紫色の裂だけはまだあでやかさを残していて、鳥の姿や松の枝、柳の枝などが見える。繊維が雲様に入っているものや、紗《しゃ》、または、羅《ら》のようなものがはってあるものもある。かと思うと藍色や群青色《ぐんじょういろ》の新しい紙に一面に金のもみ箔を施したものがある。裂はどの経巻の見返し絵や表紙であったのか記されていないので、推測は不可能である。更に、巻物には金箔の題簽《だいせん》十七枚が貼ってある。「鉑紙《はくし》の外題《げだい》は、鉄舟禅寺の先住・今川貞山老師のかかれたるもののよしなれば、是をも共に貼付しおけり」とあることから、鉄舟寺第一代住職・今川貞山が、破損はなはだしい『久能寺経』の有り様を見かねて、私財を投じ応急の処置を施した時のものとみられる。

巻物の巻末には、経品の表紙が平安時代当時のままであるのは、「方便品」、「譬喩品」、「神力品」、「厳王品」の四巻のみであると記されている。寺より流出した八巻については、何も触れていない。

此巻のはじめに貼付せるは、心なき人の修繕せられたるをり、表紙裏などの古様を失ひあるは、いたくそこなへるなどもありし類にて……（中略）……心なき人によってもとのすがたを失ってしまったり、そこなわれたりしているとある。前に行われた修繕とは、一体いつのことなのか。更に、次のような記述がみられる。

夫も前の修繕には裏に用ゐたりしものなれど、羅をかけたるは、表紙のふるき例なれば、こたびの修繕には、かく改めつ。

貼付されている中で、唐草文様に羅とおぼしきオリーブ色の裂のことであろうか。「随喜功徳品」（武藤家蔵）の表紙には羅《ら》が使われているが、他の経品にも同じ様な羅が施されていたことがわかる。

また、授記品の下の右かた、縦二寸ばかり、横三寸二分ばかりのうち、流水のかたへに人ふたり対ひ坐せる図は、もとの表紙のうらの残れるにて、三尊仏より山水のさま、木草のかたちまで、このごろの筆づかひ、図様のありさまにならひて補ひたり。他もまたおほかた同じ心ばへもて改め造れり。

現在の「授記品」の見返し絵をよくみると、確かにその位置に赤茶色の地に金の線描きで、小さく二人の人物が洲浜の波寄せる岸辺に相対して描かれている。書写当時の絵をその部分だけ残して描いているのである。補修の部分は、赤茶の地に山や木草、岩を線で描き、釈迦三尊仏を上方に描いている。他の経巻も同様に改めて作られたことがわかる。

日本美術院の修繕によって生まれ変わった『久能寺経』の見返し絵は、私の目からみると原本の趣きをそこねているような派手さがある。本紙（写経の部分）にそぐわない見返し絵や題簽の色などをみると、一抹のわびしさを覚える。

上に貼付したるは、此時代のふりをもわきまへず、古き下絵あるうへに、みだりに砂子をまきわたしあるは、心なく洗ひて保存にたへぬまでにそこなへるなどのみ。されど其もとのさまを残しとどめざらむと、くちをしければ、よそに散らさず、かくものしつ。

古い下絵の上にみだりに砂子を撒いたり、洗ったりして損なっているものなどもあるという。いろいろ問題があるとしても、前田健次郎が『久能寺経』を書写当時の形のままにとどめたいという思いで、苦心を重ねた様子がうかがわれる。『久能寺経』が、もともとどういう姿であったのか、残っている本紙や武藤家所蔵の見返し絵から想像の糸を手繰るより他ないのである。

前田健次郎は、『久能寺経』施入について、『久能寺縁起』の記述に疑問点があることを指摘している。

康永元年に記せる久能寺縁起に、平家一門これを崇め、種々の重宝を収む。法華経二十八品、各一名づつ、こゝろ〳〵に、料紙をいろどり、書写し、名字・名乗を注して庫蔵に納めたる今に残れりとあるは、此経のことをいへるに似たれども、是は平家一門云々の次に記すべきものにあらず。今は散佚《さんいつ》して本寺にあらざれど、もとはかしこくも鳥羽上皇を初め奉り、現在せる女御の御筆、待賢門院の御筆、おなじ御かたの女房たち、上達部《かんだちめ》数人と僧綱《そうごう》も交りて、かゝれたれば、平家には聊も関係なく、全く禁中より奉納せさせ給へるものなるを、何とてかくは記すべき。

『久能寺経』は、宮中より奉納されたものであって、平家一門とは何の関係もない納経であるといっている。彼にとっては、宮中の人びとの書写による立派な結縁法華経がこのような形で鉄舟寺に存在していることは、大変不思議なことであったであろう。

ここで、『久能寺経』の伝来について振り返ってみよう。

明治時代、流出した『久能寺経』八巻のうちの四巻は、「久能寺什物法花廿八品目録」と共に朝吹柴庵が入手している。「目録」の紙背には、三人の僧名が記されている。院主坊法印・宥誉《ゆうよ》（久能寺十一世、正保二年〈一六四五〉七月三日示寂)、連なる二名は、妙楽院快成《かいせい》(久能寺塔頭の僧)と久能寺衆徒を代表する僧(寺家)である。「目録」は宥誉によって書かれている。それには、「当寺重宝也　一紙モ不可有紛失者也」つまり、この寺の重宝であるから一紙たりとも紛失してはならないといっている。「目録」では「阿弥陀経」、「心経」の存在を伝えているが、果たしてその二巻が、『久能寺経』一具のものであったかどうか、手がかりはない。この「目録」は朝吹家に渡っていたので、「朝吹文書」といわれる。巻子本で書写の年紀はないが、目録の作成は江戸時代前期十七世紀と考証されている(『古筆と写経』*)。

「目録」によれば、『久能寺経』の「序品」、「五百弟子品」、「分別功徳品」、「法師功徳品」、「陀羅尼品」は、記録がないことから江戸前期にはすでに五巻が失われていたことがわかる。もともと『久能寺経』は三十品であって、それに「阿弥陀経」と「心経」が添えられ、正式な法華写経の形をとっていたものと思われる。藤原俊成の釈教歌や西行の法華経歌もその形をとっている。しかし、『久能寺経』が成立してから宥誉が一六〇〇年代に調査するまで、五百年余りについての記録は見当たらない。

十七世紀の将軍は、二代徳川秀忠、三代家光である。日光東照宮が建立され、隠元《いんげん》が「黄檗宗《おうばくしゅう》」を伝え万福寺《まんぷくじ》が創建されている。武田家によって有度山東麓に移された久能寺のことは、徳川家も承知するところで厚く保護されていた。もちろん、『久能寺経』のことも知られていた。宥誉が記録した目録は、あるいは幕府の命による調査であったのかも知れない。やがて幕府が儒学を奨励するようになると、仏教の衰微をみる時代へと移っていく。

前田健次郎は、散逸した『久能寺経』について次のように述べている。

> 安政五年、紀の新宮の水野家にて調査したる記文には、鳥羽上皇をはじめ、廿四巻存すといひ、
> 元治元年板橋貫雄の実見せし手記には、又、五巻を減じたり。……（中略）……

「紀の新宮の水野家」とは、紀州家付家老で三万五千石の丹鶴《たんかく》城主・水野忠央《ただなか》（一八一四〜六五）のことである。文学芸術を好み、学問に秀れた人物であった。水野忠央の調査では、「一巻を減じ二十四巻現存している」と述べているが、古筆学の小松茂美博士は、編者の誤認で二十四巻には「無量義経」と「観普賢経」が含まれておらず、また、補入品の「陀羅尼品」を加えているため、正しくは二十五巻存在していたことを明らかにされている（『*古筆と写経』）。元治元年（一八六四）「実見《じつみ》せし手記」（板橋貫雄《つらお》）によれば、「更に五巻を減じている」とある。前田健次郎は、

> されば、其後、四十年ちかきあひだに弐巻散佚したりとみえて、現存するもの拾九巻とはなれる
> なりけり。

と記述している。

明治十六年（一八八三）、久能寺は鉄舟禅寺として再興され、同二十年（一八八七）『久能寺経』十九巻（後世補入「陀羅尼品」、「勧発品」二巻含）が、第一代住職・今川貞山に引き継がれた。

鉄舟寺に国宝として伝えられている『久能寺経』は、十九巻の内、平安時代のものは十七巻である。

『久能寺蔵妙典考証及重修之記』は、明治時代の『久能寺経』の状況がわかる貴重な巻物である。前田健次郎が、鉄舟寺において『久能寺経』の国宝指定を仰ぎ、修理を施し力を尽くした様子を詳らかに伝えている。

おのれら古社寺保存会の委員として、巡廻のをりゆくりなく、此経をみいでゝ、国宝の指定を仰ぎ、またこれが修繕を日本美術院の担当することゝなれるに、おのれまた同院にちなみあるまゝに、其監督をゆだねられて、つく〴〵と見ることを得たるまゝに、聊《いささか》其よしを記しつけて添ふることゝせり。……（中略）……すべて、此経巻のことにつきて、いはまほしきことはいと多かれど、くだ〴〵しく自説を述ぶべきをりならねば、只書写の時代を証すると修繕のあらましとを記すにとゞめたり。

明治参拾肆（四）年　辛丑《かのとうし》玖（九）月

古社寺保存会委員
前田健次郎誌

『久能寺経』伝来の記録

◇康永元年（一三四二）

「久能寺縁起」（久能寺一沙門書）

平家之一門崇之収種々之重宝。

法華経廿八品各一品宛心々綵料紙。……

◇江戸時代初頭（一六〇〇年代）

「久能寺什物法花廿八品目録」（久能寺院主坊法印宥誉）

三十巻のうち五巻欠　二十五巻蔵

◇寛政九年（一七九七）

「駿河国志補遺《するがこくしほい》」巻七（楢村惟明《ならむらこれあき》著）

二十五巻蔵

◇文政十二年（一八二九）

「駿河国新風土記」（新庄道雄著）

二十五巻蔵（重複の記載あり）

◇天保十三年（一八四二）

「駿国雑志」（安倍正信著）

二十五巻蔵（「寺伝云・久能寺什物法花廿八品目録」宥誉）

◇安政五年（一八五八）

水野忠央　調査記録及び模写（二十四巻と誤認）

二十五巻蔵

◇元治元年（一八六四）八月

「実見せし手記」（板橋貫雄模写手記）

十九巻蔵

◇明治十六年（一八八三）四月九日

「元久能寺附宝物」（久能寺住職代理・内藤寿明より戸長役所へ移管）

十九巻蔵（補入品二巻陀羅尼品・勧発品を含む）

◇明治二十年（一八八七）四月十七日

久能寺住職久野岩雄より鉄舟寺第一代住職今川貞山へ引き継がれる。

十九巻蔵（補入品二巻含む）

◇明治三十三年（一九〇〇）三月十五日

静岡県知事へ「報告書」（鉄舟寺住職三浦自覚）

十九巻蔵（補入品二巻含む）

◇同年（一九〇〇）四月七日

国宝指定となる。

紙本墨書法華経十九巻（補入品二巻含む）。

◇明治三十四年（一九〇一）九月

鉄舟寺国宝十九巻の大修繕（古社寺保存会より日本美術院が行う）。

『久能寺蔵妙典考証及重修之記』（前田健次郎著）一巻、鉄舟寺へ納入される（東京国立博物館寄託）。

◇明治四十一、二年（一九〇八、〇九）頃

江戸時代末、流出の八巻（「薬草喩品」、「法師品」、「安楽行品」、「涌出品」、「随喜功徳品」、「勧発品」、「寿量品」、「無量義経」）を大阪の丹治竹次郎が入手する。

やがて、東京へもたらされる。

朝吹柴庵が四巻（「薬草喩品」「随喜功徳品」「涌出品」「勧発品」）を購入する。大正時代に武藤山治に渡り、現在は武藤家が所蔵する。

三井八郎次郎が一巻（「寿量品」）を購入する。現在は東京神田の古書店が所蔵する。

◇大正元年（一九一二）

益田鈍翁が三巻（「法師品」「安楽行品」「無量義経」）を購入。後に、東京国立博物館所蔵となる。

◇大正二年（一九一三）

江戸時代初に亡佚五巻の内、「序品」と「法師功徳品」が出現し、益田鈍翁が購入する。（四六頁参照）

昭和二十年代になり五島慶太に渡り、現在は五島美術館が所蔵する。

◇大正十二年（一九二三）

田中親美が「提婆品」、「嘱累品」の巻末部分の料紙断簡を中村富次郎より購入する。（二〇九頁参照）

◇昭和六年（一九三一）三月

「静岡県史蹟名勝天然記念物調査報告」（足立鍬太郎）によると、久能寺から散逸した経品について、次のように掲げている。

薬草喩品第五　　法師品第十
安楽行品第十四　　従地涌出品第十五
如来寿量品第十六　　分別功徳品第十七半不足
随喜功徳品第十八　　無量義経
金剛寿命陀羅尼経（待賢門院女房中納言）

本経は、元来、法華経二十八品、開結両経、及び、金剛寿命陀羅尼経計三十一軸あったことを伝へてゐるが、之を後の平家厳島経の例に拠れば、尚ほ、二軸を加へて三十三の数を具足してゐたのではあるまいか（『久能山叢書第三編』資料集・中）。

文政十二年（一八二九）に行われた調査（『修訂駿河国新風土記』*）では、「金剛寿命陀羅尼経《こんごうじゅみょうだらにきょう》」（待賢門院女房中納言書写）の存在が記されている。その御経は、「諸人《もろびと》の求めてやまなかった不死を説く」という内容をもつもので、待賢門院中納言局が女院の「不死」を願って書写されたと考えられる。中納言局は女院落飾の折には共に出家し結縁歌を発意している。あわせて、『久能寺経』の「安楽行品」に結縁している。

足立鍬太郎は、「金剛寿命陀羅尼経」を、『久能寺経』一具として伝えたものとし、更に、江戸時代の調査で存在が確認されていた「阿弥陀経」と「心経」を共に加えて、三十三の数が『久能寺経』ではなかったかと推定された。今となっては確かめようのない「金剛寿命陀羅尼経」の所在であるが、この世の何処《いずこ》にか存在しているのでは…と一縷《いちる》の望みをかけている。

受け継がれゆく文化財『久能寺経』

目録「元久能寺附宝物」によれば、明治十六年（一八八三）四月九日、『久能寺経』は、他の寺宝類と共に戸長役所へ移管されている。明治十六年、鉄舟が久能寺の再興に着手したとはいえ、未だ本堂も整わない荒寺であり、寺としての組織もできあがっていなかった。寺宝である『久能寺経』を収蔵する蔵もなかったようである。明治三十三年（一九〇〇）、『久能寺経』は国宝に指定されたが、その後どのような形で保管されてきたのであろう。

明治四十三年（一九一〇）になって、ようやく鉄舟寺本堂が建立され一寺として完成する。昭和四年（一九二九）、「国宝保存法」が成立し、価値ある文化財は守られるようになった。昭和六年（一九三一）、『久能寺経』の調査にあたった足立鍬太郎は、次のように記している。

三月二十七日、東京帝室博物館に請ひ、同館鑑査官補石田茂作氏等の指示により、保管中の同経を通覧研究した結果は、左の通りである。

鉄舟寺蔵『久能寺経一覧表』（著者注・本書四九頁参照）

以上は、明治三十三年国宝に指定され、同四十二年より博物館に出陣を命ぜられ、修補を加へられたが其際厳島経を準拠として整理されたやうである。……

（『久能山叢書第三編』資料集・中）

『久能寺経』は国宝に指定されて以来、帝室国立博物館（東京国立博物館）に寄託し、保管されていたのである。

第二次世界大戦下における文化財保護は困難を極め、国の史跡なども指定解除され、やむなくとり壊されたところもある。戦火がますます激しくなり、博物館に寄託されていた宝物類は分散疎開の措置がとられ、『久能寺経』も鉄舟寺に帰蔵された。しかし、鉄舟寺近くには日立製作所の軍需工場があり、危険であったため、『久能寺経』は伊藤台巖《たいがん》住職が兼務していた信州飯山市の正受庵《しょうじゅあん》へ疎開させて、無事終戦を迎えるという経路を辿った。

鉄舟寺に当時の記録が少しでも残されていないかと御住職香村俊明師にお尋ねしたところ「戦時中は本当に貧しく記録する紙さえなかった。まず、まわりの困る人びとを助け、寺宝を身につけて寺を守ることが精一杯の時代であった」とのこと、まさに激動の嵐であった。

昭和二十年（一九四五）、ＧＨＱ（連合国軍総司令部）から日本政府へ重要美術品認定を急ぐよう調査命令が出された。戦後の社会経済の混乱の中で、海外流出の危機にさらされた古美術品の散逸を防ぐためである。昭和二十五年（一九五〇）、「国宝保存法」は廃止され、新しく「文化財保護法」が成立している。私は、日本の重要な文化財は、ずっと昔から国によって保護されてきたものと思っていた。けれども「文化財保護」という言葉は、第二次世界大戦後に生まれたのである。日本の文化的な財産、精神的にも価値があり歴史の重みをもつ事物の滅失、損壊するおそれに対しての保護は、昭和になってようやく推進されたのである。

鉄舟寺所蔵の『久能寺経』十九巻（補入品二巻を含む）は、昭和二十七年（一九五二）十一月二十二日、国宝「書跡・典籍の部」に指定された。昭和三十一年（一九五六）になって、東京国立博物館に寄託、大切に保管され現在に至っている。流転の道を辿り所々に分蔵されている経巻も、昭和二十七年には重要文化財に指定され守られ受け継がれている。

『久能寺経』が成立してから八百六十有余年の歳月が過ぎ、ともすれば、現代の人びとからは忘れ去られ消え去ろうとしているかのようにみえる。ビルが建ち並び、車の走り去る音が絶え間ない街、建築工事のけたたましい騒音、あわただしく行き交う人々、科学・医学をはじめとする学術の進歩、後を絶たない地獄を思わせる殺伐とした事件、それらはどう手を施す術もない現世の姿である。祈りや写経によって、来世への安穏を求めた平安時代の人々の心は、もうすっかり過去のものになってしまったのであろうか。

世界に誇る国宝『久能寺経』は、戦国の世を経て、神仏分離政策による「廃仏毀釈」という嵐、そして、「第二次世界大戦」という激動の嵐をも乗り越えて、今に受け継がれ厳然として存在している。ひたすらな祈りを込めた平安貴人たちの念いは、長い歳月を経ても少しも褪せることなく、今に伝えられているのである。

法金剛院の蓮花

『久能寺経』関連略年譜

時代	西暦	年号	駿河国と久能寺関連事項	国の動きと待賢門院璋子関連事項
古墳	五三八	欽明七年		百済より仏教伝来。
飛鳥	五九三	推古元年	この頃久能忠仁《ひさよし》（秦氏）が久能寺を草創する。	聖徳太子摂政となる。仏教興隆の詔。
	六〇七	推古十五年		法隆寺創建。
奈良	六一五	推古二十三年		聖徳太子が三経義疏を撰述す。
	六四五	大化元年		大化の改新。
	六四六	大化二年	庵原《いおはら》と珠流河《するが》をあわせ駿河国とする。	
	六六三	天智二年		白村江の戦。
	六八一	天武十年	駿河国に条里制がひかれる。	
	七〇一	大宝元年	清見関が置かれる。安倍の市が開かれる。 麻機、賤機、服織の地名が出来る。	大宝律令制定。
	七一〇	和銅三年		平城京遷都。
	七一六	霊亀二年	秦氏が有度浜で製塩を行う。	
	七二三	養老七年	行基が「補陀落山久能寺」を再興する。	

時代	西暦	和暦	久能寺	一般
	七四一	天平十三年	（駿河七観音の造立）。駿河国に国分寺が建立される。	全国に国分寺・国分尼寺が設置される。
	七五二	天平勝宝四年		東大寺大仏開眼供養。
平安	七九四	延暦十三年		平安京遷都。
	七九六	延暦十四年	東海道を開く。	
	八〇五	延暦二十四年		最澄が比叡山に天台宗を開創する。
	八〇六	大同元年		空海が高野山に真言宗を開創する。
	八二八	天長五年		この頃から荘園が広まる。
	九八五	寛和元年		源信が『往生要集』を著す。
	一〇五二	永承七年		「末法の世」に入る。
	一〇五三	天喜元年		藤原頼通「平等院阿弥陀堂（鳳凰堂）」落成。
	一〇六二	康平五年	久能寺で「法華八講」始まる。「十二所権現」勧請。	
	一〇八六	応徳三年		白河上皇「院政」を始める。
	一一〇一	康和三年		藤原璋子生誕。のちに祇園女御の養女となる。
	一一〇三	康和五年		鳥羽天皇生誕。
	一一〇五	長治二年		璋子著袴《ちゃっこ》の儀（五歳）。白河法皇に養育される。奥州平泉の藤原清衡が「中尊寺」を建立する。
	一一〇九	天仁二年	久能寺で「法華三十講」修せらる。	

『久能寺経』関連略年譜

時代	西暦	和暦	久能寺関連	一般事項
平安	一一一二	天永三年	久能寺に「常行三昧堂」建立される。	白河法皇六十歳の算賀。
	一一一四	永久二年	「不断念仏」勤行。「法華経」読誦、「大般若経」真読などを定例化する。	
	一一一七	永久五年		璋子裳着《もぎ》の儀。鳥羽天皇に入内し、女御となる（十七歳）。
	一一一八	元永元年		璋子中宮となる。佐藤義清（西行）生まれる。
	一一一九	元永二年		璋子、第一皇子（崇徳天皇）を出産。この頃、「源氏物語絵」発案か。
	一一二三	保安四年		鳥羽天皇譲位。崇徳天皇即位。
	一一二四	天治元年		白河の花の宴。璋子、待賢門院の院号を賜る。待賢門院の院庁が設置される。平泉中尊寺に金色堂建立。
	一一二五	天治二年		三院（白河法皇・鳥羽上皇・待賢門院）による熊野詣で始まる。
	一一二八	大治三年	藤原永範が、遠江国質侶荘を「円勝寺」に寄進する。	待賢門院璋子の御願寺「円勝寺」落慶供養。
	一一二九	大治四年	藤原忠能が駿河守に重任される。	白河法皇崩御（七十七歳）。鳥羽院院政始まる。
	一一三〇	大治五年	待賢門院が駿河国に荘（益頭荘）を立てる。	待賢門院、御願寺「法金剛院」落慶供養。
	一一三一	天承元年		藤原義清（西行）、待賢門院の兄実能

平安				（徳大寺家）の家人《けにん》となる。
	一一三五	保延元年	皇后泰子が遠江国初倉荘を宝荘厳院に寄進される。	義清（西行）、鳥羽院北面の武士となる。
	一一三七	保延三年	藤原顕広（俊成）が遠江守となる。	
	一一三九	保延五年		藤原得子が皇子（近衛天皇）を出産し、女御となる。
	一一四〇	保延六年		義清（西行）出家（二十三歳）。
	一一四一	永治元年		鳥羽上皇出家。高陽院泰子出家。崇徳天皇譲位。近衛天皇即位。女御の得子は皇后となる。信朝の得子への呪咀事件。
	一一四二	康治元年	藤原顕広（俊成）が遠江守に重任される。念空が久能寺へ錫杖を施入する。この頃、久能寺へ「法華経」が施入される（『久能寺経』）。	待賢門院出家（四十二歳）。女房堀河局と中納言局も共に出家。西行は結縁法華経を勧進する。中納言局は法華経歌を求める。 待賢門院熊野詣で。（十三回目）
	一一四五	久安元年		待賢門院璋子崩御（四十五歳）。法金剛院三昧堂に送葬される。
	一一四六	久安二年	この頃西行、久能の山寺で詠歌か。	待賢門院璋子一周忌法要。この頃西行陸奥へ旅立つ。
	一一四七	久安三年	久能寺で覚智が「大般若経」を書了する。	全国でこの頃「大般若経」が盛んに書写される。
	一一四九	久安五年	富士上人末代が勧進し「一切経」を富士山に埋経する。	藤原得子女院号を定められ美福門院となる。

『久能寺経』関連略年譜

時代	西暦	和暦	久能寺関連事項	一般事項
平安	一一五六	保元元年	久能寺の覚音が「大般若経」を校了する。	美福門院得子出家。鳥羽法皇崩御（五十四歳）。「保元の乱」（崇徳院讃岐へ配流）。
	一一五八	保元三年		後白河法皇が院政を始める。
	一一五九	平治元年	藤原教長が駿河守となる。	「平治の乱」。
	一一六〇	永暦元年	久能寺で「仁王講」始まる。	美福門院得子崩御。
	一一六二	応保二年	久能寺の星光坊見蓮が「十二所権現勧請札」を作り直す（藤原教長揮毫）。	
	一一六四	長寛二年		平清盛が厳島神社へ「平家納経」を奉納。
	一一八二	養和二年	久能寺で「対法蔵疏鈔書」が書写される。	
	一一八五	文治元年		「壇の浦の戦」（平氏滅亡）。
	一一九〇	建久元年		西行、弘川寺にて入滅（七十三歳）。
鎌倉	一一九二	建久三年		源頼朝が鎌倉幕府を開く。
	一二〇〇	正治二年	「狐ヶ崎の戦」で梶原景時親子自害。	
	一二二一	承久三年		「承久の乱」。
	一二二三	貞応二年	『海道記』に久能寺のことが書かれる。	
	一二二五～二七	嘉禄元年～安貞元年	嘉禄年間に久能寺が焼失する。	
	一三三三	元弘三年		鎌倉幕府滅亡。
南北朝	一三三八	暦応元年		足利尊氏が室町幕府を開く。
	一三四二	康永元年	久能寺の一沙門が『久能寺縁起』を著す。	
	一三五一	観応二年	久能寺で足利直義が「戦勝祈願」する。	
	一三五二	観応三年	久能寺で今川範国が「戦勝祈願」する。	

時代	西暦	和暦	久能寺	一般
室町	一四六七	応仁元年		「応仁の乱」起こる。
室町	一四六九	文明元年		待賢門院花園西陵が盗掘される。
室町	一四七七	文明九年		「応仁の乱」終わる。
室町	一四八五	文明十七年	祐芸が駿河国分尼寺より「大般若経」を久能寺へ転施入。	
室町	一五二六	大永六年	今川氏親が、「仮名目録」（分国法）を制定。	
室町	一五四九	天文十八年		ザビエルがキリスト教を伝える。
室町	一五五八	永禄元年	久能寺が浅間神社流鏑馬の別当職を担う。	
室町	一五六五	永禄八年	今川氏真が久能寺「観音堂」を再建する。	
室町	一五六八	永禄十一年	甲斐国武田信玄が駿河国今川氏を攻略し、「久能城」を築く。久能寺は有度山東麓へ移され、武田氏の祈祷所（新義真言宗）となる。	織田信長上洛。
室町	一五七三	天正元年		室町幕府滅亡。
安土桃山	一五八二	天正十年		武田氏が徳川家康に滅ぼされる。「本能寺の変」で信長没する。
安土桃山	一五九〇	天正十八年		豊臣秀吉が全国を統一する。
安土桃山	一五九八	慶長三年		豊臣秀吉没する。
安土桃山	一六〇〇	慶長五年		「関ヶ原の戦」。
	一六〇三	慶長八年		徳川家康が江戸幕府を開く。
	江戸初頭		この頃、宥誉により「久能寺什物法花廿	

『久能寺経』関連略年譜

時代	西暦	和暦	事項	一般事項
江戸			八品目録」(『久能寺経』二十五巻現存）が作成される。	
	一六一六	元和二年	徳川家康が没し、久能山に「東照宮」が造営される。	
	一六二五	寛永二年	諸藩の儒学奨励。この頃から仏教衰微する。	
	一七〇三	元禄十六年	久能寺は朱印地を与えられ、「補陀落山来迎院久能寺」と称し、真言宗智積院（京都）の末寺となる。	
	江戸末期		『久能寺経』八巻が流出する。	
明治	一八六七	慶応三年		大政奉還（江戸幕府崩壊）。王政復古の大号令。
	一八六八	明治元年	廃仏毀釈により、久能寺は観音堂のみとなる。	明治維新。「神仏分離令」発布される。
	一八六九	明治二年	駿河府中藩は静岡藩となる。	江戸を東京と改称。
	一八七一	明治四年	静岡藩は静岡県となる（廃藩置県）。	「太政官布告」（古文化財保護）が発布される。
	一八七二	明治五年	久能寺の妙楽院は高源寺に売却される。	
	一八八三	明治十六年	『久能寺経』は戸長役所へ移管される。十七巻現存。久能寺は山岡鉄舟により臨済宗「補陀落山鉄舟禅寺」として再興を図らる。	

時代	西暦	和暦	事項	一般事項
明治	一八八九	明治二十二年	静岡市政施行。	大日本帝国憲法公布。
	一八九四	明治二十七年		「日清戦争」。
	一八九九	明治三十二年	清水港開港。	
	一九〇〇	明治三十三年	法華経『久能寺経』十九巻（補入品二巻含）が国宝に指定される。	
	一九〇一	明治三十四年	『久能寺経』が大修繕される。この頃、帝室博物館へ寄託される。	
	一九〇四	明治三十七年		「日露戦争」。
	一九〇八、九	明治四十一、二年	『久能寺経』江戸末期に流出の八巻が東京に出現する。この後、大正年間に所々に分蔵される。	
	一九一〇	明治四十三年	臨済宗「補陀落山鉄舟禅寺」落成。	
大正	一九一四	大正三年		「第一次世界大戦」（一九一四～一八）。
	一九一八	大正七年		米価暴騰各地に暴動起こる（米騒動）。
	一九二四	大正十三年	清水市政施行。	
昭和	一九三一	昭和六年	「静岡県史蹟名勝天然記念物調査報告」（足立鍬太郎）。『久能寺経』十九巻現存（補入品二巻含）。	「満州事変」。
	一九三七	昭和十二年		「日中戦争」。
	一九三九	昭和十四年		「第二次世界大戦」始まる。
	一九四一～一九四四	昭和十六年～二十年	『久能寺経』は、帝室博物館から鉄舟寺へ帰蔵されたのち、飯山市「正受庵」へ	

昭和	五		疎開される。	
	一九四五	昭和二十年	ＧＨＱの命により、静岡県の文化財調査が行われる（加藤忠雄）。	「第二次世界大戦」終結。
	一九四六	昭和二十一年		「日本国憲法」公布される。
	一九四八	昭和二十三年	『久能寺経』の複本製作が始まる（田中親美）。	
	一九五〇	昭和二十五年	鉄舟寺において、『久能寺経』の慶讃式及び展覧が行われる。	「文化財保護法」公布される。
	一九五一	昭和二十六年	『久能寺経』が東京国立博物館内応挙館に於て展覧される。	
	一九五二	昭和二十七年	法華経『久能寺経』は国宝（十九巻―補入品二巻含）に、所々に分蔵の経巻は重要文化財（九巻）に指定される。	
	一九五六	昭和三十一年	鉄舟寺の『久能寺経』は、東京国立博物館に寄託される。 複本『久能寺経』十三巻成る（田中親美）。	
平成	一九九一	平成三年	『久能寺経』全巻が五島美術館に於て展覧される。 『久能寺経』が陶板により複本製作される（寄進者・渡瀬武夫）。	
	一九九六	平成八年	鉄舟寺に於て、「久能寺草創千四百年慶	

平成		
		讃大法要」が厳修される。
二〇〇一	平成十三年	「鉄舟寺展」（鉄舟寺・清水港湾博物館・清水市教育委員会）で国宝『久能寺経』及び寺宝類が展覧される。
二〇〇五	平成十七年	政令指定都市、新「静岡市」が誕生する。（翌年、蒲原町合併）。

参考文献目録（五十音順による）

『今鏡全釈』上・下　海野泰男　昭和五七・五八年　福武書店
『色好みの構造』（王朝文化の深層）（岩波新書）　中村真一郎　昭和六〇年　岩波書店
『院政期社会の研究』　五味文彦　昭和五九年　山川出版社
「院北面考」（論集日本の歴史『平安王朝』）　吉村茂樹　昭和五一年　有精堂
『栄花物語』下（日本古典文学大系76）　松村博司・山中裕校注　平成五年　岩波書店
『永昌記』（増補史料大成）　昭和九年　臨川書店
『往生要集』（原典日本仏教思想）　石田瑞磨校注　昭和六一年　岩波書店
『王朝史の軌跡』　角田文衞　昭和五八年　学燈社
『王朝の映像―平安時代史の研究』　角田文衞　昭和四五年　東京堂
『大鏡』（日本古典文学全集）　橘健二校注　平成八年　小学館
『海道記』（新編日本古典文学全集48『中世日記紀行集』）　平成五年　小学館
『歌人西行―生活と歌』　窪田章一郎　平成元年　短歌新聞社
『経塚論攷』　三宅敏之　昭和五八年　雄山閣
『金葉集の研究』　松田武夫　昭和三一年　山田書院
『愚管抄』（日本古典文学大系）　平成五年　岩波書店
『公卿補任第一篇』（新訂増補国史大系第五三巻）　昭和三九年　吉川弘文館

『久能山叢書第三編』（資料集・中）　昭和四八年　久能山東照宮社務所
『久能寺縁起』（大日本仏教全書120）　昭和五四年　名著普及会
『久能寺経』　高柳光壽・田中親美　昭和二六年　名筆鑑賞会
「久能寺経成立の背景」（「書品」42）　小松茂美　昭和二八年　東洋書道協会
『久能寺古文書』　大正一四年　鉄舟寺所蔵
『源氏秘義抄』（宮内庁書陵部所蔵）　徳川義宣　平成六年　貴重本刊行会
「後宮の生活」（「国文学」解釈と教材の研究25巻13号）　角田文衛・山中裕・加納重文・槙佐和子　昭和五五年　学燈社
『興福寺叢書第一興福寺流記』（大日本仏教全書）　昭和五四年　名著普及会
『古記録とかな日記』（「台記」「長秋記」）　山中裕編　平成五年　思文閣出版
『古今著聞集』上・下（新潮日本古典集成）　西尾光一・小林保治校注　昭和六一年　新潮社
『古事談上』　小林保治校注　昭和五六年　現代思潮社
『新編国歌大観』　昭和五九年～昭和六二年　角川書店
　第一巻　勅撰集編　『拾遺和歌集』『後拾遺和歌集』『金葉和歌集』二度本『金葉和歌集』三奏本『詞花和歌集』『千載和歌集』『新古今和歌集』『新後拾遺和歌集』
　第二巻　私撰集編　『続詞花和歌集』『今撰和歌集』
　第三巻　私家集編Ⅰ　『待賢門院堀河集』『長秋詠藻』『拾玉集』『拾遺愚草』
　第四巻　定数歌編　『久安百首』
　第五巻　歌学書・物語・日記等収録歌編　『俊頼髄脳』
『古筆と写経』（古筆学叢林古筆学研究書編）　小松茂美　平成元年　八木書店

「古筆の父・田中親美翁」（「書品」二〇）　春名好重　昭和二六年　東洋書道協会
『小松茂美著作集』9・10　小松茂美　平成八年　旺文社
『西行』　饗庭孝男　平成五年　小沢書店
『西行』　高橋秀夫　平成五年　岩波新書
『西行』（人物叢書）　目崎徳衛　平成元年　吉川弘文館
「西行―その生と歌―」　寺澤行忠　（『論集　西行』）　平成二年　笠間書院
『西行管見』（円位上人古墳記）　加藤政吉　昭和五〇年　短歌新聞社
『西行研究録』　川田順　昭和一五年　創元社
『西行幻想』（仏教文化選書）　松永伍一　平成元年　佼正出版社
『西行出家が旅』（日本の旅人　西行）　富士正晴　昭和四八年　淡交社
『西行全集』（第三版）　久保田淳編　平成八年　貴重本刊行会
『西行の研究』「西行の和歌についての研究」　窪田章一郎　昭和三六年　東京堂
『西行の思想史的研究』　目崎徳衛　昭和五三年　吉川弘文館
『西行の心月輪』　高橋庄次　平成七年　春秋社
『西行の伝と歌』　川田順　昭和一九年　創元社
『西行の風景』（NHK BOOKS〔857〕）　桑子敏雄　平成一一年　日本放送出版協会
「佐藤義清の出家」（「国文学」解釈と教材の研究39巻8号）　五味文彦　平成六年　学燈社
『山家集』（日本古典全書）　伊藤嘉夫校註　昭和二二年　朝日新聞社
『山家集』（新潮日本古典集成）　後藤重郎校註　昭和五七年　新潮社

『三十六人家集と久能寺経』京都国立博物館編（久能寺経―白畑よし） 昭和二八年 便利堂
『私家集の研究』 森本元子 昭和四一年 明治書院
『詞花集の研究』 松田武夫 昭和三五年 至文堂
『静岡県史資料編4古代』 平成元年 静岡県
『静岡県史通史編1原始・古代』 平成六年 静岡県
『静岡県史通史編3近世1』 平成八年 静岡県
『静岡市史第一巻原始・古代・中世』 昭和五六年 静岡市
『静岡の歴史と人物』 加藤忠雄著作集刊行会 昭和六〇年
『十訓抄』（新訂増補国史大系第一八巻） 昭和三九年 吉川弘文館
「質侶荘から見た平安時代の静岡」（県史編纂古代部会） 石上英一 平成七年 静岡県
『清水市史第一巻』 昭和五一年 吉川弘文館
『釈教歌の研究―八代集を中心として―』 石原清志 昭和五五年 同朋舎出版
『春風無刀流』（中公文庫） 津本陽 昭和五五年 中央公論社
『椒庭秘抄―待賢門院璋子の生涯』 角田文衛 昭和五〇年 朝日新聞社
『浄土三部経』上・下（岩波文庫） 平成二年 岩波書店
『続日本紀』巻一（新日本古典文学大系12） 平成元年 岩波書店
『新古今和歌集』（日本古典全書） 昭和四四年 朝日新聞社
『新撰姓氏録の研究 考證篇第三』 佐伯有清 昭和五七年 吉川弘文館
『駿河国志補遺』巻七（駿河叢書二九巻） 椭村惟明 昭和一〇年 志豆波多会

『修訂駿河国新風土記』　新庄道雄（足立鍬太郎修訂・飯塚伝太郎補訂）昭和五〇年　国書刊行会
『駿国雜志』　巻之四十～四五下　阿部正信編輯　大正元年　吉見書店
『全国補陀落めぐり』　福谷隆男　平成一三年　朱鷺書房
『尊卑分脈』（新訂増補国史大系第五八巻）　昭和三九年　吉川弘文館
『台記』（増補史料大成）　昭和四〇年九月初版　平成四年五月第六刷　臨川書店
『大日本史巻之四六』　嘉永四年　静岡県立図書館所蔵
『田中親美』名宝刊行会編　昭和六〇年　展転社
「田中親美・人と芸術」（「なごみ　茶のあるくらし」一一月号）　萩谷朴　昭和六三年　淡交社
『たまきはる全注釈』　小原幹雄・錦織周一・吉川隆美・稲村栄一共著　平成五年　笠間書院
『中右記』（増補史料大成）　昭和九年　臨川書店
『長秋記』（増補史料大成）　昭和九年　臨川書店
『鉄舟寺炉辺閑話』　野沢広行　昭和三五年　清水戸田書店
『大日本古記録殿暦二』　東京大学史料編纂所編集　昭和四五年　岩波書店
「銅板経雑考」（『古代世界の諸相』角田文衞先生傘寿記念）　三宅敏之　平成五年　晃洋書房
「図書」　昭和四四年　四月号　岩波書店
『日本絵巻物の研究上』　秋山光和　平成一二年　中央公論美術出版
『日本三代実録』（新訂増補国史大系第四巻）　昭和三九年　吉川弘文館
『日本社寺大観　神社篇』　昭和四五年　名著刊行会
『日本浄土教成立史の研究』　井上光貞　昭和三一年　山川出版社

『日本書紀』第二巻（鑑賞古典文学） 昭和五九年 角川書店
『日本書道説林』下 小松茂美 昭和四八年 講談社
『日本の女性名』（上） 歴史新書30 角田文衞 昭和五五年 教育社
『廃仏毀釈』 柴田道賢 昭和五八年 公論社
『秦氏の研究―日本の文化と信仰に深く関与した渡来集団の研究―』 大和岩雄 平成五年 大和書房
『八代集3』（東洋文庫460） 奥村恒哉校註 昭和六二年 平凡社
『八代集全注一 ―八代集抄上』 北村季吟著・山西徳平編 昭和六〇年 有精堂
『百錬抄』（新訂増補国史大系第一一巻） 昭和三九年 吉川弘文館
『袋草紙』（新日本古典文学大系） 藤岡忠美校注 平成七年 岩波書店
「富士曼荼羅と経典埋納」（山岳宗教史研究叢書14） 三宅敏之 昭和五五年 名著出版
『藤原忠通筆勧学会記』解説 小松茂美 昭和五九年 講談社
『藤原頼長』 橋本嘉彦 昭和三九年 吉川弘文館
『扶桑略記』（新訂増補国史大系第一二巻） 昭和三九年 吉川弘文館
「補陀落山久能寺の歴史」（「鉄舟寺展」） 清水市教育委員会社会教育課・渡辺康弘
平成一三年 清水港湾博物館・鉄舟寺・清水市教育委員会
「ふだらく渡海の諸相」（静岡県民俗学会総会資料） 平成九年 根本浄
『精説 文化財保護法』 椎名慎太郎 昭和五〇年 新日本語法規出版
『平安遺文（古文書編）第三巻』 竹内理三編 昭和四七年 東京堂
『平安遺文第五巻』 竹内理三編 昭和二九年 東京堂

『平安遺文題跋編』「対法蔵疏鈔書」　竹内理三編　昭和五一年　東京堂
『平安貴族社会の研究』　橋本義彦　昭和五一年　吉川弘文館
「平安貴族の服装」（『平安貴族の生活』）　金田元彦　昭和六〇年　有精堂
『平安京散策』　角田文衞　平成三年　京都新聞社
『平安京提要』　角田文衞総監修　平成六年　角川書店
『平安時代史事典』　角田文衞監修　平成六年　角川書店
『平安の宮廷と貴族』　橋本義彦　平成八年　吉川弘文館
『平安の都』（朝日選書）　角田文衞編　平成六年　朝日新聞社
「法金剛院境内発掘調査、一九九六・一九九七」（京都市埋蔵文化財研究所）　平成九年　京都市
『法華経』上・中・下　坂本幸男・岩本　裕　平成三年　岩波書店
『法華経を読む』（講談社学術文庫）　鎌田茂雄　平成六年　講談社
『新釈　法華経三部経』　庭野日教　昭和三九年　佼成出版社
『本朝高僧伝二』（大日本仏教全書103）　昭和五四年　名著普及会
『本朝世紀』（新訂増補国史大系第九巻）　昭和三九年　吉川弘文館
『本朝文粋・本朝続文粋』（新訂増補国史大系第二九巻下巻）　昭和三九年　吉川弘文館
『枕草子』（岩波文庫）　池田亀鑑校訂　昭和五一年　岩波書店
「益頭庄と地頭職摂津氏」（焼津市史研究第３号）　大塚勲　平成一四年　焼津市
『焼津市史原始・中世』　平成一五年　焼津市史編纂委員会
『八雲御抄』（日本歌学大系別巻三）　久曾神昇編　昭和五六年　風間書房

『山岡鉄舟』　大森曹玄　昭和五八年　春秋社
『山城名勝志』（新修京都叢書）　昭和四九年　臨川書店
『例文仏教語大辞典』　石田瑞麿　平成七年　小学館
『和紙文化誌』（『和紙の歴史』）　久米康生・北川博邦編　平成二年　毎日コミュニケーション

図版出典一覧（行頭の数字は本文ページ数・敬称略）

116 阿弥陀如来坐像（法金剛院）　法金剛院蔵（法金剛院の絵葉書より）
132 待賢門院璋子画像　法金剛院蔵（『待賢門院璋子の生涯—椒庭秘抄』—朝日選書　角田文衞著　昭和六〇年　朝日新聞社—より転載）
166 方便品、169 化城喩品、170 人記品、174 不軽品、182 薬王品・神力品・授記品・化城喩品・妙音品、183 厳王品・嘱累品・観普賢経・不軽品・普門品、196 譬喩品（藤原定信筆）（いずれも国宝『久能寺経』）　鉄舟禅寺蔵（『三十六人家集と久能寺経』—京都国立博物館編　昭和二八年　便利堂—より転載）
210「提婆品」断簡：（繊維調査）大川昭典撮影
218『久能寺蔵妙典考証之重修之記』　鉄舟禅寺蔵
218「切断された見返し絵」（国宝『久能寺経』）　鉄舟禅寺蔵

あとがき

ある夏の日であった。大阪伊丹市の吉岡やゑ子さんから「待賢門院さまの御陵と阿弥陀如来さまを祀る法金剛院へ御一緒しませんか」と誘われた。『久能寺経』との関わりで、待賢門院璋子を追い求めていた私にとって、それは願ってもないことであり、京都行きはすぐに決まった。

私は、黒地に白の水玉のワンピースを着て出掛けた。京都駅まで出迎えてくれた吉岡さんは、なんと赤地に白の水玉模様という服装であった。偶然の一致にお互い顔を見合わせ、何年振りかの再会が何やら因縁めいたものに感じられた。

初めて訪れた花園の法金剛院は、廻遊式苑池がゆったりと広がり、大きな蓮の葉が風に翻って銀色のうねりをみせていた。薄紅の透き通るような蓮の花弁は、浄土に咲く彼岸の花のようであった。

法金剛院を出て横の道を北の方にしばらく辿ると、五位山の待賢門院璋子の花園西陵に出る。その形式は皇位の方がたと同じであり、八畳ほどの墳墓は常緑の低樹で覆われていて、右傍に、『鳥羽天皇中宮藤原璋子花園西陵』の碑が建っている。石の鳥居の後ろには、三本の赤松が枝を広げている。あたりは鬱蒼とした樹木が繁り、小鳥の囀りが響きわたる神秘的な雰囲気であった。

全く予期せぬことであった。御陵前にすすんだ時、突然に樹々を揺する風が消え、時間が止まったかのように思われた。一瞬の静寂の中で、璋子が法衣に緋の裳裾をなびかせて立っておられると感じられた。足元から膝のあたりまで、ふわっとした温かさに包まれ、合掌した手は火のように熱く燃えるのを覚えたのである。側にいた吉岡さんも、鳥居が陽炎のようにゆらめいて立っていられないほどだという。あたりは黒雲が垂れ、今にも夕立が来そうな気配であった。私たちは言葉にもならない興奮と感動を身の内に残しながら、急ぎ法金剛院へもどった。

耳をつんざくような雷鳴と共に降り出した雨が、つい先程まで風に翻《ひるがえ》っていた蓮の葉を激しく打ちつけている。その有様に私はただ茫然とするばかりであった。叩きつけるような激しい雨音と、堂内に響き渡る雷は、随分長く続いていた。突然の奇怪とも思われるこの天候のさまが、心理的に影響したのであろうか。御堂につかえるほどの堂々たる阿弥陀如来さまの御前で、私は今まで経験したこともないほどの流れ落ちる異様な汗を覚え、ただただ掌を合わせ礼拝した。

私の手元に一葉の写真がある。翌日、私と吉岡さんが再び御陵に詣で、カメラを向け合った時のものである。三本の赤松の上方が何やら白くかすんで見える。法衣の女人と若い僧の姿が、おぼろげに写っている。「女人は待賢門院、若い僧は西行」と私は直感した。たとえ何百年の時が流れ去ろうとも、人の念というものは蘇《い》き続けるものであろうか。此方《こちら》が真実なるものを求めた時、答えて下さるものであろうか。御陵や法金剛院で経験したことは、何年かたった今でさえ昨日のことのように思い出される。夏の日の幻想か異様としか言いようのない感覚で私の脳裡にいつまでも深く遺っている。

その後も、待賢門院璋子についての文献にあたるうち、京都にお住まいの古代学の権威であられる角田文衞博士との出逢いをいただいた。博士の御著『椒庭秘抄』*は、璋子の生涯を余すことなく描かれた芳書であり、博士から多方面にわたり懇切なる御指導をいただくようになった。博士が団長である日本初参画のイタリア・ポンペイの発掘現場へもお供させていただいた。以前の私は、日本の歴史、美術、工芸を漫然と眺めていたにすぎなかったが、この旅を機に世界史的な観点から日本をみることを学び、わが国の軌跡の凄さを思い知ることになる。

博士とお逢いする前年のことであった。私は、静岡県書道連盟会報に『久能寺経論考』を載せていただく機会を得た。その一文を纏《まと》め上げた日のこと、買物をし三角籤を引いたところ、『フィレンツェ・ローマの旅』にあたるという、かつてない籤運の強さに恵まれた。これは『久能寺経』を書いたご褒美なのだと思った。十三時間もかかるという航空時間を気にしながらもその運命に従った。それまで東洋文化にどっぷりひたっていた私にとって、ルネッサンス芸術に触れたことは大変な刺激であった。トレビの泉で一般の旅行者がするように肩越しに小銭を投げながら、もう二度と訪れることはないであろうローマの地に想いを置いたのであった。

その翌年に、角田博士との出逢いと二度目のイタリア旅行に恵まれたのである。私は、この世の中には人智で図ることのできない、なにか仕組まれたものがあるのではないかと意識せずにはいられなかった。これらの偶然の重なりは、一体何であろうか。博士は浅学非才の私に「久能寺経研究をぜひまとめるように」といって下さった。温かいまなざしであった。書き上げる自信などない。しかし、その一方では、どのようにしても成し遂げなければならないという不思議な強さが湧き、目に見えない何ものかに対して使命感のようなものを感じていた。それは、平安時代の『久能寺経』への旅のはじまりであり、また、終わりのない旅ともいえた。私と『久能寺経』とは、切っても切れない縁によって結ばれたように思われた。

待賢門院璋子について調べていると自然に、『今鏡』が平安時代の背景と璋子周辺を識る手がかりとなっていった。その全注釈をされたのは、海野泰男先生（常葉学園大学学長）である。うれしいことに、先生はたまたま私と同じ静岡市にお住まいであられた。その他、小松茂美博士を始め数多の先生方の御研究に助けられ、その偉大なる学恩に深い感謝の気持ちをもって日々頁を繰らせていただいた。

角田先生の御激励がなかったらここまで来られなかったであろう。「誰もそうなのです。蜘蛛が糸を吐くように言葉というものはそう簡単に生まれるものではありませんよ。一冊の本を生み出す過程で苦しまない人はいないでしょう」先生からのこのお言葉は、ともすればくじけそうになる私への慰めであり、エールであった。

『久能寺経』にまつわる謎を追い、いつのまにか十数年の歳月が過ぎた。『久能寺経』は、私にやむにやまれぬ想いを起こさせるほど美しい祈りのすがたをもっている。しかしながら、残念なことに日本最古の装飾経、国宝『久能寺経』は、現代の人びとにほとんど知られていない。かつての私自身もれないと思う。
田中親美翁の御手紙（望月静子氏蔵）を掌にしなかったなら、『久能寺経』との縁はなかったのかもし

このような美を生み出した日本人の凄さを、次の世代へどのようにしても伝えていかなければならない。今、ここで私のできうる限りのことを成す、成さねばならないという思いが湧き上がってくる。私は、『久能寺経』を通して、平安時代の歴史的背景と純粋な信仰を伝えるよき案内人でありたいと念じている。私の『久能寺経』への果てしない旅も終わろうとしている。一応、今まで考察したものをまとめてはみたものの、『久能寺経』の全容を探求することは遠い〳〵道程である。この後、どのような方が『久能寺経』と強い縁を結び、この旅の続きを歩んで下さるのであろうか。

終わりにあたって、有益な御教示や御尽力と激励をいただいた多くの方々に、また大塚勲氏、望月敬一氏、川端悦子氏に心から感謝と御礼を申し上げたいと思う。小著が刊行に辿り着けたのは、ひとえに和泉書院・廣橋研三氏の御理解と大きな御力添えがあったればこそと深謝し、ここに筆を擱かせていただく。

平成二十年弥生の嘉日

良知文苑

良《ら》知《ち》文《ぶん》苑《えん》（本名　千嘉子《ちかこ》）

書家。静岡市葵区在住。

全日本書道連盟正会員。書道同文会理事。

静岡県書道連盟常任理事。静岡市書道協会参与。

中古文学会会員。古代学協会会友。

社会福祉法人みだらけ福祉会理事。

論考（『書三昧誌』）

「橘逸勢鎮魂の記」、「現代に生きる鉄眼版一切経」、「西行の落し文」、「ボンジョルノ」など。

国宝　久能寺経の歳月—駿州秘抄—

二〇〇八年一〇月二八日　初版第一刷発行©

著者　良知文苑
発行者　廣橋研三
発行所　和泉書院
〒543-0002　大阪市天王寺区上汐五-三-八
電話　〇六-六七七一-一四六七
振替　〇〇九七〇-八-一五〇四三
印刷・製本　亜細亜印刷

定価はカバーに表示　装訂　上野かおる

ISBN978-4-7576-0483-4　C0095